Dichter, Denker, Schulversager

Jörg Dräger

Dichter, Denker, Schulversager

Gute Schulen sind machbar – Wege aus der Bildungskrise

Mit einer politischen
Gebrauchsanweisung von
Klaus von Dohnanyi

Deutsche Verlags-Anstalt

MIX
Papier aus verantwortungsvollen Quellen
FSC® C014496

Das für dieses Buch verwendete FSC®-zertifizierte Papier *Munken Premium Cream* liefert Arctic Paper Munkedals AB, Schweden.

1. Auflage

Mitarbeit: Michael Maillinger
Redaktion: Ralph Müller-Eiselt
Recherche: Sarah Pennings
Lektorat: Christiane Naumann
Grafiken und Karten: Peter Palm, Berlin
Typografie und Satz: DVA/Brigitte Müller
Gesetzt aus der Garamond
Druck und Bindung: GGP Media GmbH, Pößneck
Printed in Germany
ISBN 978-3-421-04529-4

www.dva.de

Inhalt

Bildung geht uns alle an – ein Vorwort

Das Nachdenken über unser Bildungssystem, über dessen Schwächen und Probleme, über mögliche Lösungen, ist mein Beruf. Jeden Tag diskutiere ich darüber, was besser sein könnte: auf Konferenzen, bei Vorträgen und in Kommissionen, an Universitäten und Schulen, mit Politikern, Eltern und Großeltern, mit Wissenschaftlern, Lehrkräften und Erziehern. Eines wird dabei immer deutlich: Zufrieden mit dem Zustand unseres Bildungssystems ist kaum einer.

Dabei ist längst nicht alles falsch gelaufen bei der Bildung in Deutschland. Immerhin hat sich in den vergangenen 50 Jahren der Anteil der Abiturienten ebenso verdoppelt wie der Anteil der Studienanfänger. Am anderen Ende des Bildungssystems erleben wir aber eine Katastrophe: Jeder fünfte Jugendliche in Deutschland kann kaum lesen und rechnen, viel zu viele verlassen die Schule ohne Abschluss, viel zu viele haben keine Berufsausbildung. Um diese Bildungsverlierer kümmern wir uns bislang zu wenig. Sie gehen uns aber alle an, nicht nur weil sie eine Chance verdienen, sondern auch weil sie eine Gefahr für unsere Gesellschaft sind.

Viele Eltern sorgen sich um die Zukunft ihrer Kinder: Sie fürchten zu Recht, dass die im weltweiten Vergleich nur durchschnittliche Qualität des deutschen Bildungswesens auf Dauer nicht genügt. Und sie sehen die ständig wachsende kulturelle und soziale Vielfalt in den Schulen mit einer gewissen Beunruhigung. Natürlich ist den meisten von ihnen klar, dass insbesondere in den großen Städten unseres Landes mittlerweile mehr als die Hälfte der Kinder aus Zuwandererfamilien stammt und unsere Kitas und Schulen daher anders arbeiten müssen als früher. Wenn der eigene Nachwuchs aber in seiner Klasse kaum noch auf deutschsprachig erzogene Mitschüler trifft, wächst oft die Sorge, dass die Förderung dieser Schüler zulasten des eigenen Kindes gehen könnte. Einige Eltern versuchen daher, ihre Kinder an weniger heterogenen Schulen unterzubringen – und fahren sie dafür notfalls durch die halbe Stadt. Andere schicken ihre Kinder gleich auf eine Privatschule.

Ich bin selbst Vater von zwei kleinen Kindern, mein Sohn kommt in wenigen Wochen zur Schule. Ich gebe zu: Auch ich war nicht frei von solchen Befürchtungen. Wer aber einmal die Gelegenheit hatte, in einer wirklich guten Schule zu hospitieren, gewinnt Vertrauen, dass man sehr wohl die Schwachen wie die Starken gleichermaßen erfolgreich fördern kann. Wer sein Kind an einer solchen Schule weiß, macht sich um die Zusammensetzung der Klasse weniger Sorgen. Wer einmal Unterricht an solchen Schulen erlebt hat, möchte seine Kinder nicht mehr unter die Käseglocke eines homogenen Schulumfeldes schicken, sondern sie Unterschiedlichkeit von klein auf als Selbstverständlichkeit erfahren lassen. Das Problem ist nur: Bisher gibt es viel zu wenige Schulen in Deutschland, die mit heterogenen Klassen und individueller Förderung umgehen können. Deshalb brauchen wir grundlegende Veränderungen in unserem Bildungswesen – damit unsere staatlichen Schulen so gut werden, dass alle Eltern ihre Kinder gerne dorthin schicken. Diese Veränderungen sind machbar, das soll dieses Buch verdeutlichen.

Als Hamburger Wissenschaftssenator war ich knapp sieben Jahre lang Mitglied der Kultusministerkonferenz (KMK). Meine ehemaligen Kollegen beneide ich nicht: Bildungsminister gehören oft zu den unbeliebtesten Politikern, Wahlen sind mit dem

Thema Bildung kaum zu gewinnen, sehr wohl aber zu verlieren. Ob Unterrichtsausfall oder schlechte PISA-Ergebnisse, ob Elternprotest oder Lehrermangel: Das Thema Bildung liefert gern negative Schlagzeilen und immer genügend Angriffsflächen für die politische Opposition. Gleichzeitig muss es dafür herhalten, wenn es um Lösungen für die drängendsten Probleme unserer Gesellschaft geht. Ob Fachkräftemangel, internationale Wettbewerbsfähigkeit oder Vereinbarkeit von Beruf und Familie, ob Integration oder Wertevermittlung: Immer soll es das Bildungssystem, immer sollen es Kitas, Schulen und Universitäten richten. Mehr Geld wird es dafür angesichts der jetzt in der Verfassung verankerten Schuldenbremse kaum geben. Und während uns die Probleme im Hier und Jetzt drücken und die Medien beschäftigen, dauert es Jahre, bis Bildungsreformen ihre Wirkung entfalten. Seien wir ehrlich: Es ist einfacher, auf die Politiker zu schimpfen, als unter diesen Umständen politische Verantwortung zu übernehmen.

Dieses Buch zeigt die Herausforderungen einer sich wandelnden Gesellschaft, es beschreibt die heutigen und künftigen Probleme des Bildungswesens und berechnet die – in Teilen dramatischen – gesellschaftlichen Konsequenzen. Darüber hinaus versucht es aber auch, Wege aus der Bildungskrise aufzuzeigen. Ohne Frage ist es nicht einfach, machbare Lösungen zu entwickeln. Aber nicht nur wir, sondern viele Länder dieser Welt stehen vor der Herausforderung, für eine zunehmend heterogene Gesellschaft das passende Bildungssystem zu schaffen. Und ein Blick nach Kanada, Australien oder Finnland zeigt: Es geht. Wir müssen das Rad nicht neu erfinden, wir können aus aller Welt lernen. Es gilt nur, den guten Ideen zum Erfolg zu verhelfen. Auch dazu soll dieses Buch beitragen.

Bildungsreform ist eine Daueraufgabe, schließlich muss sich unser Bildungssystem beständig auf den gesellschaftlichen Wandel einstellen. Ausruhen darf sich niemand, wenn es darum geht, Kindern die bestmögliche Bildung zukommen zu lassen. Die eine, richtige Struktur, in der wir für immer verharren können, gibt es nicht. Dennoch haben wir in der KMK vor allem über Schulstrukturen gestritten, über die Zuständigkeiten von Bund und Ländern, über die Vereinheitlichung der Zahl der Wochenstunden, die ein Schüler bis zum Abitur im Klassenzimmer gesessen haben muss. Über die neuesten wissenschaftlichen Erkenntnisse, über andere Arten zu unterrichten, über innovative Wege der Lehrerausbildung habe zumindest ich zu wenig nachgedacht. Seit drei Jahren kann ich als Bildungsvorstand einer der größten »Denkfabriken« Europas, der Bertelsmann Stiftung, unideologischer, längerfristiger und mit internationaler Perspektive auf unser Bildungssystem blicken und Lösungen entwickeln.

Mit der Idee für dieses Buch bin ich auf jemanden zugegangen, den ich sehr schätze und mit dem ich vor zehn Jahren die Hamburger Hochschulreform entwickelt habe: Klaus von Dohnanyi, ehemaliger Hamburger Bürgermeister und Bundesbildungsminister. Wir sind sehr unterschiedlich: Er ist Jurist, erfahrener Unternehmensstratege, ein echter Elder Statesman, Sozialdemokrat mit einer langen, bewundernswerten politischen Karriere auf Bundes- und Landesebene; ich bin Physiker, vierzig Jahre jünger, mit Erfahrungen als Unternehmensberater, Wissenschaftsmanager und Landesminister einer bürgerlichen Regierung. Klaus von Dohnanyi wollte nicht nur von den Problemen unseres Bildungssystems hören, sondern auch von den Lösungen – und zwar solchen, die in einem überschaubaren Zeitraum umsetzbar sind. Er wollte nicht nur den gesellschaftlichen Wandel verstehen, sondern wissen, wie andere Länder damit umgehen. Aus unseren Diskussionen ist dieses Buch entstanden. Trotz unserer verschiedenen Perspektiven kamen wir meist zu den gleichen Lösungen. In manchen Punkten haben wir aus unterschiedlichen Erfahrungen heraus aber unterschiedliche Vorstellungen. Auch das verbergen wir hier nicht.

In der Gliederung orientiert sich dieses Buch an dem, was das Bildungssystem leisten muss – nicht an seinen Institutionen: Was müssen unsere Kinder in Zukunft lernen, wie und wo? Wie machen Eltern und Lehrer es ihnen leicht, und was kann die Politik auf kommunaler, Länder- und Bundesebene dazu beitragen? Schließlich: Wer soll das alles bezahlen, und wie bringen wir die nötigen Veränderungen am schnellsten und möglichst reibungslos auf den Weg? Das sind die Fragen, auf die dieses Buch eine Antwort geben will.

Jede dieser Fragen wäre ein eigenes Buch wert, ebenso jeder der hier aufgeführten gesellschaftlichen Trends. Doch schien mir der Versuch wert, die Themen auf das Wesentliche zu reduzieren. Das mag den Experten gelegentlich unbefriedigt lassen, erlaubt aber einen umfassenden Blick auf die Entwicklungen in unserem Bildungssystem.

Bildung geht uns alle an. Jeder ist direkt oder indirekt betroffen, jeder hat eine Meinung dazu. Es gibt viele Studien von hoher wissenschaftlicher Tiefe darüber, sie sind aber nicht allen verständlich. Viele Zeitungsartikel hingegen beleuchten mal den einen, mal den anderen Aspekt unseres Bildungswesens, ohne jedoch in die Breite gehen zu können. Dazwischen gibt es nichts: nichts, was so anschaulich ist wie ein Zeitungsartikel und doch so umfassend wie eine wissenschaftliche Studie. Das ist der Mittelweg, den dieses Buch beschreiten will.

Jörg Dräger im Juli 2011

Einleitung
Bildungskrise in der Bildungsrepublik

»[Das] Erziehungs- und Bildungswesen der Bundesrepublik [ist] bei weitem nicht mehr in der Lage, den Bedarf unserer Gesellschaft an qualifizierten Nachwuchskräften zu decken. Unser Bildungswesen ist funktionsunfähig geworden. Es vermag die Aufgaben nicht mehr zu erfüllen, für die es eingerichtet worden ist.

Bildungsnotstand heißt wirtschaftlicher Notstand. Der bisherige wirtschaftliche Aufschwung wird ein rasches Ende nehmen, wenn uns die qualifizierten Nachwuchskräfte fehlen. Wenn das Bildungswesen versagt, ist die ganze Gesellschaft in ihrem Bestand bedroht. In der modernen Leistungsgesellschaft heißt soziale Gerechtigkeit nichts anderes als gerechte Verteilung der Bildungschancen; denn von den Bildungschancen hängen der soziale Aufstieg und die Verteilung des Einkommens ab. Der gesamte soziale Status, vor allem aber der Spielraum an persönlicher Freiheit, ist wesentlich durch die Bildungsqualifikationen definiert, die von dem Schulwesen vermittelt werden.

Abgesehen von dem Rückstand der Bundesrepublik im internationalen Vergleich ergibt sich ein wahrhaft erschütternder Unterschied zwischen den verschiedenen Bundesländern. Dieser Unterschied hängt weder von der Sozialstruktur noch von der Finanzkraft der verschiedenen Bundesländer ab, sondern ergibt sich lediglich aus dem unterschiedlichen Ausbau des Schulwesens. Die Entscheidungen der Unterrichtsverwaltungen beziehungsweise der Landtage verfügen darüber, wie groß die Sozialchancen der Bevölkerung eines Bundeslandes sind. Zurzeit gibt es in der Bundesrepublik Staatsbürger erster bis vierter Klasse.«[1]

Diese vernichtende Beschreibung des deutschen Bildungssystems klingt vertraut. Seit dem PISA-Schock vor rund zehn Jahren haben sich Talkshowgäste und Publizisten mit solchen oder ähnlichen Analysen überboten, auch wenn die Wortwahl eine andere war. Denn die Textpassagen sind fast ein halbes Jahrhundert alt. Sie stammen aus einem Buch von Georg Picht aus dem Jahr 1964. Es trägt den alarmierenden Titel *Die deutsche Bildungskatastrophe*.

Picht monierte darin den Lehrermangel und die Bildungs-Kleinstaaterei der Bundesländer ebenso wie die mangelnde Chancengerechtigkeit des deutschen Bildungswesens. Er sah die Zukunft der Schule und damit die Zukunft unserer Gesellschaft in den Händen der Finanzminister.[2] Weil Bildung nicht wirklich als die entscheidende Zukunftsinvestition begriffen werde, habe sie in den öffentlichen Haushalten keine feste, von Konjunkturschwankungen unabhängige Verankerung. »Die Wahrheit ist, dass wegen der Vernachlässigung unseres Bildungswesens tragende Grundrechte unserer Verfassung Tag für Tag verletzt und missachtet werden«, sagte der Pädagoge und Philosoph 1965 in einer Rede vor demonstrierenden Studenten.[3]

Dreiundvierzig Jahre später, im Jahr 2008, rief die deutsche Bundeskanzlerin Angela Merkel die »Bildungsrepublik« aus – nicht etwa, weil das Land sich in der Zwischenzeit in eine solche verwandelt hatte, sondern um endlich die Arbeiten an dem entscheidenden Fundament unserer Gesellschaft, der Bildung, voranzubringen. Denn in dem halben Jahrhundert dazwischen hat die Politik viel über Bildung geredet, einiges versucht und zu wenig bewirkt. Sie hat viele ideologische

Schlachten geschlagen, doch kaum Wert darauf gelegt, die jeweiligen Positionen mit wissenschaftlichen Fakten zu belegen. So haben wir immer noch keinen Ausweg aus der Bildungskatastrophe gefunden.

Reformen und kein Ende

Ideologie kann lähmen. Soll ein Bildungssystem vor allem die Schwächsten fördern, damit auch sie eine Chance haben? Oder soll es die Stärksten noch weiter nach vorne bringen, damit sie zu mehr Wachstum und Wohlstand für alle beitragen? Statt beides gleichermaßen in den Blick zu nehmen, haben die bürgerlichen Parteien jahrzehntelang für ein leistungsstarkes Bildungssystem gefochten und die Sozialdemokraten für ein chancengleiches. Dieser Streit zwischen den politischen Lagern verfestigte sich: Gesamtschule gegen Gymnasium, Förderunterricht gegen Hochbegabtenförderung.

Das Gegeneinander hat uns blockiert, denn mit der Zeit nahm auch die Öffentlichkeit Leistung und Chancengerechtigkeit als unüberbrückbaren Gegensatz wahr. Unlängst scheiterte die Hamburger Schulreform,[4] weil Teile der bürgerlichen Mittelschicht befürchteten, dass eine Förderung der schwächsten Schüler zulasten der starken Schüler ginge. Andere Länder, etwa Kanada, haben diesen angeblichen Gegensatz nicht gesehen. Sie sind deshalb an Deutschland vorbeigezogen, nicht nur was die Chancengerechtigkeit, sondern auch was die Qualität des Bildungssystems angeht.

Schulpolitik in Deutschland war und ist geprägt durch ein Gegeneinander. Wir streiten über Schulstruktur, nicht über gute Schule und das, was sie ausmacht. Und seit annähernd 50 Jahren schicken wir nicht zuletzt aus – teils antiquiertem – parteipolitischem Verständnis heraus eine Schülergeneration nach der anderen von einer Schulstrukturreform in die nächste, statt unser Augenmerk und unsere Kraft auf das zu richten, was wirklich hilft: guter Unterricht und gute Lehrer.

Lange schon haben die Wähler zwischen Flensburg und Berchtesgaden die Wichtigkeit von Bildung erkannt. Sie gehört bei Landtagswahlen zu den entscheidenden Themen. Das hat Konsequenzen: Je nach Länge der Legislaturperiode wird alle vier oder fünf Jahre eine neue bildungspolitische Sau durchs Dorf getrieben, kein Regierungswechsel vergeht ohne anschließende Bildungsreform. Deutschland ist kein Bildungsland, Deutschland ist ein Bildungs*reform*land: Irgendwo wird immer gerade reformiert, denn Bildung ist das Schlachtfeld der politischen Profilierung auf Landesebene. Und häufig zählen dabei Ideologien mehr als wissenschaftliche Erkenntnisse. Man stelle sich vor, Ärzte würden anders operieren, wenn Rot-Grün und nicht Schwarz-Gelb regiert. Undenkbar? Normal im Bildungsalltag.

Doch jede Reform produziert auch Verlierer: Kinder, die in die Mühlen der Übergänge vom Alten zum Neuen geraten, frustrierte Lehrer statt Reformtreiber, verärgerte Eltern statt Reformunterstützer. Auf der Strecke bleibt die Verlässlichkeit. Dabei ist sie wichtiger als die Schulstruktur selbst: Viele internationale Beispiele zeigen, dass man in mehr als nur einer Schulstruktur erfolgreich Bildung betreiben kann. Kein Wunder, denn Kinder – und darauf müssten sich Bildungspolitik und Schule einstellen – sind noch unterschiedlicher als die Bildungssysteme von Bayern und Bremen.

In der Bildung bedeutet Föderalismus made in Germany zu häufig Gerangel um Zuständigkeiten zwischen Bund und Ländern statt Orientierung an den Bedürfnissen der Kinder. Und seit Picht hat sich an den regionalen Unterschiedlichkeiten nur wenig geändert: Die Chancen für die Kinder dieser Republik sind ungleich verteilt und hängen nicht zuletzt davon ab, wo im Land ein Kind aufwächst. Mehr Flexibilität täte häufig gerade da gut, wo die Länder Wert auf Einheitlichkeit legen: Wir streiten ohne sachlichen Grund über den Stichtagsmonat, mit dem die Schulpflicht beginnt. Wir vergrätzen eine ganze Generation von Schülern mit der Umstellung der neunjährigen auf die achtjährige Gymnasialzeit, anstatt auf die unterschiedlichen Fähigkeiten der Kinder einzugehen und beides möglich und vom Wissensstand und Lerntempo der Schüler abhängig zu machen.

Es hapert an der Einstellung

Auch daran, dass – wie Picht konstatiert – die Zukunft der Bildung und damit die Zukunft unserer Gesellschaft in den Händen der Finanzminister liegt, hat sich seit annähernd 50 Jahren nichts geändert. Sicher: Seit dem PISA-Schock ist das Thema Bildung in aller Munde. Gemessen an unserer wirtschaftlichen Leistungsfähigkeit geben wir im Vergleich zu anderen – erfolgreicheren – Nationen aber immer noch zu wenig für unser Bildungssystem aus.

Das hat nicht zuletzt etwas mit unserer gesellschaftlichen Grundeinstellung zu tun. Verteilungsgerechtigkeit ist uns Deutschen wichtiger als Chancengerechtigkeit. Daher entschädigen wir Menschen über Sozialleistungen für mangelnde Chancen und Verdienstmöglichkeiten, anstatt die Chancen gerechter zu verteilen. Die Folge: Unsere Sozialsysteme verschlingen, trotz aller Reformversuche und Kürzungen, über die Hälfte der Etats von Bund, Ländern und Kommunen, während für die Bildung nur weniger als 10 Prozent verbleiben.[5] Das ist alles andere als zukunftsorientiert. Aber keine ernst zu nehmende politische Kraft in Deutschland hat dieses Prinzip bisher wirklich infrage gestellt.

Die Sozialausgaben sind also nahezu unangreifbar. Sie sind unabhängig von der Konjunktur in den staatlichen Haushalten verankert und haben damit genau den Status, den die Bildung noch immer nicht erreicht hat. Mit anderen Worten: Lieber gleichen wir im Nachhinein die durch ungenügende Bildung und Ausbildung verursachten Nachteile im Sozialetat teuer aus, als sie durch ausreichende Bildungsinvestitionen von vornherein gar nicht erst entstehen zu lassen. Wir reparieren, statt zu investieren.

Dies ist eine Ursache dafür, dass in Deutschland weniger die Leistung, sondern vor allem das Elternhaus über Bildungschancen und -erfolg entscheidet: ein Defizit unseres Bildungssystems, das bereits vor einem halben Jahrhundert moniert wurde – und dazu eines, das sich seither noch verschlimmert hat. In kaum einem entwickelten Land der Welt sind der Sozialstatus der Eltern und der Bildungserfolg ihrer Kinder so stark voneinander abhängig. Viele Kinder in unserem Land haben allein aufgrund ihrer kulturellen oder sozialen Herkunft kaum Möglichkeiten, ihr individuelles Potenzial zu entfalten. Nur jedem fünften sozial benachteiligten Schüler gelingt es, seine ungünstigen Voraussetzungen wettzumachen und ein hohes Bildungsniveau zu erreichen.[6] Die Kinder von akademisch ausgebildeten Beamten dagegen studieren fast alle.[7]

»Mästen statt messen«

In modernen Industriestaaten ist Transparenz ein wesentlicher Faktor für Erfolg. In Europa lässt sich die Ausfuhr von Gewindeschrauben auf eine griechische Insel in der hintersten Ägäis problemlos nachvollziehen. Wo Exportweltmeister Deutschland in Sachen Bildung steht, war jedoch lange Zeit unbekannt. Bis zum PISA-Schock haben wir uns der Bildungsrealität schlichtweg verweigert. Die Gewerkschaften bevorzugten »Mästen statt messen«, forderten mehr Geld statt Transparenz und trugen dazu bei, dass in Hamburg die erste PISA-Runde im Jahr 2000 verhindert wurde. Dabei wäre gerade hier der Vergleich aufschlussreich gewesen, leistete sich die Hansestadt doch immerhin das teuerste Schulsystem der Republik, ohne ersichtlich gute Resultate zu erzielen.

Während sich andere Staaten seit den sechziger Jahren des vergangenen Jahrhunderts dem Vergleich stellten, zog Deutschland aus dem dürftigen Abschneiden bei Bildungsstudien in den Jahren 1964 und 1971 eine sonderbare Konsequenz: Es verweigerte sich dem Wettbewerb und nahm für die nächsten 25 Jahre an entsprechenden Studien schlicht nicht mehr teil. Daher wussten wir allzu wenig über Bildungserfolg und Bildungsgerechtigkeit in unserem Land. Erst Lernvergleiche wie PISA machten deutlich, dass Deutschland im Bildungsbereich nicht einmal mehr Mittelmaß war und vor allem nach wie vor viel zu viele Bildungsverlierer produzierte. Wie wichtig Transparenz ist, haben wir in den vergangenen zehn Jahren gesehen: PISA hat mehr bewirkt als 30 Jahre ideologisch geprägte Bildungsreformen zuvor.

Und das Mauern geht weiter. Die für die Bildung verantwortlichen Bundesländer kontrollieren sich selbst und haben so jüngst den durch die OECD bisher unabhängig durchgeführten Bundesländervergleich PISA-E abgeschafft. Der Bund hingegen, so sieht es die Föderalismusreform vor, soll sich auf internationale Vergleiche beschränken. Während in anderen Ländern der Bildungserfolg auf der Ebene jeder Schule im Internet nachgelesen werden kann, verhindern wir bei uns Transparenz. So tappen wir an vielen Stellen weiter im Dunkeln, wissen kaum etwas über den Bildungserfolg von Migranten, geschweige denn einzelner Schulen. Bei Hauptschülern, wo eine Analyse am dringlichsten wäre, wollten die Bundesländer zuletzt angesichts schlechter Ergebnisse die Überprüfung der Bildungsstandards ganz aussetzen; die Förderschulen nehmen nur sporadisch an Vergleichsstudien teil.

Der Langsamste bestimmt das Tempo

In der Bildung verteilen wir Verantwortung so lange, bis keiner mehr verantwortlich ist: Es grenzt an einen Schildbürgerstreich, dass die Kommunen für Schulgebäude, Turnhallen, Hausmeister und Sekretärinnen zuständig sind, die Länder für Lehrer und Curricula, während der Bund den Ausbau der Ganztagsschulen und die Nachhilfe subventioniert. Wie soll dabei ein ganzheitliches Schulkonzept entstehen, wie sollen Inhalte zu den Abläufen passen? Es hilft niemandem, wenn beispielsweise Schulen, Jugendhilfe und Familienzentren nebeneinanderher statt miteinander arbeiten. Schließlich sind es dieselben Kinder, die hilfsbedürftig sind. Das Problem: Alle dürfen mitreden, aber niemand trägt die Gesamtverantwortung.

Bildungsföderalismus ist heute kein Wettbewerb mehr, bei dem Bund, Länder und Kommunen um das beste System konkurrieren und voneinander lernen. Vielmehr verharren wir in einem Konsensföderalismus, und durch das Einstimmigkeitsprinzip in der Kultusministerkonferenz bestimmt der Langsamste das Tempo – der Tritt auf die Bremse wird zum Dauerzustand. Wenn aber ohnehin Einheitlichkeit das Ziel ist und der kleinste gemeinsame Nenner die Politik bestimmt, könnte auch gleich der Bund die Kultushoheit übernehmen.

Viel Geld für populären Unsinn

Gemessen am Bruttoinlandsprodukt geben wir nicht nur wenig für Bildung aus, sondern liegen dort, wo wir investieren, auch häufig falsch und verschwenden unsere Mittel für populistische Maßnahmen ohne nennenswerten Effekt. So gibt es kaum eine Landtagswahl, vor der nicht der Ruf nach kleineren Schulklassen laut wird. Ein solcher Schritt kostet eine Menge, bringt aber Studien zufolge wenig.[8] Oder nehmen wir die Erhöhung des Kindergeldes und die Diskussion über ein zusätzliches Betreuungsgeld. Beides sichert vielleicht die eine oder andere Wählerstimme, positive Auswirkungen auf die Bildungschancen der Kinder sind jedoch nicht bekannt. Würden wir mit dem Geld den Ausbau von Kindertagesstätten[9] oder Ganztagsschulen finanzieren, sähe das anders aus.

So erhöht sich beispielsweise durch den frühen Besuch einer Kita für ein Kind die Wahrscheinlichkeit, später auf ein Gymnasium zu gehen, um fast 40 Prozent.[10] Besonders positiv wirkt sich der Krippenbesuch auf den Lernerfolg der Bildungsfernen aus. Dennoch bieten die alten Bundesländer gerade einmal für 17 Prozent der unter Dreijährigen einen Kita-Platz an, und der Ausbau kommt nur schleppend voran.[11]

Abhilfe könnte das von der Bundesregierung geplante Betreuungsgeld schaffen für Familien, die ihre Kinder nicht in eine Kita schicken. Dadurch würde die Nachfrage nach Kita-Plätzen sinken, der Bildungsnotstand aber würde weiter verschärft. Denn das Beispiel Norwegen zeigt, dass dort das seit einigen Jahren gezahlte Betreuungsgeld vor allem von Unterschicht- und Einwandererfamilien in Anspruch genommen wird.[12] So kann das Betreuungsgeld der Eltern für die Kinder zur Verdummungsprämie werden.

Auch bei der häufig geäußerten Forderung nach längeren Ausbildungszeiten für Lehrer ist die Realität komplexer als der vermeintlich einfache Wahlslogan. Richtig ist: Es kommt auf die Lehrer an, sie machen den Unterschied. Erzieher und Lehrer spielen eine herausragende Rolle für die Zukunft unserer Kinder und damit unseres Landes. Allerdings zeigen amerikanische Studien, dass eine längere Ausbildung der Lehrer den Lernerfolg der Schüler nicht entscheidend beeinflusst.[13] Wichtig sind vielmehr die Praxisnähe der Ausbildung und die Auswahl der Studierenden. Denn häufig gewinnen wir nicht die Besten für den Lehrerberuf: Eignungstests vor Aufnahme des Studiums gibt es nicht, und viele der Lehramtsstudenten setzen auf Sicherheit, lange Ferien und vor allem die Vereinbarkeit von Familie und Beruf.[14] In der Konsequenz fühlt sich schon ein Viertel der Lehrkräfte beim Berufsstart überfordert,[15] nur gut ein Drittel hält bis zum 65. Lebensjahr durch.[16]

Dazu kommt ein rigides und wenig motivierendes Besoldungssystem. Zwar werden Lehrer hierzulande im internationalen Vergleich relativ gut bezahlt, finanzielle Anreize für herausragende Leistungen sind aber verpönt. Und dort, wo die Herausforderungen am größten sind, in den Grund- und Hauptschulen, sind die Gehälter am schlechtesten.

Privatschule oder Castingshow

Unser Bildungssystem lässt zu viele durch das Raster fallen. Die Reparaturkosten, die dadurch entstehen, sind enorm. Ein Paradebeispiel dafür ist das Sitzenbleiben: Jahr für Jahr wiederholt rund eine Viertelmillion Schüler die Klasse und kostet durch die so verlängerte Schulzeit die Bundesländer jährlich fast eine Milliarde Euro. Einen positiven Effekt hat das aber weder für den jeweiligen Sitzenbleiber noch für die restliche Klasse.[17]

Und das Geld, das wir dafür verschwenden, fehlt dem Staat für eine sinnvollere individuelle Förderung der Kinder.

Diese findet dann außerhalb der staatlichen Verantwortung durch private Nachhilfe statt – eine zweifelhafte, zumindest aber unfaire Reparaturmaßnahme: Insgesamt anderthalb Milliarden Euro pro Jahr zahlen die Eltern in Deutschland, die es sich leisten können, für private Nachhilfe.[18] Sie gleichen also mit ihren Mitteln die Defizite der staatlichen Bildungseinrichtungen aus, die doch eigentlich für den Lernerfolg der Schüler verantwortlich sind. Zugleich verschärft sich durch private Nachhilfe aber auch die Chancenungerechtigkeit in unserem Land. Denn sozial schwächere Familien können sich diese teure Investition in ihre Kinder nicht leisten.

Ins Bild passt, dass mittlerweile immer mehr Grundschulkinder – und nicht unbedingt nur die schwächsten – Nachhilfeunterricht erhalten. Die Eltern helfen ihren Kindern damit vor allem im vierten Schuljahr beim gewünschten Wechsel aufs Gymnasium auf die Sprünge.[19] Besser und gerechter wäre aber die konsequente individuelle Förderung aller Kinder während des regulären Unterrichts, die in Deutschland allerdings noch weitgehend die Ausnahme ist. Und so nehmen die Unterschiede zu: Während einige Eltern ihre Kinder schon in der Kita Chinesisch lernen lassen, verbringt der durchschnittliche deutsche Jugendliche mehr Zeit vor dem Fernseher, mit Computerspielen und in sozialen Netzwerken als in der Schule – und die Eltern lassen ihn gewähren. Gerade Kinder aus sozial schwächeren Familien und vor allem Jungen sind anfällig dafür, in Parallelwelten abzudriften, wenn die Schule für sie nicht viel mehr als Frust zu bieten hat.

Deutlich zeigt sich der Herkunftseffekt, wenn man die Kinder nach dem von ihnen angestrebten Schulabschluss fragt. Insgesamt wünscht sich die Hälfte der Kinder das Abitur. Kinder aus der Unterschicht nennen es aber nur zu 19 Prozent als Bildungsziel, Kinder aus der unteren Mittelschicht zu 30 Prozent und Kinder aus der Mittelschicht zu 45 Prozent. Bei den Kindern aus der Oberschicht sind es 75 Prozent.[20] Nach ihren Berufswünschen gefragt, stehen bei vielen Jugendlichen Popstar oder Fußballer an erster Stelle: Berufe, mit denen man auch ohne gute schulische Ausbildung viel Geld verdienen kann. Während also die einen von ihren Eltern auf die englische Privatschule geschickt werden, setzen die anderen lieber auf Castingshow als auf Lehrstelle.

Viel zu viele Verlierer

Damit sind wir bei dem größten Problem unseres Bildungswesens: Seit Jahrzehnten sehen wir zu, wie sich am unteren Rand unserer Gesellschaft eine Gruppe der Bildungs- und Chancenlosen verfestigt. Fast 20 Prozent aller 15-Jährigen – und nahezu 25 Prozent der männlichen Jugendlichen – können höchstens auf Grundschulniveau lesen.[21] Diese häufig als »Risikoschüler« bezeichnete Gruppe – in der Regel sind es die Kinder von »Risikoeltern« – wird dauerhaft unsere Sozialsysteme belasten. Doch noch viel schlimmer: Diese Menschen stehen auch dauerhaft am Rand der Gesellschaft, sie können kaum an ihr teilhaben – weder finanziell noch sozial. Das von Picht vor einem halben Jahrhundert gefällte Urteil über unser Bildungssystem gilt also nach wie vor: Es ist ungerecht und zukunftsgefährdend – auch wenn die chancenlosen katholischen Arbeitermädchen vom Land inzwischen von männlichen Risikoschülern mit Migrationshintergrund aus der Stadt abgelöst worden sind.

Jahr für Jahr verlassen fast 60 000 junge Menschen die Schule ohne Hauptschulabschluss – das sind sieben Prozent der gleichaltrigen Bevölkerung und entspricht der Einwohnerschaft einer mittelgroßen Stadt. Noch dazu sind die Chancen von Schülern auf einen solchen Abschluss regional sehr unterschiedlich verteilt. Während im Jahr 2009 in Wismar annähernd 25 Prozent der Schulabgänger ohne Abschluss blieben, waren es im Landkreis Würzburg weniger als anderthalb Prozent.[22]

Mit den Förderschulen, den früheren Sonderschulen, existiert in Deutschland eine ganze Schulart, die zwar gut gemeint, aber eben in Summe nicht gut ist. Jährlich 2,6 Milliarden Euro lassen wir uns die Förderschulen zusätzlich kosten,[23] je nach Bundesland schicken wir bis zu neun Prozent der Kinder dorthin – insgesamt knapp 400 000. Oft schieben wir Kinder zu schnell und zu einfach in die Förderschulen ab: aus den Augen, aus dem Sinn. Das gilt vor allem für solche aus Zuwandererfamilien, bei denen ein großer Leistungsrückstand oder Sprachförderbedarf diagnostiziert wird – mit verheerenden Folgen: Nicht mal jedes vierte Kind schafft es, dort einen Schulabschluss zu machen.[24] Von den Schulabgängern ohne Hauptschulabschluss stammt in Deutschland mehr als die Hälfte aus Förderschulen.

Doch auch ein Schulabschluss führt nicht unbedingt zu einem Berufsanschluss, der erfolgreiche Übergang von der Schule in den Arbeitsmarkt misslingt bei uns zu oft. Zum einen gibt es schlicht zu wenige Lehrstellen, zum anderen genügt die schulische Bildung nicht den Anforderungen der ausbildenden Unternehmen. Das gilt längst nicht mehr nur für die Risikoschüler. So ist in den alten Bundesländern die Gruppe der Realschulabsolventen, die eigentlich ausbildungsreif sein sollten, aber trotzdem keinen Ausbildungsplatz finden, inzwischen genauso groß wie die der Schulabbrecher. Und auch ihr Arbeitslosigkeitsrisiko ist vergleichbar.[25]

Abhilfe an der Schwelle zwischen Schule und Beruf soll das sogenannte Übergangssystem schaffen. Ursprünglich als Provisorium gedacht, war es zeitweilig neben Schule und Kita das größte Bildungssystem der Bundesrepublik – und das mit den geringsten Erfolgsaussichten.[26] Denn weder gelingt damit der Übergang, noch hat es System. Es ist vielmehr Maßnahmendschungel und Warteschleife zugleich. Im Jahr 2010 wurden rund 325 000 Jugendliche im Übergangssystem »geparkt«, weil sie keine Lehrstelle bekamen.[27] Sie absolvierten berufsvorbereitende Maßnahmen, die zu keinerlei Ausbildungsabschluss führen, sondern eher eine Art qualifizierter Zeitvertreib sind. Nach drei Jahren in der Warteschleife hat etwa ein Viertel der Teilnehmer noch immer keine Ausbildung begonnen[28] und landet dann häufig bei geringfügiger Beschäftigung oder gleich bei Hartz IV.

Das Übergangssystem hilft somit dem Staat, die Jugendarbeitslosigkeit zu überdecken. Und das lässt er sich einiges kosten, aktuell mehr als vier Milliarden Euro pro Jahr.[29] Das wiederum sorgt für erkleckliche Einnahmen bei den Anbietern der Leistungen. Auf diese Weise erfreut sich das System zahlreicher Anhänger in allen Teilen der Republik, die wenig Interesse daran haben, etwas zu ändern. Dabei ist gerade in Deutschland der formale Ausbildungsabschluss so wichtig wie in fast keinem anderen Industriestaat. Für Hauptschulabsolventen mit Ausbildung betrug im Jahr 2007 das Risiko der Arbeitslosigkeit neun Prozent, ohne Ausbildung jedoch 24 Prozent.[30] Diese Asymmetrie wird sich noch verschärfen, denn der Fachkräftemangel nimmt ebenso zu wie die Arbeitslosigkeit unter Geringqualifizierten.

Die Folgen des Versagens

Dass wir die Probleme unseres Bildungssystems nicht in den Griff kriegen, insbesondere die hohe Zahl der Schulabbrecher und Ausbildungslosen, hat Auswirkungen für uns alle. Für die unmittelbar Betroffenen werden sie jeweils am Monatsende beim Blick auf die Gehaltsabrechnung deutlich, sofern sie eine erhalten und nicht am Tropf des Staates hängen. Doch unser Versagen in der Bildung hinterlässt weitaus größere Schäden als den auf dem Konto. Geringe Bildung führt auch zu Ausgrenzung und Frustration, sie führt zu hohen Kosten für die Gesellschaft – schwächeres Wachstum, höhere Sozialausgaben, weniger Steuereinnahmen, mehr Kriminalität – und beeinträchtigt so unsere Zukunftsfähigkeit. Unbildung ist nicht nur ein Problem der Ungebildeten. Was schlechte Bildung persönlich, gesellschaftlich und volkswirtschaftlich anrichtet, gefährdet das Überleben unserer Gesellschaft als Ganzes.

Bildung hat für jeden Menschen individuell einen erheblichen Wert, aber eben auch für das soziale Zusammenleben. Bildung ist dabei mehr als eine Qualifizierung für die künftige Arbeitswelt oder ein Treiber der wirtschaftlichen Entwicklung. Sie beeinflusst wesentlich das Vertrauen in die Gesellschaft, die demokratische Grundhaltung, die politische Stabilität und die Einhaltung von Menschenrechten, das bürgerschaftliche Engagement, die soziale Gerechtigkeit und die ökologische Nachhaltigkeit.

Der oft beklagte bröckelnde gesellschaftliche Zusammenhalt steht in einem Zusammenhang mit der Chancenungerechtigkeit unseres Bildungssystems. Fehlende Bildungschancen verstärken die Ghettobildung in Städten mit der Konsequenz, dass Kinder und Jugendliche in diesen Milieus keine positiven Vorbilder mehr haben. Denn entscheidend ist bei uns insbesondere das Schulumfeld: Wer eine Schule in einem sozial schwachen Milieu besucht, hinkt bis zu zweieinhalb Jahre hinter gleichbegabten Schülern her, die zwar ähnliche soziale Voraussetzungen haben, aber in einem günstigen Umfeld zur Schule gehen.[31] Damit ist der weitere Weg für diese Kinder vorgezeichnet – und führt kaum aus den sozialen Brennpunkten heraus.

Abbildung 1

Zusammenhang zwischen Bildungskompetenzen und volkswirtschaftlichem Wachstum

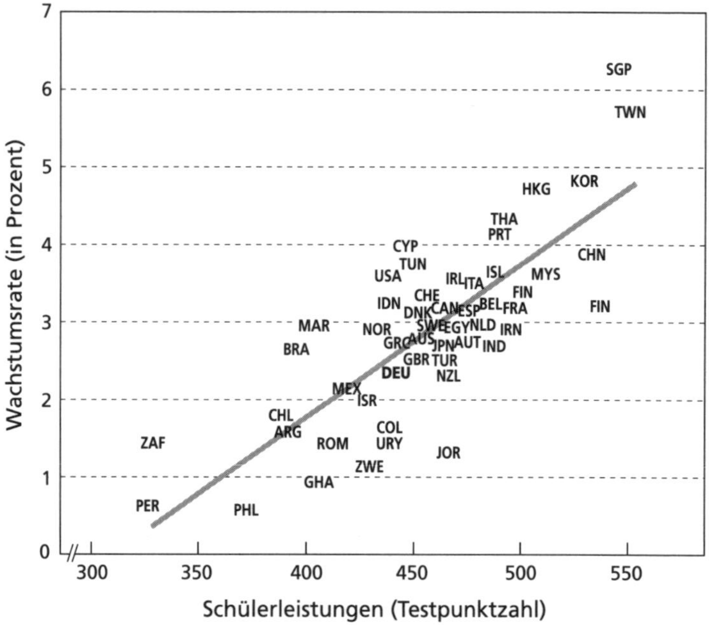

Quelle: Wößmann (2009): Was unzureichende Bildung kostet – Eine Berechnung der Folgekosten.

Der Zusammenhang zwischen Bildungskompetenzen (Durchschnitt aller internationalen Vergleichstests zwischen 1964 und 2003, gemessen äquivalent zu PISA-Testpunkten) und realem jährlichen Pro-Kopf-Wirtschaftswachstum (1960 bis 2000) im internationalen Ländervergleich nach Herausrechnen weiterer Einflussfaktoren zeigt: Je besser die Ergebnisse eines Landes bei den Schülerleistungen sind, desto höher ist das durchschnittliche Wirtschaftswachstum. Abkürzungen der Länder: siehe Seite 247.

Schließlich hat ungenügende Bildung immense volkswirtschaftliche Folgen. Die etwa 150 000 jungen Menschen, die jedes Jahr ohne Ausbildung bleiben, kosten uns Milliarden Euro an entgangenen Lohnsteuern und Beiträgen zur Arbeitslosenversicherung sowie an Sozialhilfe und Arbeitslosengeld: Gelänge es uns, nur für ein einziges Jahr die Zahl der Ausbildungslosen zu halbieren, könnten wir 1,5 Milliarden Euro sparen. Gelänge uns dies zehn Jahre nacheinander, summierten sich die eingesparten Kosten schon auf 15 Milliarden Euro.[32] Wie viel sinnvoller wäre es – für die Jugendlichen selbst, für die Gesellschaft als Ganzes –, einen Bruchteil dieser Summe in Ausbildungsplätze zu investieren und so zu verhindern, dass diese jungen Menschen ohne Ausbildung bleiben.

Schlechte Bildung – und nicht nur eine zu geringe Zahl an Hochqualifizierten – ist zudem der entscheidende Hemmschuh für die wirtschaftliche Entwicklung eines Landes. In Langzeitstudien zeigt sich sehr deutlich der enge Zusammenhang zwischen dem Bildungsniveau der Bevölkerung und dem Wirtschaftswachstum eines Landes (Abb. 1). In der Konsequenz bedeutet das: Wenn es uns im Rahmen einer Bildungsreform gelänge, den Anteil der Risikoschüler – also derjenigen mit eklatanten Schwächen beim Lesen und Rechnen – drastisch zu verringern, würde das deutsche Bruttoinlandsprodukt innerhalb eines Menschenlebens um insgesamt 2800 Milliarden Euro steigen – das ist weit mehr als die deutsche Staatsverschuldung. Bereits zehn Jahre nach Abschluss einer solchen Bildungsreform würde das zusätzliche Wachstum das komplette heutige Bildungsbudget von Bund und Ländern übertreffen (Abb. 2).[33] Dieses Wachstum käme uns allen zugute, vor allem aber unseren Kindern und Enkeln, die wir durch den angehäuften Schuldenberg enorm belasten.

Unzureichende Bildung beeinflusst aber auch das tägliche Leben von uns allen, indem sie unsere Straßen unsicherer macht.

Abbildung 2

Entgangenes Wirtschaftswachstum (BIP)
durch unzureichende Bildung

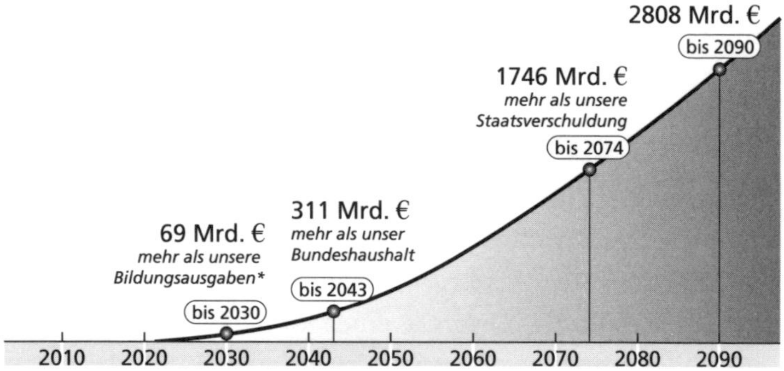

** Öffentliche Bildungsausgaben im Elementar- und allgemein bildenden Schulbereich*

Quelle: Wößmann (2009): Was unzureichende Bildung kostet – Eine Berechnung der Folgekosten.

Folgekosten unzureichender Bildung als Summe des bis zum jeweiligen Jahr entgangenen Bruttoinlandsprodukts (BIP). Verglichen wird der heutige Bildungsstand mit einem Szenario, bei dem die Zahl der Risikoschüler bis 2020 um 90 Prozent reduziert wird.

Denn Misserfolge in der schulischen Laufbahn begünstigen kriminelle Karrieren. Könnte die Zahl der Schulabgänger ohne Hauptschulabschluss halbiert werden, gäbe es weitaus weniger Gewalt- und Eigentumsdelikte. Hochgerechnet hätten dann im Jahr 2009 mehr als 400 Fälle von Mord und Totschlag, mehr als 13 000 Raubüberfälle und mehr als 300 000 Diebstähle nicht stattgefunden, haben Forscher der Universität Frankfurt errechnet und damit erstmals in Deutschland den direkten kausalen Zusammenhang zwischen schlechter Bildung und Kriminalität nachgewiesen.[34]

Mit anderen Worten: Ein besseres Bildungssystem hätte bei den Opfern und ihren Angehörigen viel persönliches Leid ver-

Abbildung 3
Sinkende Kriminalität durch bessere Bildung

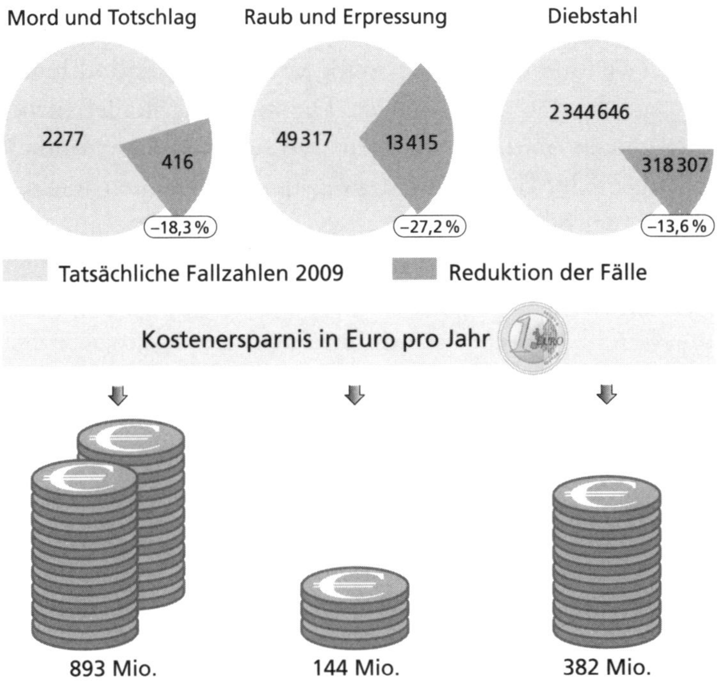

Quelle: Entorf/Sieger (2010): Unzureichende Bildung – Folgekosten durch Kriminalität.

Verringerung der Fallzahlen bei einzelnen Deliktarten und entsprechende Kostenersparnis durch eine Halbierung des Anteils der Jugendlichen ohne Hauptschulabschluss

hindern können – und würde der Gesellschaft darüber hinaus jedes Jahr rund anderthalb Milliarden Euro an entstandenen Schäden, an Polizei-, Gefängnis- und Justizkosten, an Hilfen zur Wiedereingliederung, Versicherungsleistungen und Ähnlichem ersparen (Abb. 3).[35]

Der Druck wächst, das Zeitfenster schließt sich

Ein halbes Jahrhundert nach Picht sind wir von einer Bildungsrepublik nach wie vor noch weit entfernt. Die Probleme haben sich hier und da ein wenig verlagert, neue sind hinzugekommen, wenige weggefallen. Die von Picht monierten viel zu geringen Abiturientenzahlen sind seit 1964 zwar deutlich gestiegen, durch die Verfestigung des sogenannten unteren Drittels der Bildungsverlierer treten wir aber im Ergebnis nach wie vor auf der Stelle und lassen zu, dass die Folgen schlechter Bildung unsere Gesellschaft auseinanderbrechen lassen. Das ist umso problematischer, als wir nicht noch einmal 50 Jahre Zeit haben werden, unser Bildungssystem auf Vordermann zu bringen. Denn der internationale Wettbewerbsdruck wird ständig größer, und unsere Gesellschaft schrumpft.

Ist der Bevölkerungsrückgang insgesamt schon höchst bedenklich, so ist die Entwicklung der jungen Generation noch viel dramatischer. Was der Osten bereits hinter sich hat, steht dem Westen jetzt bevor: Wegen des demografischen Wandels werden die Schülerzahlen in den kommenden 15 Jahren in einigen Regionen Deutschlands deutlich einbrechen – im Saarland beispielsweise um bis zu 30 Prozent, in Teilen Bayerns sogar noch stärker. Das muss zu massiven Schulschließungen und Abbau von Lehrpersonal führen. Zugleich gibt es immer mehr Rentner. Ihre Zahl wird bis 2025 um 20 Prozent zunehmen.[36] Der Generationenvertrag wird nicht mehr funktionieren, die wenigen Arbeitenden werden die Sozialsysteme für die vielen anderen nicht mehr finanzieren können – erst recht nicht, wenn sie nicht exzellent ausgebildet sind.

Das Schrumpfen der Ursprungsbevölkerung verstärkt einen Trend, der schon heute zu den großen Herausforderungen zählt – nicht nur des Bildungssystems: Unser Land wird immer bunter und vielfältiger. Über Jahrzehnte hinweg hat sich die Politik schwer damit getan, dass die Bundesrepublik ein Einwanderungsland ist, hatte gehofft, Integration geschehe von alleine – ohne dass wir beispielsweise unser Bildungssystem anpassen müssen. Ein Blick in die Kitas und Schulen zeigt eine andere Realität: Kulturelle Vielfalt ist dort Normalität. Ein Drittel der Schulanfänger hat einen Migrationshintergrund. In Metropolen wie Köln, Stuttgart und München trifft dies sogar auf die Hälfte aller Kinder und Jugendlichen unter 15 Jahren zu. In Frankfurt am Main stammen drei von vier Neugeborenen aus Zuwandererfamilien.[37]

Und doch ist unser Land heute für Menschen aus anderen Staaten offenbar nicht mehr so attraktiv. Während 1992 noch knapp 800 000 Menschen mehr nach Deutschland ein- als auswanderten, hat sich das Verhältnis mittlerweile gedreht. Seit 2008 verlassen mehr Menschen unser Land als zu uns kommen: Deutschland ist ein Abwanderungsland geworden.[38] Ein Land, dem es nicht gelingt, den Kindern von Zuwanderern ein Aufstiegsversprechen durch gute Bildung zu geben, muss sich darüber nicht wundern. Auch bei den Hochqualifizierten verliert Deutschland Jahr für Jahr Spitzenkräfte an andere Länder Europas. War unser Land früher ein Magnet für die Besten des Kontinents, sind Schweden, Spanien, Österreich, Großbritannien und Belgien mittlerweile an uns vorbeigezogen.[39] Hält dieser Trend an, verstärkt er das Fachkräfteproblem noch, in das wir jetzt schon stolpern. Auch wenn einige immer noch lautstark die misslungene Integration kritisieren: Die mangelnde Zuwanderung wird zu einem größeren Problem als die unzureichende Integration.

Während wir unsere Talente verkümmern oder ziehen lassen, wächst die internationale Konkurrenz. Inzwischen schließen in China jedes Jahr mehr Studenten ein Ingenieurstudium ab, als insgesamt Ingenieure in Deutschland arbeiten. Spätestens in fünf Jahren werden allein in China jährlich mehr Absolventen die Hochschulen verlassen als in Europa und den USA zusammen. Und während in anderen Ländern der Anteil der Hochschulabsolventen stark ansteigt, bleibt er in Deutschland nahezu konstant.[40]

Handeln, und zwar schnell

Die Situation in unserer vermeintlichen Bildungsrepublik ist also alles andere als erfreulich. Die Zahl der Bildungsverlierer ist viel zu groß, und die Folgekosten drohen unsere Sozialsysteme zu sprengen. Auch die zahllosen, nicht selten ideologisch geprägten Reformen sind teuer, haben aber nur einen geringen Effekt. Zudem wird die nächste Generation noch mehr leisten müssen, um den demografischen Wandel und die hohe Staatsverschuldung zu meistern – zwei Faktoren, die das Bildungssystem zugleich vor erhebliche Herausforderungen stellen.

All diese Fakten machen eines ganz deutlich: Wir dürfen die nötigen Veränderungen für ein besseres Bildungssystem nicht weiter auf die lange Bank schieben. Es ist längst nicht mehr fünf vor zwölf. Und weil die Zeit so drängt, müssen wir das Machbare, das schnell auf den Weg zu Bringende zuerst in den Blick nehmen. Eine weitere Föderalismusreform, eine große, flächendeckende Neuordnung aller Schulen in Deutschland oder eine grundlegende Veränderung unseres Beamtenrechts: All das mag wünschenswert sein. Wir dürfen dies aber nicht zur Voraussetzung für die Weiterentwicklung unseres Bildungssystems machen. Damit verlieren wir zu viel Zeit. Viele Veränderungen sind heute schon machbar: Auf einen solchen Weg sollten wir uns konzentrieren.

Die dafür nötigen Schritte sind nicht nur eine Angelegenheit der Politik. Alle sind gefordert: Schüler, Eltern, Lehrer, die Städte und Gemeinden, die Bundesländer und schließlich der Bund. Sie alle können und müssen dazu beitragen, den seit 50 Jahren feststeckenden Karren möglichst schnell aus dem Dreck zu ziehen.

Es soll deutlich werden, worin ihr jeweiliger Beitrag bestehen kann. Dazu rücken die Kinder in den Mittelpunkt der Überlegungen: Was sollen sie lernen und wie? Ab wann und wie lange sollen sie eine Kita oder Schule besuchen? Wie können wir sie bestmöglich fördern, und was können, was müssen wir ihnen – und ihren Eltern – zumuten? Wie ebnen wir ihnen den Weg in die Arbeitswelt? Wenn wir die Erkenntnisse der Wissenschaft und die Erfahrungen anderer Länder nutzen, um diese Fragen zu beantworten, wissen wir schließlich auch, was wir kurzfristig innerhalb des heutigen Systems tun können und was langfristig am System verändert werden müsste. Für einen solchen pragmatischen Weg müssen wir allerdings mit einigen Vorurteilen aufräumen und einige Realitäten akzeptieren.

Vielfalt ist in unserem Land der Normalfall.
Unterschiedlichkeit birgt Chancen und Risiken, sie ist per se weder gut noch schlecht. Heterogenität ist in unserer Gesellschaft längst Realität: in Frankfurt, wo drei Viertel der Jüngsten Migrationshintergrund haben; in den Brennpunkten Berlins, wo 80 Prozent der Eltern Sozialleistungen beziehen; im teuren Westen Hamburgs, wo 70 Prozent und mehr der Schüler auf das Gymnasium gehen, das auf diese Weise zur Gesamtschule der Mittelschicht wird. Ob nun durch unterschiedliche Herkunft oder durch unterschiedliches Leistungsvermögen – die Unterschiede zwischen den Kindern in den

Schulklassen werden immer größer. Das müssen wir akzeptieren, und darauf muss sich auch unser Bildungssystem einstellen. Keine vermeintlich homogene Klasse kann mehr im Gleichschritt einem frontal dozierenden Lehrer folgen, stattdessen muss Schule unterschiedlichen Begabungen, Leistungsständen, Lernformen und Lerngeschwindigkeiten Rechnung tragen und starke wie schwache Schüler gleichermaßen fördern.

Chancengerechtigkeit heißt nicht Gleichmacherei.
Im Gegenteil: Eine gute und faire Schule fördert jedes Kind optimal, dadurch lernen auch die Besten, und zwar häufig am schnellsten. Chancengerechtigkeit bedeutet, dass die enge Kopplung von Bildungserfolg und sozialer Herkunft abnimmt. Die durchschnittlichen Leistungen steigen, der Abstand zwischen den Schlechtesten und den Besten kann dabei aber größer werden. Ein System, in dem alle gleich (schlecht) sind, ist weder fair noch wettbewerbsfähig. Ein System, in dem alle gleich gut sind, gibt es nicht. Ein gutes Bildungssystem sorgt für Chancengerechtigkeit, führt aber nicht zu Gleichheit in unserer Gesellschaft.

Ohne Familien geht es nicht.
Die Schulen allein können die sozialen Ungleichheiten in unserer Gesellschaft nicht ausgleichen. Wie sollen sie das leisten, wenn Kinder und Jugendliche nur 20 Prozent ihrer wachen Zeit in der Schule verbringen, aber 80 Prozent in der Familie, im Freundeskreis oder vor der Playstation und dem Fernseher? Deshalb müssen wir auch die Eltern in die Pflicht nehmen. Dafür, dass sie ihre Kinder gesund ernähren, ihre Neugier auf das Lernen wecken, sie eine Kita besuchen lassen und in die Schule schicken. Dafür, dass sie Verantwortung tragen für ihre

Söhne und Töchter, indem sie eng mit den Bildungseinrichtungen zusammenarbeiten und so den Bildungserfolg ihrer Kinder sichern helfen. Aber auch jeden Einzelnen dafür, Verantwortung für seine Bildung oder Weiterbildung zu übernehmen, sich als Zuwanderer aktiv darum zu bemühen, Teil dieser Gesellschaft zu werden und die Landessprache zu lernen. Es darf an dieser Stelle kein Tabu geben, was finanzielle Sanktionen angeht, wenn einzelne Eltern ihrer Verantwortung nicht nachkommen wollen.

Gleiche Mittelverteilung ist ungerecht.
Gerade dann, wenn Eltern der Aufgabe bei der Bildung ihrer Kinder nicht nachkommen können oder wollen, müssen Kitas und Schulen ihr Angebot erweitern. So müssen Brennpunktschulen Hausaufgabenbetreuung sowie kulturelle Aktivitäten anbieten und – zum Beispiel für Zuwandererfamilien – zu einem Anlaufpunkt werden, der bei Alltagsproblemen hilft, bei der Gesundheitsvorsorge genauso wie mit Sprachkursen. Es geht dabei nicht darum, den Kindern dort nachmittags einen netten Zeitvertreib zu bieten, damit sie ihren Eltern nicht auf die Nerven fallen. Es geht darum, einen Rahmen zu schaffen, der Kindern Lernen überhaupt ermöglicht, ihre Talente weckt und ihre Defizite behebt. Das alles braucht Zeit und Personal: Lehrer, Sozialarbeiter, Psychologen, Erzieher. Und das alles kostet Geld, und zwar mehr als an den Schulen der Mittelschicht. Deswegen müssen wir die vorhandenen Mittel ungleich verteilen – zum Wohle aller. Andernfalls wird unser Bildungssystem weiter viel zu viele Bildungsverlierer produzieren, und die besser Gebildeten werden die dadurch verursachten Folgekosten irgendwann nicht mehr ausgleichen können. Nur wenn die bürgerliche Mittelschicht akzeptiert, dass wir in die Schwächsten in unserem Bildungssystem mehr investieren müssen als

in andere, werden wir beim Thema Bildung nicht noch ein weiteres halbes Jahrhundert verlieren.

Es ist unsere Aufgabe als Gesellschaft, Verantwortung für den Lernerfolg jedes einzelnen Kindes zu übernehmen und machbare Wege aus der Bildungskrise zu finden – damit es in Deutschland wieder weniger Schulversager und dafür umso mehr Dichter, Denker und Ingenieure gibt.

1 Früher, mehr und länger lernen

Wie viel Bildung unsere Kinder brauchen

Unsere Gesellschaft hat sich gewandelt. Der Einverdienerhaushalt klassischer Prägung ist inzwischen die Ausnahme. In der Regel wollen oder müssen heute beide Partner berufstätig sein – oder Kinder wachsen mit nur einem Elternteil auf, der dann auch für den Lebensunterhalt zuständig ist. Die Folge: Eltern haben weniger Zeit für ihre Kinder – die aber eine immer bessere Ausbildung brauchen, um später am Arbeitsmarkt eine Chance zu haben. Zugleich haben Kinder und Jugendliche durch das Fernsehen und neue Medien Ablenkungsmöglichkeiten wie nie zuvor. Auf diese Entwicklungen muss unser Bildungssystem reagieren: Kinder werden in Zukunft früher, mehr und länger lernen müssen.[1]

Betreuung und Bildung

Für Eltern sind Beruf und Familie ohne Betreuung ihrer Kinder nicht vereinbar. Sie brauchen einen Kita-Platz – häufig schon ab dem zweiten Lebensjahr. Sie brauchen eine verlässliche Ganztagsbetreuung in der Schule. Und sie brauchen eine sinnvolle Unterbringung ihrer Kinder während der fast 14 schulfreien Wochen im Jahr. Beim Ausbau von Kindergärten und Ganztagsschulen geht es aber um viel mehr als nur um Kinderbetreuung für arbeitende Eltern. Denn: Kita und Ganztagsschule wirken sich positiv auf die Leistungen der Kinder und deren Schullaufbahn aus und schaffen insbesondere für Kinder aus bildungsfernen Elternhäusern mehr Chancen.

So erhöht sich die Wahrscheinlichkeit eines Gymnasialbesuchs deutlich, wenn Kinder bereits im Alter von unter drei

Abbildung 4

Zusammenhang zwischen Krippen- und Gymnasialbesuch

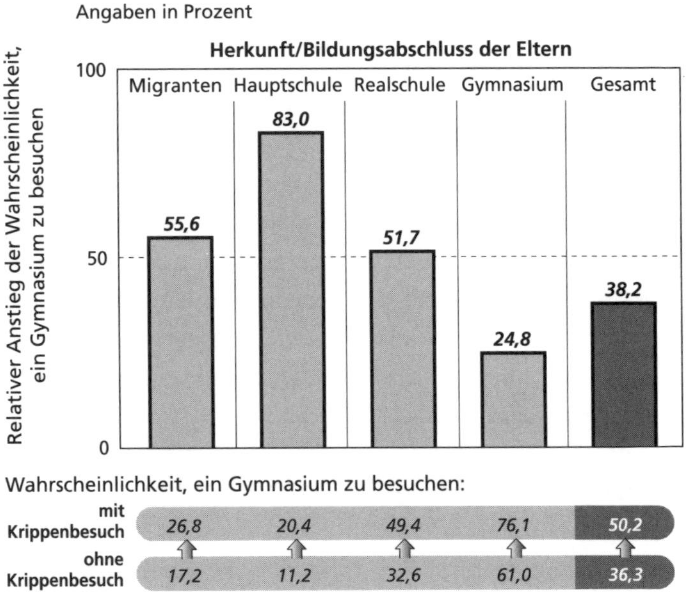

Quelle: Fritschi/Oesch (2008): Volkswirtschaftlicher Nutzen von frühkindlicher Bildung in Deutschland.

Der Krippenbesuch erhöht für ein Kind die Wahrscheinlichkeit, später auf ein Gymnasium zu gehen. Besucht ein Kind bereits im Alter von unter drei Jahren eine Krippe, ist seine Chance, später auf ein Gymnasium überzutreten, um 38 Prozent höher als bei einem Kind, das erst mit drei Jahren oder später in die Kita geht. Haben beide Eltern höchstens einen Hauptschulabschluss, so steigt die Gymnasialwahrscheinlichkeit für ihr Kind bei einem frühen Krippenbesuch sogar um 83 Prozent.

Jahren eine Kinderkrippe besucht haben. Am stärksten profitieren dabei Kinder aus bildungsfernen Familien (Abb. 4).[2] Chancengerechtigkeit lässt sich eher durch den Kindergarten als an der Universität erreichen: Was Hänschen nicht lernt, lernt Hans nur noch mit sehr viel Mühe.

Besonders ab dem zweiten Lebensjahr profitieren Kinder von sozialen Kontakten, die außerhalb der Familie liegen. Beziehungen zu anderen Kindern und Erwachsenen liefern wichtige Impulse für die Persönlichkeitsentfaltung und die Sprachentwicklung. Diese Kontakte machen die Kinder auch widerstandsfähiger: Sie lernen besser, mit negativ empfundenen Erlebnissen umzugehen. Gute Krippen schaffen zudem eine anregende Umgebung für die Kinder, in der sie neue Erfahrungen machen und Neues lernen können. So ergänzt die Welt der Kita die Welt, die das Kind von zuhause her kennt. Ganz besonders profitieren davon Kinder, die daheim nur wenige soziale Kontakte haben und damit kaum Möglichkeiten, sich zu entfalten.

Auch der Ausbau von Ganztagsschulen trägt dazu bei, die Qualität und Chancengerechtigkeit in unserem Bildungswesen zu verbessern. Denn sie haben einen positiven Einfluss auf den Lernerfolg der Kinder, deren Bildungsverhalten sich gewandelt hat: Ein Schüler hat heute im Alter von 15 Jahren mehr Zeit vor dem Fernseher verbracht als in der Schule.[3] Zwar bieten das Internet und die sozialen Netzwerke neue Möglichkeiten der Kommunikation und Informationsbeschaffung, gleichzeitig stellen sie aber eine große Ablenkung für die Kinder dar und wirken sich negativ auf den Lernprozess außerhalb der Schule aus.

Zugleich sind die Möglichkeiten der Eltern, ihren Kindern beispielsweise bei den Hausaufgaben zu helfen, sehr unterschiedlich verteilt. Gerade das kann eine Ganztagsschule ausgleichen – insbesondere bei Schülern aus Zuwandererfamilien.

Zwar unterstützen über 80 Prozent der Eltern mit einem mittleren bzw. einem hohen Bildungsabschluss ihre Kinder bei schulischen Aufgaben, von den Eltern mit einem niedrigen Bildungsabschluss tut das aber nur rund die Hälfte. Viele dieser Eltern geben an, dass sie zur schulischen Unterstützung ihrer Kinder schlicht nicht in der Lage sind.[4]

Auch wenn Ganztagsschulen noch nicht lange in Deutschland etabliert sind, belegen erste Studien, dass bei einem regelmäßigen und dauerhaften Besuch einer Ganztagsschule Schüler weniger störendes Verhalten im Unterricht zeigen. Gleichzeitig steigen ihre Lernmotivation und ihre Freude an der Schule. Zudem reduziert der Besuch einer gebundenen Ganztagsschule[5] deutlich das Risiko, ein Schuljahr wiederholen zu müssen. Die Untersuchungen stellen sogar positive Auswirkungen auf das Familienleben fest: Die Hälfte der befragten Eltern fühlt sich durch die Hausaufgabenunterstützung entlastet. Zwanzig Prozent der Familien geben darüber hinaus an, durch die Ganztagsschule weniger erzieherische Probleme zu haben.[6]

Chancenlos ohne Ausbildung

Der einsetzende Bevölkerungsrückgang verheißt auf den ersten Blick eine Entspannung auf dem Arbeitsmarkt. Wir können oder müssen uns darauf einstellen, dass die Zahl der 16- bis 19-Jährigen bis zum Jahr 2025 um knapp ein Viertel schrumpfen wird.[7] Gleichzeitig scheiden immer mehr Ältere aus dem Erwerbsleben aus. Bis 2025 sinkt somit die Zahl der potenziell Erwerbstätigen um über 3 Millionen Menschen.[8] Damit wird es in Zukunft schwieriger, den Fachkräftebedarf zu decken. Eigentlich, so mag man denken, müsste da doch künftig jeder im Arbeitsmarkt unterkommen und sich ein Teil unseres Bildungsproblems von selber lösen.

Der Mangel an Fachkräften hat aber nicht nur eine quantitative, sondern auch eine qualitative Komponente: Angesichts des Trends zur Höherqualifizierung geht der Bedarf an Arbeitskräften ohne berufliche Ausbildung bis zum Jahr 2025 um eine halbe Million Menschen zurück. Die Nachfrage nach Arbeitskräften mit einem anerkannten Berufsabschluss bleibt hingegen groß.[9]

Die Arbeitswelt verlangt also immer höhere Qualifikationen von unseren Kindern. Ein Haupt- oder Realschulabschluss ohne anschließende Ausbildung reicht schon heute nicht mehr für einen erfolgreichen Einstieg in das Berufsleben und eine dauerhafte Beschäftigung aus. Ein Viertel der Männer ohne Berufsausbildung ist arbeitslos. Dabei spielt kaum eine Rolle, ob sie einen Haupt-, einen Real- oder gar keinen Schulabschluss haben. Erst mit Abitur oder abgeschlossener Ausbildung sinkt das Arbeitslosigkeitsrisiko deutlich auf etwa zehn Prozent und weniger.[10]

Das Bildungssystem hält nicht mit

Im Sinne der Eltern und der Kinder müssten wir also die Kitas und Ganztagsschulen dringend ausbauen. Für faire Chancen auf dem Arbeitsmarkt müsste jeder Jugendliche eine (Aus-)Bildung über den Haupt- oder Realschulabschluss hinaus erhalten. Doch diese Erkenntnisse sind in unserem Bildungssystem noch nicht angekommen – es hält mit den veränderten Anforderungen nicht mit.

Während in Dänemark über 70 Prozent und in Schweden schon mehr als 60 Prozent der unter Dreijährigen eine Krippe besuchen, bleiben Chancengerechtigkeit und die Vereinbarkeit von Familie und Beruf bei uns häufig auf der Strecke, weil es zu wenige Krippenplätze gibt. In Westdeutschland stehen gerade

Abbildung 5

Kinder unter drei Jahren in Kindertagesbetreuung (2010)*

Angaben in Prozent

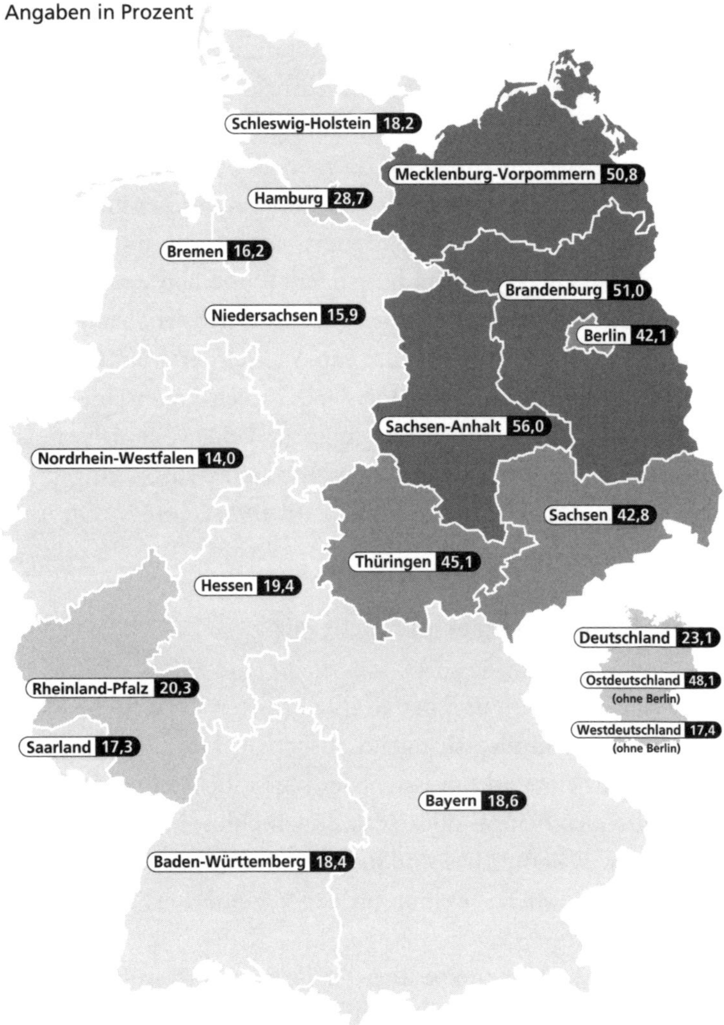

unter 20 %
30 bis 40 %
über 50 %
20 bis 30 %
40 bis 50 %

**Inanspruchnahme von Tageseinrichtungen und Kindertagespflege zum Stichtag 1.3.2010*

Quelle: Bock-Famulla/Lange (2011): Länderreport Frühkindliche Bildungssysteme 2011.

einmal für 17 Prozent der Kinder unter drei Jahren Plätze zur Verfügung, in ganz Deutschland für weniger als jedes vierte Kind. Und obwohl die Erwartungen von Eltern und Gesellschaft an das Bildungssystem überall in der Republik ähnlich sind und die wissenschaftlichen Erkenntnisse für Mecklenburg-Vorpommern und Bayern genauso gelten wie für Rheinland-Pfalz oder Sachsen-Anhalt, schwankt der Anteil von Kindern, die eine Kita vor ihrem dritten Geburtstag besuchen, je nach Bundesland zwischen 14 und 56 Prozent (Abb. 5).[11]

Auch in den Schulen hinkt das Angebot den gesellschaftlichen Entwicklungen hinterher. Zwar entstehen überall in Deutschland Ganztagsschulen, bislang nutzt aber nur gut ein Viertel der Schüler ein Ganztagsangebot, in Bayern sind es keine zehn Prozent. Weder gibt es einheitliche und überprüfte Konzepte für den Ausbau, noch reicht die Anzahl der Plätze. Und wieder sind die Unterschiede zwischen den Bundesländern immens: Schlusslicht ist Baden-Württemberg, wo nur jede vierte Schule eine Ganztagsschule ist; Spitzenreiter ist Sachsen – dort sind es fast alle (Abb. 6).[12] Blickt man auf Europa, ist die Halbtagsschule ein Auslaufmodell – selbst in der Grundschule.

Ganz besonders deutlich klaffen Anspruch und Wirklichkeit nach Ende der Schulzeit auseinander: Das Niveau von Schulabschlüssen und die nötige Qualifikation für den Berufseinstieg passen nicht mehr zusammen. Weil es außerdem zu wenige Ausbildungsplätze gibt, entstand in den siebziger Jahren das sogenannte Übergangssystem, eine Warteschleife für diejenigen, die keine Lehrstelle finden;[13] sie hat bis heute Bestand, wurde vom Provisorium zur Dauerlösung. Dabei führen die dort angebotenen Maßnahmen nicht zu einem Berufsabschluss – und oft nicht einmal zu einem Ausbildungsplatz. Deswegen leben in Deutschland einerseits 1,5 Millionen junge Menschen im Alter

Abbildung 6

Schüler an allgemein bildenden Schulen im Ganztagsschulbetrieb (2009)

Angaben in Prozent

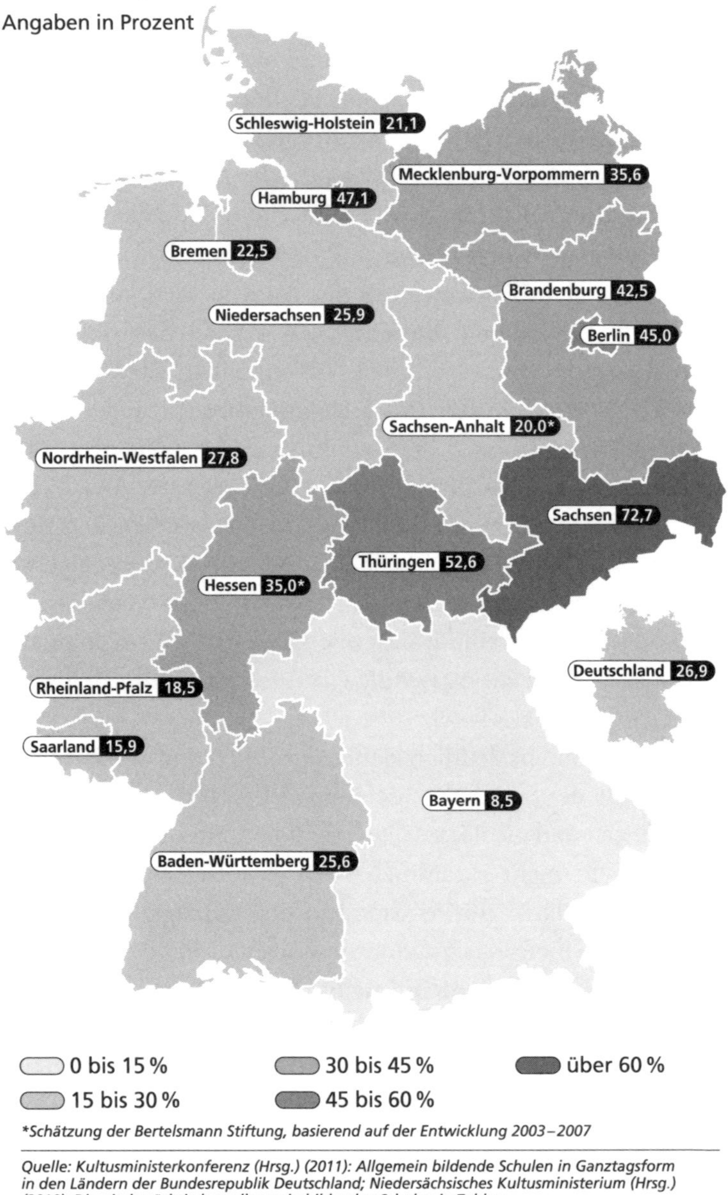

Schätzung der Bertelsmann Stiftung, basierend auf der Entwicklung 2003–2007

Quelle: Kultusministerkonferenz (Hrsg.) (2011): Allgemein bildende Schulen in Ganztagsform in den Ländern der Bundesrepublik Deutschland; Niedersächsisches Kultusministerium (Hrsg.) (2010): Die niedersächsischen allgemein bildenden Schulen in Zahlen.

zwischen 25 und 34 Jahren, die weder Abitur noch eine Ausbildung haben.[14] Und andererseits beginnen Jugendliche ihre Ausbildung in Deutschland erst mit durchschnittlich 19,7 Jahren[15] – angesichts dessen, dass sie die Haupt- oder Realschule im Alter von 15 oder 16 Jahren abgeschlossen haben sollten, eine unverantwortliche Verschwendung von Lebenszeit. Berechnungen zeigen, dass sich dieser Zustand strukturell verfestigt hat und sich auch durch den demografischen Wandel nicht lösen wird: Ohne Reformen werden 2025 noch immer 240 000 Jugendliche in Übergangsmaßnahmen stecken und den Staat jedes Jahr 3 Milliarden Euro kosten.[16]

Der gesellschaftliche Wandel ist längst nicht abgeschlossen. Im Gegenteil: Er gewinnt noch an Tempo. In der Zukunft wollen – oder müssen – noch mehr Menschen berufstätig sein. Sie werden nur dann Nachwuchs haben, wenn es ein hochwertiges und chancengerechtes Bildungs- und Betreuungsangebot für ihre Kinder gibt. Die medialen Verlockungen des Fernsehens und des Internets werden weiter zunehmen, Eltern werden weiter sehr unterschiedlich dazu in der Lage sein, ihre Kinder während der Schullaufbahn zu unterstützen. Und auch die Anforderungen des Arbeitsmarktes werden noch anspruchsvoller werden. All das macht deutlich: Unsere Kinder müssen früher, mehr und länger lernen. Darauf muss sich unser Bildungssystem einstellen.

Früher lernen: Kita spätestens ab drei Jahren

Der entscheidende Hebel für mehr Chancengerechtigkeit ist die frühkindliche Bildung in den Kitas. Dazu muss es zunächst einmal ausreichend Plätze geben. Davon kann aber – vor allem für die jüngsten Kinder und im Westen unseres Landes – noch keine Rede sein.

Bei aller regionalen Unterschiedlichkeit – der Vergleich mit Skandinavien oder Ostdeutschland zeigt deutlich, dass der Bedarf im Westen weit größer sein muss als die Zahl der Kita-Plätze, die aktuell für 17 Prozent der Kleinkinder zur Verfügung stehen und die es bis 2013 für 35 Prozent der unter Dreijährigen werden sollen.[17] Um den Bedarf – und nicht zuletzt auch den Rechtsanspruch der Eltern ab 2013 – zu erfüllen, bedarf es einer Verdoppelung der Zahl der Krippenplätze im Westen. Das erfordert eine riesige politische Kraftanstrengung. Ohne zusätzliche finanzielle Ausstattung der Kommunen wird der dringend nötige Ausbau im Finanzierungsstreit zwischen Bund, Ländern und Kommunen untergehen, das gesetzlich festgelegte Ausbauziel von Kita-Plätzen bis zum Jahr 2013 nicht erreicht werden.

Kinder sollten möglichst früh und möglichst lange zur Kita gehen.[18] Die immer wieder erhobene politische Forderung nach einem verpflichtenden letzten Kita-Jahr vor der Schule dient allerdings vornehmlich der Augenwischerei: Denn diese Forderung ist faktisch schon erfüllt, da zu dem Zeitpunkt in Deutschland bereits 97 Prozent aller Kinder in einer Kita oder Vorschule sind.[19] Wirkungsvoll wäre nur eine Verpflichtung, die spätestens ab dem dritten Lebensjahr gilt. Eine solche frühe Kita-Pflicht wäre weltweit einzigartig und – so sinnvoll sie auch wäre – kaum vorstellbar. Allein die Frage, wie und wer die Nichteinhaltung einer Kita-Pflicht kontrollieren und maßregeln sollte, führt zu irrwitzigen Vorstellungen. Meldet die Erzieherin das Fehlen eines Kindes bei den Vollzugsbehörden? Und holt die Polizeistreife den Dreijährigen bei seinen Eltern ab – gegen deren Willen und gegen seinen eigenen? Von einer Erziehungspartnerschaft zwischen Kita und Eltern könnte da nicht mehr die Rede sein. Sinnvoll wäre es hingegen, den frühen Kita-Besuch zur Selbstverständlichkeit werden zu lassen und die Beweislast gewissermaßen umzukehren: Es gibt einen Platz für jedes Kind ab drei Jahren, das auch automatisch für eine nah gelegene Kita angemeldet wird. Eltern, die ihr Kind lieber zuhause erziehen oder in eine andere Kita schicken wollen, müssen es entsprechend selber ab- oder ummelden.

Die Aufgabe der Politik besteht einerseits schlicht darin, genügend Plätze anzubieten und die Kitas so attraktiv zu machen, dass Eltern ihre Kinder gerne und freiwillig dorthin geben. Denn solange es zu wenige Plätze gibt, kommt es zu einem Selektionsprozess, den die engagierten und gebildeten Eltern gewinnen. Auf der Strecke bleiben die Kinder aus bildungsfernen Familien, die aber am meisten von der Kita profitieren würden. Wenn wir mehr dieser Kinder früher in die Kitas bekommen wollen, müssen wir andererseits vorhandene Barrieren beseitigen – gerade auch die finanziellen. Denn auch wenn einkommensschwache Familien in Deutschland in der Regel nichts für den Kita-Besuch zahlen müssen, führen versteckte Kosten – etwa für Ausflüge, Mittagessen und Zusatzangebote – dazu, dass diese Eltern mit der Anmeldung ihres Kindes gerne ein Jahr länger warten. Solche Zusatzleistungen müssen deshalb für gering verdienende Familien gratis sein – insbesondere ein kostenloses Mittagessen dürfte nach Meinung von Experten viele Kinder aus sozial schwachen Familien früher in die Kita bringen. Im Gegenzug könnten Transferleistungen wie Hartz IV entsprechend gekürzt werden. Denn wenn das Geld den Umweg über die Eltern nimmt, kommt das Kind womöglich gar nicht erst in der Kita an.

Auch wenn kostenlose Kindergärten per se vernünftig wären: Die populäre Forderung nach einem kostenfreien letzten Kindergartenjahr ist es nicht. Unsere Mittel sind begrenzt, und insofern sollten wir nicht zuerst den Teil der frühkindlichen Erziehung kostenfrei stellen, den schon heute fast alle

Kinder nutzen und für den die Einkommensschwächeren ohnehin nichts zahlen müssen: Eine solche Maßnahme entlastet nur die bürgerliche Mittelschicht. Besser wäre da ein kostenfreies erstes Kita-Jahr, mit dem ein Anreiz für einen früheren Kita-Besuch geschaffen würde. Doch auch diese Diskussion können wir erst dann führen, wenn es ausreichend Plätze für Kinder unter drei Jahren gibt. Bis dahin gilt: Ausbau – der Zahl der Plätze ebenso wie der Betreuungsqualität – kommt vor Kostenfreiheit.

Mehr lernen: Ganztagsschulen als Standard

Ganztagsschulen sind nicht nur eine Antwort auf den Betreuungsbedarf von Eltern. Sie sind vor allem ein Schritt zu mehr Chancengerechtigkeit und mehr Bildung der Kinder. Daher tut der flächendeckende Ausbau in ganz Deutschland not. Das ist eine Aufgabe des Staates, aber auch der Zivilgesellschaft.

Denn Ganztagsschulen entstehen in Deutschland nicht auf der grünen Wiese – dafür gibt es bereits heute zu viele große, aktive zivilgesellschaftliche Akteure wie Kirchen, Musikschulen, Vereine oder die Arbeiterwohlfahrt. Sie alle gestalten für Jugendliche den Nachmittag. Wenn sie sich mit den Schulen zusammenschlössen, könnten sie dazu beitragen, dass das Ganztagsangebot möglichst schnell, möglichst hochwertig und zudem möglichst kostengünstig wächst.

Trotzdem ist der Weg zu dem benötigten flächendeckenden Ganztagsschulsystem alles andere als einfach. Beginnen muss der Ausbau in den sozialen Brennpunkten der Städte: Dort werden die Ganztagsschulen am dringendsten gebraucht. Mit der Zeit müssten sich die anfangs häufig unverbindlichen offenen Ganztagsschulen in – pädagogisch sinnvollere – verbindliche gebundene Ganztagsangebote wandeln. Damit der quantitative und qualitative Ausbau mit dem nötigen Nachdruck passiert, brauchen wir in wenigen Jahren einen Rechtsanspruch auf einen Ganztagsschulplatz – ein Angebot an Eltern und Kinder, das in jedem Bundesland ins Wahlprogramm gehört. Insbesondere zu Beginn des Ausbaus müssen die Schulen so gut sein, dass die Eltern ihre Kinder gern und freiwillig dorthin schicken – anders wird sich der kulturelle Wandel zur Ganztagsschule politisch nicht durchsetzen lassen. Mittelfristig dürfte es aber auch in Deutschland eine Ganztagsschulpflicht geben, wie sie in Ländern wie Großbritannien, Frankreich oder Neuseeland bereits selbstverständlich ist.

Ganztagsschulen müssen allerdings mehr sein als Halbtagsschulen, die in den Nachmittag verlängert werden: Lernen und Erholungsphasen wechseln sich während des Tages ab, Sport und Musik sind verstärkter Teil des Curriculums, Selbstlernphasen sind genauso Bestandteil des Schulalltags wie normaler Unterricht. So verstandene und konzipierte Ganztagsschulen unterstützen kognitives Lernen, indem sie die intensive individuelle Förderung der Schüler ermöglichen und sicherstellen, dass das neu Erlernte – wie durch die traditionellen Hausaufgaben – geübt und wiederholt wird.

Solche Ganztagsschulen bieten aber auch neue Möglichkeiten, da sie Gelegenheiten für soziales und interkulturelles Lernen eröffnen und Sport- und Kulturangebote bereitstellen, die Kindern aus bildungsfernen Familien sonst nicht zugänglich sind. Mithilfe von speziellen Projekten wie beispielsweise Theater-AGs können sie den Kindern andere Lern- und Erfahrungswelten bieten. Sie können für gesunde Ernährung sorgen und wirken sich außerdem positiv auf das außerschulische Leben der Schüler aus, indem sie sie von Fernseher und Videospielen fernhalten, die Eltern entlasten und so für eine bessere Vereinbarkeit von Familie und Beruf sorgen.

Länger lernen: Ausbildung für jeden

Wenn Millionen junge Menschen in Deutschland ohne eine Berufsausbildung bleiben und damit von dauerhafter Arbeitslosigkeit bedroht sind, hat das Bildungssystem dramatisch versagt und muss geändert werden. Im Falle der Ausbildung ist das schon deshalb nicht ganz einfach, weil Deutschland mit der dualen Ausbildung, also der parallelen Ausbildung in Betrieb und Berufsschule, eigentlich ein Erfolgsmodell geschaffen hat – aber eben nur für diejenigen, die einen Ausbildungsplatz finden. Für die anderen, die außen vor bleiben und über Jahre im Übergangssystem »geparkt« werden, nur um anschließend möglicherweise bei Hartz IV zu landen, sieht es weit weniger rosig aus. Jeder braucht also mindestens eine Berufsausbildung. Die Aufgabe lautet daher: Wie ergänze ich die bewährte duale Ausbildung, ohne sie zu gefährden?

Zunächst brauchen wir ein Recht auf Ausbildung: Unsere Jugendlichen müssen eine gesetzliche Ausbildungsgarantie erhalten. Jeder, der die Schule erfolgreich abschließt, hat den Anspruch auf einen Ausbildungsplatz. Jeder, der seinen Schulabschluss erfolgreich nachholt, bekommt ebenfalls einen Ausbildungsplatz zugesichert. Was auf den ersten Blick als kaum erfüllbar erscheint, ist in Österreich seit 2008 Realität: Dort wird allen Schulabsolventen, die keinen dualen oder schulischen Ausbildungsplatz finden, eine Ausbildung in einer staatlich finanzierten Lehrwerkstatt ermöglicht. Diese überbetriebliche Ausbildung ist dort der dualen Ausbildung gleichwertig.

Die Bereitstellung der benötigten Ausbildungsplätze ist auch in Deutschland die zentrale Herausforderung, die eine Selbstverpflichtung der Wirtschaft allein nicht lösen wird. Denn die Unternehmen werden die Zahl der Ausbildungsplätze immer an ihrem Bedarf ausrichten – und dieser schwankt konjunkturell von Jahr zu Jahr. Seit mehr als zehn Jahren hat nicht einmal die Hälfte der Ausbildungswilligen[20] direkt einen dualen Ausbildungsplatz bekommen. Alle anderen landeten in einer vollschulischen Ausbildung[21] oder im Übergangssystem. Angesichts von weit über 300 000 jungen Menschen im Übergangssystem bleibt die Ausbildungsgarantie ohne ein ergänzendes staatliches Angebot eine Illusion.

Leider sind die Versuche, mit staatlichen Anreizen für zusätzliche Ausbildungsplätze in der Wirtschaft zu sorgen, fehlgeschlagen: Der Mitnahmeeffekt war zumeist größer als der Nutzen.[22] So gaben über 80 Prozent der Betriebe bei einer Befragung an, dass sie auch ohne den staatlich gewährten Ausbildungsbonus die entsprechenden Bewerber eingestellt hätten.[23] Selbst wenn es ordnungspolitisch schwierig ist, werden wir deswegen das duale Ausbildungsangebot durch öffentlich getragene Ausbildungsplätze ergänzen müssen. Werden diese so betriebsnah wie möglich gestaltet, zum Beispiel in Kooperation mit Unternehmen, dann können typische Nachteile einer verschulten Ausbildung überwunden werden. Dabei schaffen, so die bisherige Erfahrung in Deutschland, vollschulische Ausbildungen durchaus vergleichbare Beschäftigungschancen wie duale. Zudem ist jede öffentlich getragene Ausbildung immer noch besser als die heutige Warteschleife mit ihren unverbindlichen und wenig zielführenden, weil abschlusslosen Maßnahmen. Die gehören abgeschafft.

Damit das bewährte duale System nicht von der neuen öffentlichen Konkurrenz gefährdet wird, muss es für die Jugendlichen immer attraktiver sein, eine duale Ausbildung zu absolvieren – zum Beispiel, weil hier eine höhere Ausbildungsvergütung bezahlt wird. Auch muss der Wechsel von der öffentlich getragenen in die duale Ausbildung jederzeit möglich sein. Dafür müsste die Ausbildung modular aufgebaut sein und das in der einen Form der Ausbildung Gelernte und Überprüfte in der anderen entsprechend anerkannt werden. Sind diese Kriterien erfüllt, können öffentlich getragene Ausbildung und duales System ohne Verdrängungseffekt nebeneinander bestehen. So wird eine Ausbildungsgarantie realistisch.

Der Wandel ist machbar

Sicher: Eine Verdoppelung der Kita-Plätze für Kinder bis zu drei Jahren, der quasiverbindliche Kita-Besuch ab drei Jahren, flächendeckende Ganztagsschulen mit Rechtsanspruch und eine Ausbildungsgarantie für jeden Schulabsolventen – das alles ist teuer. Ohne finanzielle Mittel können wir die nötigen Veränderungen, den Umbau unseres Bildungssystems nicht in Angriff nehmen. Das alles kostet aber nicht notwendigerweise zusätzliches Geld, wir müssen die vorhandenen Mittel nur anders einsetzen.

Nehmen wir das Übergangssystem, das jährlich vier Milliarden Euro verschlingt. Eine Maßnahme kostet dort pro Jahr und Teilnehmer ungefähr das Gleiche wie ein dualer Ausbildungsplatz,[24] führt aber nicht zu einem Abschluss, sondern im besten Fall zum Start einer (wiederum zu finanzierenden) Ausbildung. Mit dem gleichen Geld ließen sich staatlich getragene Ausbildungsplätze finanzieren.

Für den dringend benötigten Kita-Ausbau, durch den es in Westdeutschland bis zum Jahr 2013 Plätze für 35 Prozent der unter Dreijährigen geben soll, müssen dauerhaft zusätzlich ca. 2,3 Milliarden Euro pro Jahr aufgewendet werden.[25] Damit Eltern für ihre Kinder ein Betreuungsangebot von der Kita bis zum Ende der Schulzeit vorfinden, müssten außerdem bis zu zehn Milliarden Euro jährlich in den flächendeckenden Ausbau der Ganztagsschulen investiert werden.[26] Das sind ohne Frage gewaltige Summen, gerade angesichts der Finanznot der öffentlichen Haushalte. Aber der Steuerzahler muss für die letzte Kindergelderhöhung jährlich vier Milliarden Euro bezahlen – ein pädagogischer Effekt dieser Maßnahme ist jedoch nicht bekannt. Auch das Elterngeld kostet den Staat vier Milliarden Euro pro Jahr, ohne dass die Geburtenrate dadurch wie erhofft signifikant angestiegen oder die Kinderarmut gesunken wäre. Und die Forderung nach einem kostenlosen letzten Kita-Jahr oder dem Betreuungsgeld können wir auch gefahrlos aus den Wahlprogrammen streichen. Wenn wir diese Mittel in unsere Kitas und Schulen steckten, anstatt sie mit der Gießkanne an die Eltern auszuschütten, ließe sich eine gute und verlässliche Bildung und Betreuung der Kinder gewährleisten. Das könnte es für viele Paare attraktiver machen, sich für Nachwuchs zu entscheiden.

Das alles zeigt: Der nötige Umbau scheitert nicht an fehlenden Mitteln. Es bedarf aber des entsprechenden Willens – vor allem der Politik.

2 Mehr Können, weniger Wissen
Was Kinder lernen sollen

Unsere Gesellschaft hat sich gewandelt: Immer rasanter entwickelt sich der technische Fortschritt, immer höhere Qualifikationen in immer neuen Berufsbildern fordert die Arbeitswelt, immer mehr Wissen steht zur Verfügung, das immer schneller seinen Wert verliert. Zugleich haben immer mehr Menschen in Deutschland eine Zuwanderungsgeschichte, nimmt die Vielfalt in unserem Land zu. Das verlangt nach neuen Kompetenzen im Umgang miteinander und nach gemeinsamen Werten, die uns alle tragen und als Gesellschaft zusammenhalten. Unter diesen Rahmenbedingungen sind die Anforderungen an ein Bildungssystem hoch. Das Problem: Die Welt von heute benötigt eine andere Art von Wissen als das, was unsere Schulen, Hochschulen und Ausbildungsstätten noch immer vorrangig lehren.

Veränderte Arbeitswelt

Der Anstieg des Bildungsniveaus in Deutschland ist beachtlich: Besuchten zu Beginn der sechziger Jahre etwa 70 Prozent der Schüler eines Jahrgangs eine Hauptschule, waren es 2010 nur noch knapp 20 Prozent. Die Zahl der Studienberechtigten hingegen nahm den umgekehrten Weg: Sie machten 1960 gerade einmal sechs Prozent aller Schüler aus, heute erwirbt jeder Zweite eines Jahrgangs die Berechtigung zum Hochschulbesuch (Abb. 7).[1]

Entgegen einigen landläufigen Vorurteilen über arbeitslose Akademiker kommt der Arbeitsmarkt mit dieser Entwicklung nicht nur bestens zurecht – er verlangt sogar händeringend nach den Besserqualifizierten: Im Jahr 1991 waren Menschen ohne Ausbildungsabschluss oder Abitur »nur« etwa doppelt so häufig von Arbeitslosigkeit betroffen wie Hochschulabsolventen; im Jahr 2008 war ihre Arbeitslosenquote bereits fünfmal so hoch wie die von Akademikern (Abb. 8).[2]

Abbildung 7

Anteil der Studienberechtigten an den 18- bis 20-Jährigen – Anteil der Hauptschüler an den Achtklässlern

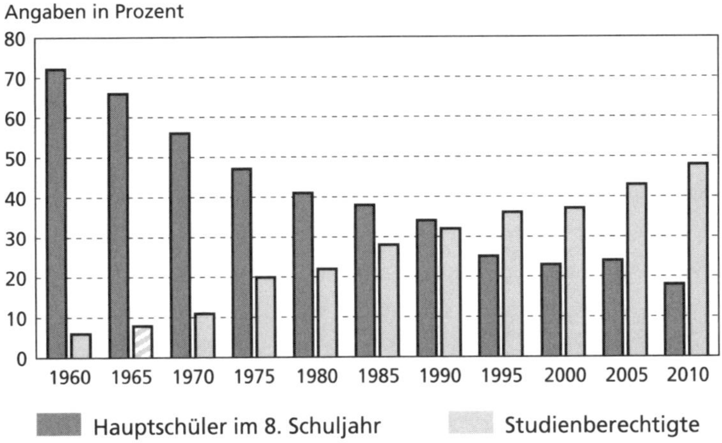

Quelle: Statistisches Bundesamt (Hrsg.) (verschiedene Jahrgänge): Fachserie 11, Reihen 1 und 4.3.

Abbildung 8
Arbeitslosigkeit nach Bildungsniveau in Deutschland*

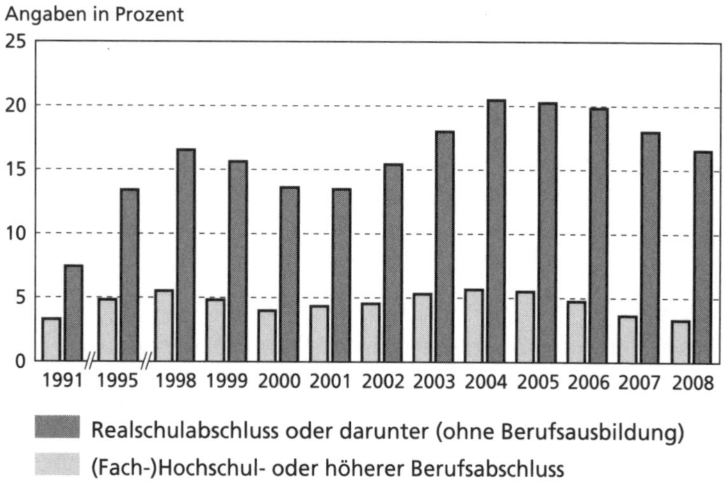

**Anteil der 25- bis 64-jährigen Arbeitslosen an der Erwerbsbevölkerung*

Quelle: OECD (Hrsg.) (2010 a): Bildung auf einen Blick 2010.

Das für den heutigen Arbeitsmarkt benötigte Wissen und damit die Anforderungen an die Arbeitnehmer unterliegen einem schnellen und ständigen Wandel. Neue Technologien schaffen die Basis für ganze Wirtschaftszweige: Für einen Mechatroniker gab es vor zehn Jahren noch kaum eine Stellenbeschreibung, für einen Social Media Manager noch kein Geschäftsfeld. Zugleich sinkt der Wert unseres einmal erworbenen Wissens immer schneller, wenn wir uns nicht permanent weiterbilden. Fachwissen in der Bankenbranche gilt nach fünf Jahren als veraltet, in der Informationstechnologie sogar schon nach ein bis zwei Jahren: Ausgelernt hat heute niemand mehr.

Auch die Berufswahl verlangt nach immer mehr Flexibilität. Das bedeutet: Wir müssen ein möglichst transferierbares

Wissen mitbringen, das wir während unseres Arbeitslebens in mehr als nur einem Beruf einsetzen können. In Deutschland arbeitet heute nur noch knapp ein Drittel aller Berufstätigen im ursprünglich erlernten Beruf, ein weiteres knappes Drittel übt eine komplett andere Tätigkeit als die erlernte aus, das letzte Drittel schließlich hat zumindest teilweise einen Berufswechsel durchlaufen.[3] Eine spezialisierte Ausbildung, die zwar viel Fachwissen vermittelt, aber zu wenig Methodenwissen, schränkt die Berufswahl stark ein. Sie verliert daher auf Dauer ihren Wert.

Welche Kompetenzen der heutige Arbeitsmarkt zunehmend fordert, haben die amerikanischen Wirtschaftswissenschaftler David Autor, Fran Levy und Richard Murnane untersucht (Abb. 9).[4] Vor allem zwei Entwicklungen stechen dabei ins Auge: Routinemäßige manuelle Aufgaben wie zum Beispiel Fließbandarbeit verlieren seit Jahrzehnten an Bedeutung, während sich nicht automatisierbare Berufe wie Friseur, Handwerker, Lastwagenfahrer mittlerweile auf etwas niedrigerem Niveau stabilisiert haben. Den größten Bedeutungsverlust erleiden routinemäßige kognitive Aufgabenstellungen – etwa Buchhaltung oder Bankschaltertätigkeiten –, bei denen früher Fachwissen direkt eingesetzt werden konnte: Diese Tätigkeiten hat inzwischen weitgehend der Computer übernommen. Analytische und interaktive Aufgabenstellungen wie Beratung und Entwicklung, bei denen Kreativität und Methodenwissen im Vordergrund stehen, haben hingegen stark gewonnen.

Die Studie macht deutlich, dass die Schere der benötigten Qualifikationen immer weiter auseinandergeht. Der Bedarf nach sehr komplexen Tätigkeiten nimmt zu, ein Rest an manuellen, in Teilen technischen Aufgabenstellungen und Berufsbildern verbleibt. Die ehemals dazwischen angesiedelten Berufe der typischen Mittelschichtangestellten dagegen gehen im Arbeitsmarkt verloren.

Abbildung 9

Routine- und Nicht-Routinetätigkeiten in der US-amerikanischen Wirtschaft (1959 – 1998)

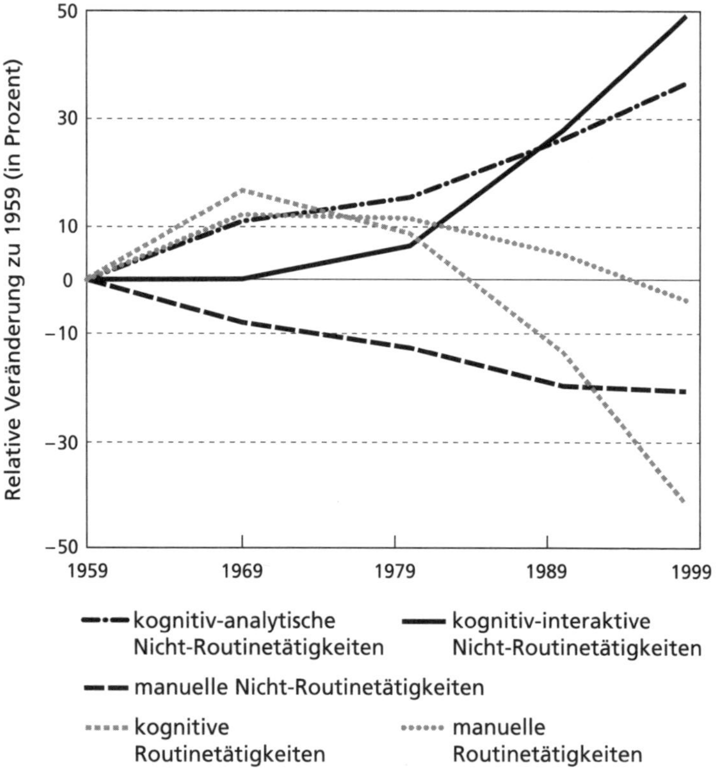

Quelle: Autor/Levy/Murnane (2001): The skill content of recent technological change: An empirical exploration.

Veränderung der benötigten Aufgabenbereiche im US-amerikanischen Arbeitsmarkt zwischen 1959 und 1998: Routinemäßige Tätigkeitsfelder verlieren durch die Automatisierung und Computerisierung an Bedeutung; kreative, sich nicht wiederholende Aufgabenstellungen nehmen an Bedeutung zu.

Vielfalt und Wertewandel

Aber nicht nur die Berufsbilder haben sich verändert, sondern auch die Einstellungen und das Verhalten der Bevölkerung. In einer individualisierten Welt verlieren Kirchen, Gewerkschaften, Parteien und auch die Familie an Bedeutung. Selbstentfaltung und Selbstbestimmung verändern Gemeinschaftssinn und gesellschaftliches Engagement.

Auch politische Entwicklungen haben ihren Teil zu einem Wertewandel beigetragen, nicht zuletzt der Fall der Mauer: Die alte Bundesrepublik war christlich geprägt, das christliche Weltbild diente als Fundament, als Wertebasis für unsere Gesellschaft. Durch die Wiedervereinigung ist Deutschland atheistischer geworden. Hinzu kommt – als Nebeneffekt der Industrialisierung und später der Globalisierung –, dass die Menschen immer mobiler werden. In unserem Land wächst der Anteil von Menschen mit Migrationshintergrund ständig und damit auch die Vielfalt an kulturellen Praktiken und Religionen.

Der gesellschaftliche Grundkonsens ist dadurch nicht mehr automatisch in der Tradition des christlichen Abendlandes »gottgegeben«. Aber nicht nur die Zahl der Religionen und Herkunftskulturen hat zugenommen, auch die Lebensentwürfe der Menschen sind vielfältiger geworden. Die sexuelle Orientierung spielt als gesellschaftliches Stigma keine große Rolle mehr, das Spektrum politischer Ansichten und gesellschaftlicher Lebensformen ist breiter geworden. Unter diesen Umständen muss unsere Gesellschaft ihre Tragfähigkeit immer wieder aufs Neue beweisen. Denn der nötige Zusammenhalt in einer heterogenen, von unterschiedlichen Wertvorstellungen geprägten Gesellschaft ist anspruchsvoller als in einer homogenen. Um einer vielfältigen und bunten Bevölkerung ein friedliches Miteinander zu ermöglichen, bedarf es eines gemeinsamen Grundwertegerüstes, das für jeden in gleichem Maße gilt und so auch den Umgang mit unterschiedlichen Werten und unvermeidlichen Konflikten in unserer pluralistischen Gesellschaft regelt.

Gepauktes Wissen und getrennte Werte

Unser Bildungssystem hat auf diese Veränderungen im Arbeitsmarkt und in der Gesellschaft noch nicht ausreichend reagiert. Die Schulen schenken der späteren Beschäftigungsfähigkeit unserer Kinder zu wenig Aufmerksamkeit. Noch steht in erster Linie Fachwissen auf dem Lehrplan, das leicht überprüft und benotet werden kann. Statt Wissen zu pauken, müssten unsere Kinder aber lernen, es anzuwenden. Diese Erkenntnis ist nicht ganz neu: Schon seit der Jahrtausendwende mehren sich die Bemühungen, das Erlernen von Kompetenzen ins Zentrum des Unterrichts zu rücken, doch die Umsetzung lässt – gut zehn Jahre später – noch immer zu wünschen übrig.

Das an den Schulen gelehrte Wissen verliert aber nicht nur auf dem Arbeitsmarkt an Bedeutung, sondern auch für den Bildungserfolg eines Kindes. Wichtiger als das Auswendiglernen von Fakten ist die Fähigkeit, mit Wissen umzugehen. Laut einer Untersuchung aus Kanada hat beispielsweise die bei PISA getestete Lesefähigkeit eines 15-jährigen Kindes eine viel höhere Aussagekraft darüber, ob das Kind später eine Universität besucht, als dessen Schulnoten.[5] Der Grund: PISA testet nicht nur Wissen, sondern auch, wie das erlernte Wissen angewendet wird – eine Kompetenz, die für die Bildungskarriere unserer Kinder wie für ihr Bestehen auf dem Arbeitsmarkt entscheidend ist.[6]

Während Menschen mit ähnlicher Bildung und einem ähnlichen kulturellen Hintergrund meist unter sich bleiben, treffen in einer Schulklasse – gerade in der Grundschule – die unterschiedlichsten Lebensstile, Einstellungen, Traditionen, Kulturen und Religionen auf engstem Raum aufeinander. Schule in Deutschland tut sich aber schwer damit, diese Vielfalt zusammenzubringen und zu nutzen. Es mangelt an Gelegenheiten, gemeinsame und unterschiedliche Werte zu reflektieren und Regeln des Zusammenlebens zu entwickeln. Haben unsere Kinder aber kein gemeinsames Grundwertegerüst und lernen sie nicht, miteinander und mit den Lehrern umzugehen, sich anzuerkennen, zu schätzen und zusammenzuleben, hat das negative Folgen für die Zusammengehörigkeit und den Zusammenhalt in unserer Gesellschaft. Das dafür nötige Verhalten können wir nicht verordnen; es muss gelernt, gelebt und geübt werden. Wo, wenn nicht in unseren Kindergärten und Schulen, soll das geschehen?

Was unser Bildungssystem leisten muss

Unser Bildungssystem muss also die Grundlage legen dafür, dass unsere heterogene Gesellschaft nicht auseinanderdriftet, es muss unsere Kinder auf einen immer schnelleren Wandel des Arbeitsmarktes vorbereiten, auf Berufe und Technologien, die heute noch nicht existieren. Unsere Kinder sollen später Probleme lösen, die heute gar nicht absehbar sind. Sie werden in sozialen und kulturellen Kontexten arbeiten, die sich ständig und immer schneller verändern. Die Herausforderungen liegen heute vor allem in den weiterführenden Schulen und beim Übergang in den Beruf: Unsere Schulen vermitteln nicht hinreichend das, was später gebraucht wird. Und nach der Schule findet eine zu starke Spezialisierung statt.

Kita muss Kita bleiben

In den ersten fünf Lebensjahren eines Kindes geht es nicht so sehr um die Entwicklung kognitiver Fähigkeiten und das Erlernen von Fakten. Zwar sind Kinder in dieser Lebensphase in der Lage, unendlich viele Informationen zu speichern und zu reproduzieren. Aber diese Art des Lernens führt weder zur vorzeitigen Reife des Gehirns noch zu einer rasanten Entwicklung der kindlichen Fähigkeiten.

Zum menschlichen Überlebensprogramm der ersten Jahre gehört vielmehr das alltägliche, informelle Lernen – also das Lernen in Alltagssituationen, in denen Kinder selber aktiv werden und ihre eigenen Erfahrungen machen. Deshalb sind gerade kleine Kinder ständig in Bewegung und versuchen, alles zu erforschen und auszuprobieren. So lernen sie ihre Muttersprache, sie lernen, ihren Körper zu beherrschen, Ängste zu überwinden und Grenzen auszuloten.

Bildungsprozesse von Kindern bauen aufeinander auf. Schulische Lernmethoden kommen für kleine Kinder zu früh und sind weder wirksam noch nachhaltig. Insofern darf die Kita nicht zu einer nach vorne verlängerten Schulbank werden, sie muss eine anregende Lernumgebung für neugierige, spielende Kinder bleiben. Statt formalem Englischunterricht, so argumentieren Gehirnforscher, haben unsere Vorschulkinder viel mehr davon, wenn wir sie auf Entdeckungstour in den Wald oder auf einen Schrottplatz schicken. Selber »forschen« ist besser als auswendig lernen.

Da die Kita eine Bildungseinrichtung ist, die in der Regel nicht selektiert, also nicht zwischen guten und schlechten, begabten und unbegabten und oft auch nicht zwischen behinderten und nicht behinderten Kindern unterscheidet, kann sie mit Blick auf eine integrative Gesellschaft Enormes leisten. Hier verbringen altersgemischte Gruppen mit Kindern verschiedener kultureller und sozialer Herkunft und unterschiedlicher Fähigkeiten ihre Zeit miteinander – für unsere Kinder also ein idealer Ort, um Vielfalt als Normalität zu begreifen. Um diese Chance zu nutzen, müssen die Erzieher jedoch auf die Vielfalt der Kinder einzugehen wissen, sie müssen dafür ausgebildet sein. Haben sie die nötige Sensibilität bei ihrer erzieherischen Arbeit, kennen sie die unterschiedlichen Wahrnehmungen aus verschiedenen religiösen und kulturellen Blickwinkeln und können darauf eingehen, dann üben die Kinder, gleichberechtigt miteinander umzugehen und voneinander zu lernen. Im Idealfall entstehen Vorurteile so erst gar nicht.

Schule: Weniger Wissen besser anwenden

Schule muss solche Kompetenzen vermitteln, die für die spätere Arbeitswelt relevant sind: Wissen allein qualifiziert aber noch nicht für das Berufsleben. Dazu zerfällt es heute zu schnell und ist auch über andere Quellen, insbesondere das Internet, leicht zugänglich. Wichtig sind die Neugier auf und der Umgang mit Wissen: Wie arbeite ich mich in ein neues Themengebiet ein, wie bewerte ich neu erworbenes Wissen, wie erkenne ich Verbindungen von Neuem zu Bewährtem, wie wende ich das erworbene Wissen in der Praxis an? Gefragt sind neben Fachwissen daher Kreativität, Methoden der Problemlösung und Entscheidungsfindung, der Umgang mit neuen Technologien und eigenständiges Arbeiten. Diese Aspekte müssen im Unterricht an Bedeutung gewinnen, und zwar nicht, indem sie abstrakt vermittelt, sondern indem sie täglich angewendet und geübt werden.

Schule muss darüber hinaus soziale Kompetenzen vermitteln und trainieren. Dazu gehören Team- und Dialogfähigkeit,

Disziplin und Selbstreflexion einerseits und Respekt vor anderen, Rücksicht auf Andersartigkeit, interkulturelles Verständnis andererseits. All dies muss vorgelebt werden in einer neuen Lernkultur. Genau das leistet aber die Pädagogik der Individuellen Förderung, die sich in vielen erfolgreichen PISA-Ländern bereits durchgesetzt hat: Methoden wie Gruppenarbeit sind ohne Respekt für den anderen ebenso undenkbar wie Gleichberechtigung ohne Team- und Dialogfähigkeit. Individualisiertes Lernen fördert zudem Selbstreflexion, Eigenverantwortung und Selbstorganisation – und damit genau die Kompetenzen, die mittlerweile in der Gesellschaft wie im Arbeitsmarkt gleichermaßen gebraucht werden. Verändern wir also, wie im folgenden Kapitel beschrieben, die Pädagogik in unseren Schulen grundlegend, dann vermitteln wir – gewissermaßen indirekt – auch die benötigten Kompetenzen.

In einer immer vielfältigeren Gesellschaft müssen wir aber auch wissen, was uns voneinander trennt, müssen imstande sein, über unterschiedliche Werte, Perspektiven und Traditionen zu diskutieren und sie schließlich zu respektieren. Ein funktionierendes Miteinander erreichen wir nur dann, wenn die verschiedenen Individuen und Bevölkerungsgruppen sich gegenseitig verstehen lernen. Dafür muss die Schule eine Plattform bieten: In einem gemeinsamen, verbindlichen Werteunterricht für alle Schüler sollten die grundlegenden Fragen zu unseren unterschiedlichen Traditionen, zu unseren Vorstellungen, zu unserem Glauben, zu unserer Vergangenheit und Zukunft diskutiert werden. Hier hat eine nicht an Konfessionen gebundene Religionslehre ebenso ihren Raum wie der Diskurs über verschiedene Weltanschauungen und Lebensstile. Daneben kann die konfessionell gebundene Religionslehre weiterhin ihren Platz auf dem Stundenplan finden, auch die des Islams.

Wie wichtig die sogenannten weichen Faktoren wie gesellschaftliche Solidarität, Vertrauen, Offenheit und Toleranz sind, zeigt sich daran, dass sie einen messbaren Einfluss auf den wirtschaftlichen Erfolg eines Landes haben.[7] In Gesellschaften mit einem besonders guten sozialen Zusammenhalt werden beispielsweise mehr Patente entwickelt als in solchen, in denen das Miteinander weniger stark ausgeprägt ist: Soziale Kompetenz und die Fähigkeit, miteinander zu leben, lassen unterschiedliche Ideen und Sichtweisen zu, fördern ein Klima der Kreativität und führen so zu mehr Innovation und Fortschritt (Abb. 10).[8]

Ausbildung und Studium: wider die Spezialisierung

Dafür, dass nur wenige unserer Kinder ein Leben lang im selben Beruf arbeiten werden, spezialisieren wir unsere Ausbildungsberufe und Studiengänge zu sehr. Zu den 348 anerkannten Ausbildungsberufen in Deutschland[9] zählen der des Büchsenmachers, Wachsziehers und Holzspielzeugmachers; zusammen kommen sie auf gut 30 neue Lehrlinge im Jahr 2010. Immerhin 29 Jugendliche haben sich im selben Jahr für eine Ausbildung zum Speiseeishersteller entschieden. Die Ausbildung zum Leuchtröhrenglasbläser dagegen hat 2010 nur ein einziger Lehrling begonnen.[10] Vor dem Hintergrund eines immer flexibleren und mobiler werdenden Arbeitsmarktes tun wir den Jugendlichen mit solchen eher abseitigen Ausbildungsangeboten keinen Gefallen. Dass es auch anders geht, zeigen die Beispiele unserer europäischen Nachbarn: So kommt das duale System Dänemarks mit etwa 120 Ausbildungsberufen aus. In Österreich begegnet man der Gefahr der Überspezialisierung durch die Bildung von 15 Lehrberufsgruppen und ein entsprechend geordnetes Berufsschulsystem.[11] In ähnlicher Weise sollten wir auch in Deutschland versuchen, Ausbil-

Abbildung 10
Zusammenhang zwischen sozialem Lernklima und Innovation

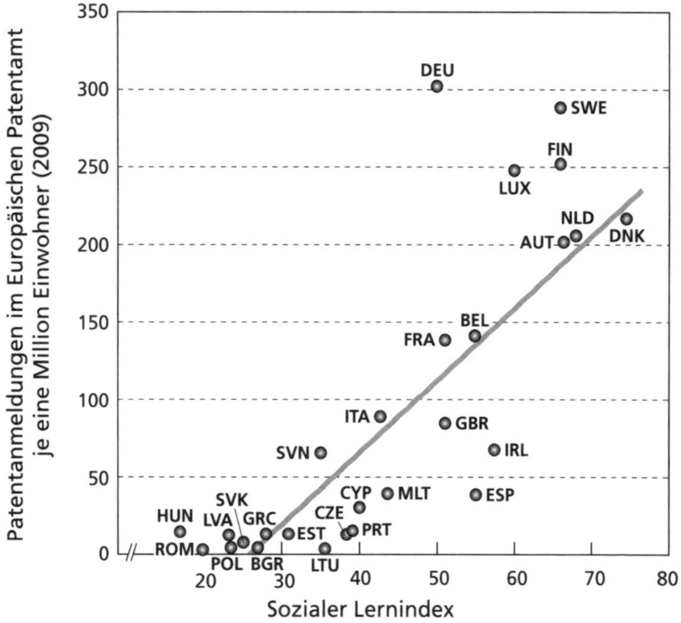

Quelle: Bertelsmann Stiftung: European Lifelong Learning Index, www.elli.org.

Die Fähigkeit und Bereitschaft einer Gesellschaft, miteinander zu leben, ist auf der horizontalen Achse aufgeführt. Ein hoher Wert wie der von Dänemark kennzeichnet eine Gesellschaft mit großem sozialen Zusammenhalt – also hohem zivilgesellschaftlichen Bewusstsein sowie hoher Toleranz und Offenheit. Die vertikale Achse gibt die Zahl der Patentanmeldungen je Einwohner an. Es zeigt sich, dass Gesellschaften mit gutem sozialen Lernklima kreativer und innovativer sind. Die Korrelation zwischen Patentanmeldungen und sozialem Lernen ist für die hier aufgeführten europäischen Länder sogar stärker als der Zusammenhang zwischen Patentanmeldungen und schulischem oder auch beruflichem Lernen. Abkürzungen der Länder: siehe Seite 247.

dungsberufe zu bündeln und Kompetenzen zu vermitteln, die in mehr als nur einem Beruf benötigt werden. Immerhin lassen sich heute bereits etwa 70 Prozent der Lehrlinge in lediglich 35 Berufen ausbilden.[12]

Auch an den deutschen Hochschulen sind im Zuge der sogenannten Bologna-Reform tausende von hoch spezialisierten Bachelorstudiengängen entstanden: etwa Abfallwirtschaft, Wissenschaftsjournalismus oder Zukunftsenergien. Die passgenaue Ausbildung für bestimmte Berufe ist ein gut gemeintes Ziel. Doch nachdem sich Berufsbilder mittlerweile schneller wandeln als die Studienordnungen der Universitäten und zu viel Spezialisierung die spätere Berufswahl drastisch einengt, wäre es sinnvoller, grundständige Studiengänge zusammenzufassen. So könnten beispielsweise die jeweiligen Studienanfänger der natur-, ingenieur- und geisteswissenschaftlichen Fächer in den ersten Semestern gemeinsam studieren, bevor im dritten Studienjahr eine entsprechende Spezialisierung erfolgt. Die Universität St. Gallen geht schon heute noch einen Schritt weiter: Man bewirbt sich dort um einen Studienplatz, nicht aber auf einen speziellen Studiengang. Alle Studenten absolvieren das erste Jahr gemeinsam und lernen die Grundlagen wissenschaftlichen Arbeitens. Erst anschließend entscheiden sie sich für eine Fachrichtung.

Für Ausbildung und Studium gilt ebenso wie für Schule: Methodisches Know-how, Wissen selber zu generieren und zu verarbeiten, wird zunehmend wichtiger als hoch spezialisiertes Fachwissen. Dem erfolgreichen Berufseinstieg mag das Fachwissen vielleicht noch dienen, aber die heutige Arbeitswelt verlangt spätestens nach einigen Berufsjahren neues Lernen. Wer dann nur über Wissen verfügt, aber Lernen nie gelernt hat, wird schon bald nicht mehr mithalten können. Jugendliche, die heute ein Studium oder eine Ausbildung beginnen, wollen auch im Jahr

2055 noch eine Beschäftigung finden. Dieser Verantwortung für die langfristige Nutzbarkeit des Gelernten müssen sich Hochschulen und Ausbildungsstätten stellen. Hohe Spezialisierung und enges Fachwissen dagegen muss Sache der betrieblichen (Weiter-)Bildung werden.

Der Wandel ist machbar

Gelingt, wie im folgenden Kapitel skizziert, der anspruchsvolle Umbau unserer Schulen hin zu Einrichtungen, in denen jedes Kind individuell gefördert wird, dann ergibt sich durch die damit einhergehende andere Art der Pädagogik der nötige Wandel vom Wissen zum Können fast von selbst. Das gilt gleichermaßen für die in der modernen Arbeitswelt und in heterogenen Gesellschaften benötigten Kompetenzen.

Ausbildungsberufe oder Studiengänge zusammenzuführen, auf zu frühe Spezialisierung zu verzichten oder auch schulische Curricula und Bildungspläne von überflüssigem Fachwissen zu entschlacken kostet mehr Mut als Geld. Noch umfasst bei uns der Bildungsplan eines einzelnen Faches für ein einziges Jahr und eine einzige Schulform gerne mal 50 bis 100 Seiten, während im kanadischen Ontario der Bildungsplan über alle Fächer und Schulformen hinweg in ein kleines Heftchen passt.

Kurz, wir sollten uns auf das Wesentliche konzentrieren: das Lernen zu lernen.

3 Es gibt keine Mittelköpfe

Wie Kinder lernen sollen

Dass Schulklassen und Kita-Gruppen in Deutschland immer bunter werden, dass die Kinder zunehmend aus vielerlei Kulturen und Milieus kommen, ist für Lehrer und Erzieher längst Realität. Was in Schulen und Kindergärten Alltag ist, haben Bildungspolitiker und Eltern aber lange verdrängt. Sie haben nicht erkannt, dass unser Schulsystem auf diese tief greifenden Veränderungen reagieren muss. Ohne eine Pädagogik, mit der die besten Schüler ebenso gefördert werden wie die schwächeren, wird Schule an der heutigen Vielfalt ihrer Schüler scheitern.

Gesamtschule der Mittelschicht

In den wohlhabenderen Gegenden von Hamburg macht eine Schulform ganz deutlich das Rennen: 70 Prozent und mehr der Kinder aus den westlichen Stadtteilen besuchen das Gymnasium. Dazu trägt auch das Elternwahlrecht bei: Anders als beispielsweise in Sachsen oder Bayern entscheiden in Hamburg die Eltern darüber, welche weiterführende Schule ihr Kind besucht.

Doch auch anderswo gehen die Kinder der Mittel- und Oberschicht in erster Linie aufs Gymnasium. In den Universitätsstädten Freiburg und Heidelberg zum Beispiel erreichen die Gymnasialquoten Werte von rund 70 Prozent. In Wiesbaden erhalten über 80 Prozent der Kinder aus der Oberschicht eine Empfehlung fürs Gymnasium, von den Kindern aus der Unterschicht sind es lediglich 14 Prozent.[1]

Das Gymnasium wird so zur neuen Gesamtschule der Mittelschicht – mit den entsprechenden Konsequenzen: Man bleibt zwar unter sich, von einer Auslese der Leistungsstärksten kann aber kaum die Rede sein. Im Gegenteil: Die Bandbreite der Leistungsfähigkeit in den Klassen wächst: Selbst in Bayern – Wallfahrtsort für Anhänger des dreigliedrigen Schulsystems – liegen das stärkste und das schwächste Viertel aller 15-jährigen Gymnasiasten im Leistungsniveau mittlerweile mehr als zwei Jahre auseinander.[2]

Schulrebellion im Altmühltal

In der mittelbayerischen Gemeinde Denkendorf geschieht für bayerische Verhältnisse Unerhörtes: Bürgermeister Jürgen Hauke, Mitglied der CSU, plant die Abkehr vom dreigliedrigen Schulsystem. Die Gemeinde im schönen Altmühltal möchte eine Gemeinschaftsschule einrichten. Die Denkendorfer haben dafür einen Verbündeten gewonnen: Die Nachbargemeinde Kipfenberg ist ebenfalls mit dabei.

Beide Orte haben gute Gründe für ihren Vorstoß. Dabei stehen allerdings keine pädagogischen Überlegungen im Vordergrund: In den ländlichen Gebieten Deutschlands wachsen zu wenige Kinder auf. Auch in Denkendorf und Kipfenberg gehen den beiden einzigen Hauptschulen allmählich die Schüler aus; zur Realschule oder zum Gymnasium müssen die Schüler bis zu 50 Kilometer pendeln. Zuletzt sank in Denkendorf die Zahl der Hauptschüler so stark, dass dort erstmals eine Klassenstufe geschlossen werden musste.

An der geplanten Gemeinschaftsschule sollen die Schüler deshalb künftig in Ganztagsklassen gemeinsam unterrichtet und je nach Leistung individuell auf einen Haupt- oder Realschulabschluss oder die gymnasiale Oberstufe vorbereitet werden. 2012 sollen die Eltern über das Referenzmodell abstimmen, 2013 wollen die Gemeinden die Gemeinschaftsschule offiziell beantragen.

Bayern sieht Gemeinschaftsschulen allerdings nicht vor. Stattdessen sollen sich in ländlichen Gebieten sogenannte Mittelschulen zu Verbünden zusammenschließen: Jede Schule bietet einen unterschiedlichen fachlichen Schwerpunkt an, die Schüler müssen – je nachdem, was gerade auf dem Stundenplan steht – zwischen den unterschiedlichen Standorten hin und her pendeln. Bei den großen Distanzen wollen Kipfenberger und Denkendorfer ihren Kindern dies nicht antun.

Doch ihre Chancen auf eine Gemeinschaftsschule sind eher gering: Bislang hat das Kultusministerium jeden Antrag auf schulartübergreifende Bildungsangebote abgelehnt. Bayerns Kultusminister Ludwig Spaenle wettert gegen die »Einheitsschule« und kündigte bei einem Besuch in Denkendorf an, er werde sich persönlich dafür einsetzen, dass es im Landtag keine Mehrheit für das Projekt gebe. »Wenn ich heißes und kaltes Wasser zusammenschütte«, argumentierte er in einem Interview, »kommt laue Brühe heraus.« Die örtlichen Busunternehmer dürfte das freuen. Sie sind die Gewinner des bayerischen Mittelschulkonzeptes.[3]

Babylon im Wedding

Wer im Berliner Stadtteil Wedding über einen Schulhof läuft, hört Sprachen aus aller Herren Länder. Hier leben die meisten Menschen mit Migrationshintergrund des Berliner Bezirks Mitte. An den Schulen haben bis zu 90 Prozent der

Kinder und Jugendlichen ausländische Wurzeln – und viele von ihnen auch alle Probleme, die das mit sich bringen kann: mangelnde Deutschkenntnisse, kaum Zugang zu anderen Kulturen, schwierige finanzielle Verhältnisse im Elternhaus. Die Weddinger Lehrer müssen mit den unterschiedlichen kulturellen Gepflogenheiten von Eltern und Schülern umgehen. Dabei haben die häufig aus einfachen und bildungsfernen Verhältnissen stammenden Eltern wenig Möglichkeiten, ihre Kinder schulisch zu unterstützen.

Vielfalt als Normalität

Die Gesellschaft hat sich gewandelt. Sie ist in den vergangenen Jahrzehnten zwischen Hamburg-Blankenese und dem Altmühltal vielfältiger geworden. Davon sind auch unsere Schulen immer stärker direkt betroffen.

In den fünfziger Jahren des vergangenen Jahrhunderts besuchten 16 Prozent der Kinder eines Jahrgangs das Gymnasium, heute tut dies mehr als jeder dritte Schüler (Abb. 11). In diesen neuen Gesamtschulen der Mittelschicht fächert sich das Leistungsniveau immer mehr auf: Die Vielfalt in den Klassen nimmt zu.

Immer mehr Kinder in Deutschland kommen aus Familien mit ausländischen Wurzeln. Ein Drittel der Schulanfänger hat mittlerweile einen Migrationshintergrund, in Metropolen wie Frankfurt, Köln, Stuttgart und München sogar mehr als die Hälfte aller Kinder und Jugendlichen unter 15 Jahren – und ihr Anteil wächst ständig weiter (Abb. 12).[4] In der Schule treffen Kinder unterschiedlichster Abstammung mit den unterschiedlichsten Wertvorstellungen und unterschiedlichsten Deutschkenntnissen zusammen: Die Vielfalt in den Klassen nimmt zu.

Abbildung 11

Anteil der Gymnasiasten an den Achtklässlern (1955–2010)

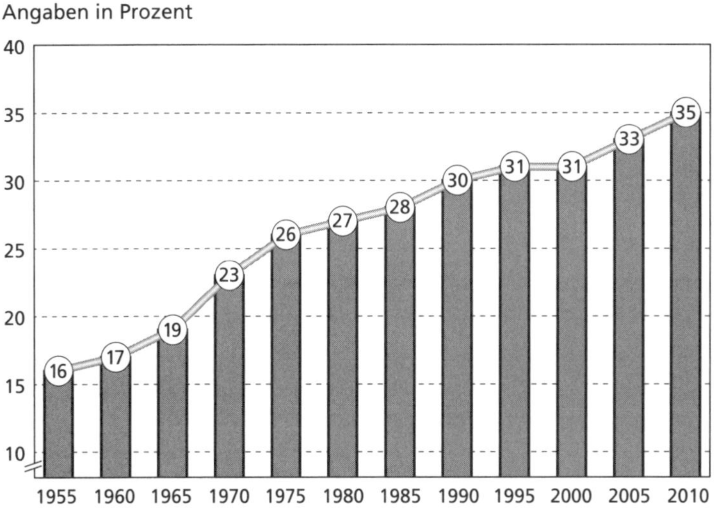

Quelle: Statistisches Bundesamt (Hrsg.) (verschiedene Jahrgänge): Fachserie 11, Reihe 1.

Abbildung 12

Anteil der Bevölkerung mit Migrationshintergrund in Deutschland nach Altersgruppen

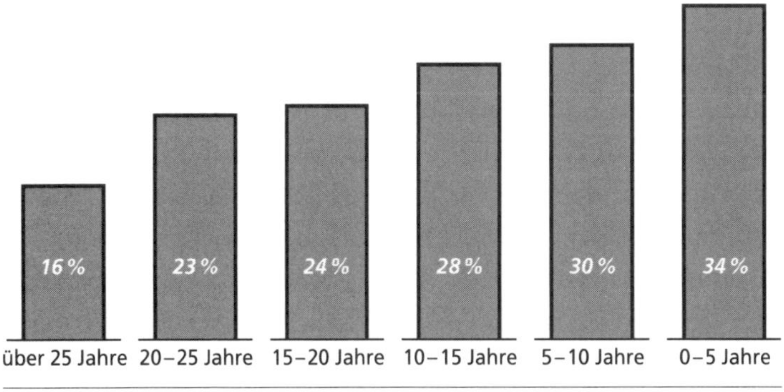

Quelle: Statistisches Bundesamt (Hrsg.) (2010 a): Fachserie 1, Reihe 2.2 (Mikrozensus 2009).

Bundesweit werden die Schülerzahlen bis zum Jahr 2025 um 15 Prozent sinken, in weiten Teilen Westdeutschlands sogar um 30 Prozent (Abb. 13). Insbesondere in ländlichen Gebieten beeinflusst das die Schulen, denn wenn es an Schülern mangelt, sind Schulzusammenlegungen unvermeidbar: Die Vielfalt in den Klassen nimmt zu.

Diese Entwicklung wird sich fortsetzen: Kein Bildungspolitiker und keine Partei wird sich gegen einen starken Elternwillen Richtung Gymnasium, gegen den Schülerschwund in den ländlichen Regionen und gegen kulturelle Vielfalt in den Ballungszentren stemmen können. Heterogenität bleibt Normalität, gerade in den Klassenzimmern.

Homogenität ist Illusion

Das Bildungssystem hält mit diesen Veränderungen nicht mit. Die Schulen haben noch nicht hinreichend gelernt, mit der wachsenden Heterogenität ihrer Schüler umzugehen. Zu sehr prägen immer noch die Vorstellungen des ersten deutschen Pädagogikprofessors Ernst Christian Trapp (1745–1818) den Schulalltag. Er schlug vor, den Unterricht auf die »Mittelköpfe« auszurichten, um so der Unterschiedlichkeit der Schüler zu begegnen.

Auch deshalb sind in Deutschland unterschiedliche Schulformen entstanden: Das differenzierte Schulsystem von Sonder-, Haupt- und Realschulen sowie Gymnasien sollte unter anderem sicherstellen, dass die Lerngruppen, die Schüler in den Klassen, auf möglichst ähnlichem Leistungsniveau stehen. Diese Lerngruppen versorgte der Lehrer dann per Frontalunterricht mit Wissen, das sich am vermeintlich mittleren Niveau, an den »Mittelköpfen«, ausrichtete. Wenn nur die Lerngruppe homogen genug ist, so der Gedanke, halten sich sowohl Über-

Abbildung 13

Entwicklung der Schülerzahlen (2006–2025)*

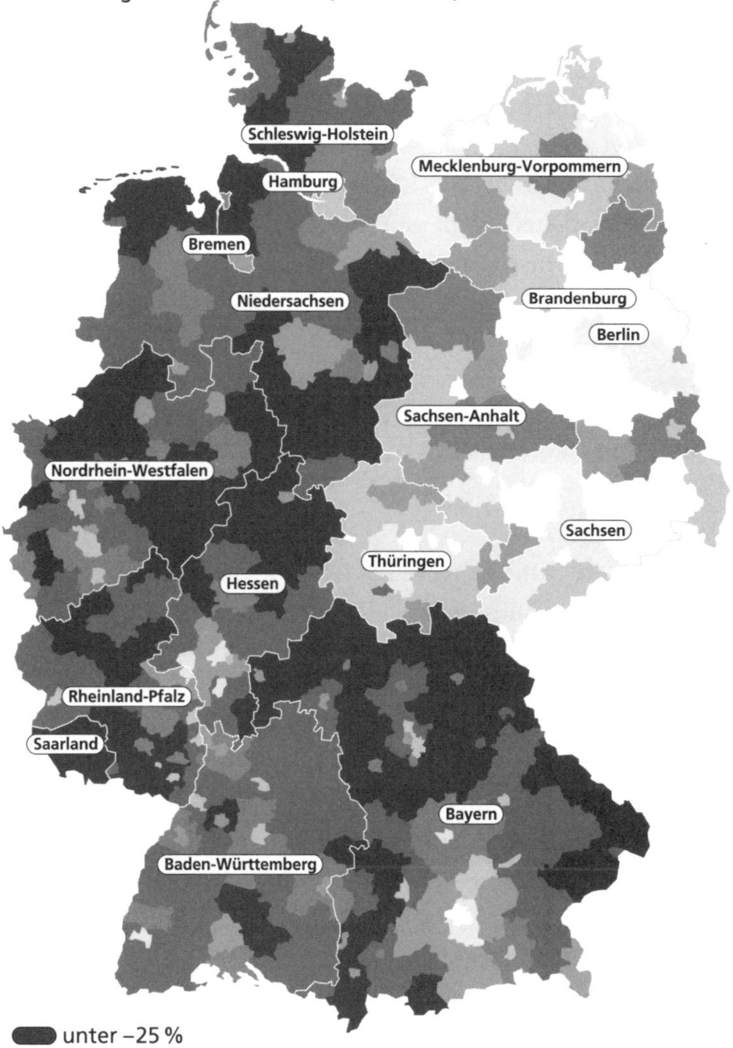

unter –25 %

–25 bis –20 %

–20 bis –15 %

–15 bis –7,5 %

–7,5 bis 0 %

0 bis 7,5 %

über 7,5 %

*Relative Altersgruppenentwicklung der Zehn- bis Fünfzehnjährigen

Quelle: Bertelsmann Stiftung: Wegweiser Kommune, www.wegweiser-kommune.de; Autorengruppe Bildungsberichterstattung (Hrsg.) (2010): Bildung in Deutschland 2010.

forderung als auch Unterforderung der Schüler in Grenzen. Zwar mögen sich die Besten gelegentlich langweilen und die Schwächsten sich ab und zu quälen, irgendwie bleiben aber alle dabei, so das Credo Trapps. Was vor rund 200 Jahren ersonnen wurde, hat trotz wachsender Heterogenität in den Klassenzimmern und zahlreicher anderslautender pädagogischer Erkenntnisse an vielen Stellen noch immer Bestand.

Und das Schulsystem vertraut nach wie vor auf bewährte, aber laut wissenschaftlichen Untersuchungen wenig effektive Instrumente, um die vermeintliche Homogenität der Klassen zu wahren: Zurückstellen bei der Einschulung, Sitzenbleiben, Abschulen auf eine niedrigere Schulform.

Sitzenbleiben zum Beispiel verschiebt lediglich ein vermeintliches Problem: 250 000 Schüler wiederholen in Deutschland jedes Jahr eine Klasse, im Schnitt ist bis zum 15. Lebensjahr jeder Vierte einmal sitzen geblieben. Alles in allem verursacht das pro Jahr rund eine Milliarde Euro an zusätzlichen Kosten allein im Schulsystem. Untersuchungen belegen allerdings: Nicht nur der Sitzenbleiber hat wenig davon, die Klasse zu wiederholen. Zwar wird seine Leistung im ersten Jahr nach der Rückstufung etwas besser, danach fällt sie aber wieder ab. Auch der Klasse, der vermeintlich homogenen Lerngruppe, die der Sitzenbleiber verlassen musste, bringt diese Maßnahme nichts: Ihr Leistungsniveau bleibt unverändert.[5]

Ähnlich verhält es sich mit dem sogenannten Abschulen: Scheitert ein Schüler an einem Schultyp, wird er auf die darunter liegende Schulform geschickt. Die Kaskade geht vom Gymnasium über die Realschule bis hin zur Hauptschule. Und wer an der Hauptschule erfolglos ist, landet in einer Förderschule, der früheren Sonderschule. Bis zu neun Prozent der Kinder werden auf Förderschulen geschickt – mit verheerenden Folgen für ihre künftige Bildungskarriere: Für die mehr als drei Viertel von ihnen, die ohne Abschluss bleiben, rückt eine Lehrstelle in nahezu unerreichbare Ferne.[6]

Um ihren Kindern das zu ersparen, um ihnen durch einen möglichst hohen Schulabschluss die Zukunft zu sichern, greifen Eltern, die es sich leisten können, tief in die Tasche: In Deutschland erhalten deutlich über eine Million Kinder und Jugendliche regelmäßig bezahlten Nachhilfeunterricht. Bereits in der vierten Klasse bekommen im Durchschnitt der Bundesländer fast 15 Prozent der Grundschüler Nachhilfe im Fach Deutsch. Das kostet die Eltern insgesamt bis zu anderthalb Milliarden Euro im Jahr.[7]

Auch wenn diese Art privat finanzierter individueller Förderung für den betroffenen Schüler einen positiven Effekt haben mag: Es stellt sich die Frage, warum in einem öffentlichen Bildungssystem ein derart hoher Nachhilfebedarf besteht. Ein gutes Bildungssystem sollte doch alle Schüler so fördern, dass die überwiegende Mehrheit von ihnen ohne zusätzlichen, privat finanzierten Unterricht in der Schule Erfolg hat. Den können sich schließlich bei Weitem nicht alle Elternhäuser leisten.

Die starke Inanspruchnahme von Nachhilfe ist ein weiterer Beleg dafür, dass die gewünschte Homogenität in unseren Schulen heutzutage schlicht eine Illusion ist. Unser Schulsystem scheitert an der Vielfalt seiner Schüler. Es scheitert, weil es die Vielfalt als Problem sieht und sie durch unterschiedliche Schulformen, Sitzenbleiben und Abschulen zu beseitigen versucht, anstatt sie zum Ausgangspunkt der pädagogischen Arbeit zu machen. Sitzenbleiben und Abschulen verschärfen die Situation: Sie ermöglichen Lehrern und Schulen, Problemschüler loszuwerden, sie entlassen Lehrer und Schulen aus der Verantwortung für den Lernerfolg ihrer Schüler. So verschieben wir die Probleme, lösen tun wir sie nicht.

Es geht auch anders: die Schule Kleine Kielstraße

Pippi Langstrumpf, das Sams, Balu der Bär – in der Grundschule Kleine Kielstraße in Dortmund lachen Kinderbuchfiguren von den Wänden. »Jedes gute Kinderbuch übermittelt eine Botschaft«, sagt Schulleiterin Gisela Schultebraucks-Burgkart bei einem Rundgang durch ihre Schule. In mühsamer Kleinarbeit hat das Lehrerkollegium die Geschichten und ihre Botschaften an die kahlen Schulwände gebannt. In den Treppenhäusern sind die Stufen mit bunten Zahlen durchnummeriert – das macht das Zahlenlernen einfach. In den Klassenzimmern stehen die Türen immer offen. Statt aufgereihter Lernpulte, die auf die Tafel ausgerichtet sind, gibt es Sitzgruppen, eine Leseecke und einen Computer.

Die Kleine Kielstraße ist eine Grundschule in einem Dortmunder Problemstadtteil mit hoher Arbeitslosigkeit und vielen Hartz-IV-Empfängern. Wer ein plakatives Beispiel für die wachsende Vielfalt in unseren Schulen sucht, wird hier fündig: Von den rund 400 Schülern haben 83 Prozent ausländische Wurzeln. Sie stammen aus 35 Nationen. Es gibt auch viele Kinder mit besonderem Förderbedarf. Sie gehen hier nicht auf eine separate Förderschule, sondern mit den anderen Kindern gemeinsam in eine Klasse. All das ist für die Schule aber kein Problem – sie ist im Gegenteil höchst erfolgreich: Die Übergangsquote auf das Gymnasium liegt derzeit bei 44 Prozent. Das entspricht in etwa dem deutschen Durchschnitt, ist aber zwei- bis dreimal so hoch wie an vergleichbaren Grundschulen. Keines der Kinder aus der Kleinen Kielstraße geht nach der vierten Klasse auf eine Hauptschule – Gymnasien, Gesamt- und Realschulen nehmen sie mit offenen Armen auf.

Im Klassenzimmer sitzen die rund 25 Schüler mit ihrer Lehrerin im Kreis. Sie diskutieren über Farben und Formen eines selbst gemalten Bildes. Später werden sie sich einzeln um speziell auf sie zugeschnittene Aufgaben kümmern. Jede Stunde wird mit Musik begonnen und beendet. Die Kinder wissen dann, dass sie zur Ruhe kommen müssen: Es bedarf dafür nicht eines Wortes der Lehrerin. Gemeinsam nehmen die Kinder die Tagesplanung vor – ein wichtiges Ritual. Jeder Schüler hat zudem einen individuellen Wochenplan, er erhält ein auf seine Bedürfnisse zugeschnittenes Lernangebot. Die Botschaft hier lautet: Du schaffst es, wenn du dir Mühe gibst.

An der Kleinen Kielstraße wird nicht so sehr gelehrt, sondern vielmehr gelernt. Die Schule lässt unterschiedliche Lerngeschwindigkeiten und Lernwege zu. Bereits neun Monate vor dem ersten Schultag schauen die Lehrer sich ihre neuen Zöglinge in den Kitas an. Sie testen die Fähigkeiten ihrer künftigen Schüler und entwickeln bei Bedarf ein individuelles Förderprogramm für die Zeit bis zum Schuleintritt. An der Grundschule wird in der ersten und zweiten Klasse jahrgangsübergreifend unterrichtet. Nicht das Alter entscheidet über das Lernangebot, sondern die Fähigkeiten. Nicht der Lehrer und sein Unterricht stehen im Zentrum, jedes Kind bestimmt sein Lerntempo selbst. Ältere Schüler können sich zu Vorbildern für die jüngeren entwickeln: Miteinander und voneinander zu lernen und sich gegenseitig zu helfen gehört zur Lernkultur der Schule. Wenn nötig, arbeiten mehrere Lehrer mit der Klasse. Eine Sonderpädagogin hilft Kindern mit Lernschwächen, in bestimmten Fächern gibt es spezielle Förderkurse.

Das Prinzip »Lernen lernen« nimmt breiten Raum ein: Gruppenarbeit funktioniert nicht von jetzt auf gleich – auch sie muss geübt werden. Einige Schüler knien zu zweit auf

Matten im Gang vor der Tür und fragen sich gegenseitig ab, eine andere Gruppe sitzt mit der Lehrerin an einem runden Tisch und übt Rechentechniken, wieder andere Schüler lesen alleine einen Text oder machen Übungsaufgaben. Eine Gruppe liest das Programm für die nächste Woche und wird es später allen anderen Kindern präsentieren: Der zu lernende Stoff wird so nicht vorgesetzt, die Kinder machen ihn zu ihrer eigenen Aufgabe.

Für jedes der rund 25 Kinder existiert ein Logbuch, in dem von Schulstart bis zum Ende der vierten Klasse Fähigkeiten, Lernentwicklung, motorische Entwicklung und soziale Kompetenz dokumentiert werden. Das ist die Grundlage für die individuellen Lernpläne. Um den Lernerfolg auch für die Kinder deutlich zu machen, gibt es Lernuhren, auf denen der Lernstand aller Kinder abgebildet wird. Schließt ein Schüler eine Lektion erfolgreich ab, rückt er auf der Lernuhr ein Segment weiter vor. Die Schüler entscheiden selbst, wann sie sich reif fühlen für eine Prüfung; erst dann legen sie diese auch ab. Am Ende des ersten Schuljahres stimmt die Selbsteinschätzung des Schülers zumeist mit der Leistungseinschätzung der Lehrer überein. Die Kinder haben lernen gelernt und können ihren Lernerfolg selbst realistisch bewerten.

Die Lehrer bereiten den Unterricht gemeinsam vor. So schaffen sie es, dass sich ein Thema über alle Fächer erstreckt. Und so gelingt es ihnen, effizienter zu arbeiten. Die aufwendig gestalteten Materialien für jedes Fach bereitet jeweils ein Lehrer vor, die anderen nutzen sie mit. So können die Lehrer sich auch über ihre Erfahrungen besser austauschen: Teamarbeit ersetzt Einzelkämpfertum.

Die Kleine Kielstraße bekommt weder mehr Geld als andere Schulen, noch hat sie ein besonders schönes Schulgebäude oder einen besonders ansprechenden Schulhof. Den

Unterschied machen eine außergewöhnliche Schulleiterin und engagierte Lehrkräfte, denen es gelingt, mit der Vielfalt der Kinder umzugehen, Starke wie Schwache gleichermaßen zu fördern und damit allen Eltern ein attraktives Angebot zu machen.

Individuelle Förderung

Das, was an der Kleinen Kielstraße geschieht, bezeichnen Fachleute als Individualisiertes Lernen oder Individuelle Förderung. Was hierzulande noch eine Ausnahme ist, ist in vielen anderen Ländern längst Standard und akzeptiert, was ohnehin niemand ändern kann: die Unterschiedlichkeit, die Vielfalt der Kinder, bedingt durch ihre kulturelle und soziale Herkunft oder schlicht durch ihre Fähigkeiten. Gute Schule muss sich um die Schüler kümmern, die sie hat – nicht um die, die sie vielleicht früher einmal hatte, oder die, die sie gerne hätte. Das Kind und seine Lernbedürfnisse müssen im Zentrum des Unterrichts stehen, nicht der Lehrer und der zu vermittelnde Stoff.

Individuelle Förderung muss Alltag in allen Klassenzimmern aller deutschen Schulen werden. Durch die passgenaue Gestaltung des Unterrichts übernimmt die Schule die Verantwortung für den Bildungserfolg ihrer Schüler – Sitzenbleiben und Abschulen sind dann nicht mehr nötig.

Individuelle Förderung berücksichtigt dabei auch die Art und Weise, wie wir lernen. Denn, so der Hirnforscher Manfred Spitzer, die Evolution hat unser Gehirn nicht für das Auswendiglernen und damit für faktenbasierten Frontalunterricht optimiert. Das Pauken von Wissen ist schlichtweg nicht gehirngerecht: »Wer ohne Gehirn, an den Gehirnen vorbei oder gar gegen die Gehirne unterrichtet, kann keinen Erfolg haben.«[8] Lernen braucht einerseits Neugier und Ausprobieren.

Im Gedächtnis bleibt, was einen hohen Neuigkeits- oder Überraschungswert hat. Was wir erzählt bekommen, können wir uns bei Weitem nicht so gut merken wie das, was wir selbst entdecken. Andererseits braucht Lernen systematische Wiederholung. Neu Erlerntes bleibt nur dann hängen, wenn wir es mit etwas schon Bekanntem verknüpfen können.[9]

Lernen bedarf aber auch eines positiven emotionalen Erlebnisses. Wahrnehmungen und Wissen speichert der Mensch abhängig von seinem Empfinden. Dieses wird beim Abrufen des Wissens ebenfalls aktiviert – mit der Folge, dass Erinnerungen, die mit negativen Gefühlen wie Angst gespeichert wurden, nicht effektiv wiedergegeben werden können. Ist also Lernen mit negativen Emotionen verbunden, ist ein Kind beim Lernen über- oder unterfordert, dann schaltet das Gehirn auf Sparflamme und schränkt seine kognitiven Möglichkeiten ein.[10] Der Bildungsjournalist Reinhard Kahl ordnet diese Erkenntnis mit Blick auf die Schule so ein: »Die Belehrungsschule verweist drohend auf den Ernst des späteren Lebens. Das verbreitet nicht gerade Vorfreude. Folglich gehen die meisten Kinder schon nach ein paar Jahren zur Schule wie zum Zahnarzt.«[11]

Lernen lernen

Kinder – und auch Erwachsene – lernen also am besten, wenn sie sich selber etwas erarbeiten, es wiederholen, bis es sitzt, und sich über den Lernerfolg freuen. Dabei übersehen wir jedoch häufig, dass auch Lerntechniken gelernt sein müssen. In den Schulen der Zukunft müssen Lehrer daher Lernen genauso lehren wie die Fakten.

Nur wenn Kinder eigenverantwortlich lernen können, kann Schule auf ihre unterschiedlichen Wissensstände und Lerngeschwindigkeiten eingehen. Nur dann lässt sich Unterricht so individuell gestalten, dass die Besten sich nicht langweilen und die Schwächsten nicht überfordert sind. Nur so können die Schüler zusammen mit ihren Lehrern individuell zugeschnittene Wochenpläne erstellen und entsprechende Lernziele festlegen. Innerhalb ihrer Lernpläne entscheiden die Kinder mit über ihre Lerninhalte. Und sie lernen dadurch, ihren Klassenkameraden etwas beizubringen, die von ihnen gewählten Themen selbst zu recherchieren und zu erforschen und Experimente zu machen. Sie reflektieren ihren Leistungsstand und stellen sich selbst der Überprüfung. Entsprechend verändert sich die Rolle des Lehrers: Er ist nicht mehr nur Wissensvermittler, sondern vor allem Lernbegleiter.

Dabei nutzen gute Lehrer ein breites Methodenspektrum. Manches lässt sich am besten im Frontalunterricht vermitteln, anderes besser in Gruppenarbeit oder durch individuelles Üben. Außerdem gibt es unterschiedliche Lerntypen. Manche Kinder lernen am besten, wenn sie zuhören, andere beim Diskutieren, wieder andere beim Lesen.

Individualisiertes Lernen bedeutet also nicht, dass der Schüler zum Einzelkämpfer wird. Im Gegenteil: Er folgt nicht mehr auf sich gestellt dem frontal dozierenden Lehrer. Stattdessen lernt er mit den anderen, von den anderen und für die anderen Schüler. Dazu gehören Regeln über den Umgang miteinander, dazu gehören Methodenwissen, Selbstdisziplin und Selbsteinschätzung. Die Kinder müssen sich Ziele setzen und vereinbaren, Aufgaben zu teilen und Ergebnisse wieder zusammenzuführen – alles Kompetenzen, die auch im späteren Berufsleben wichtig sind und die Schule aktiv vermitteln muss. Davon profitieren nicht zuletzt die stärkeren Schüler am meisten: Am besten lernt man, wenn man anderen etwas beibringt.

Beim individuellen Lernen übernehmen die Schüler Verantwortung für ihren Lernerfolg. Doch für ein positives Miteinander, für eine Kultur von Akzeptanz und Achtung in der Schule, bedarf es mehr: Die Schüler müssen ein gemeinsames Grundwertegerüst mit Leben füllen, müssen Verantwortung auch für andere übernehmen.

Dafür braucht es mehr als nur eine Schülervertretung und die Klassensprecher. Jedes Kind sollte ein Stück Verantwortung erhalten. So kann es beispielsweise in jeder Klasse einen Energiesparexperten geben und jemanden, der für das Klassenbuch oder den Kummerkasten zuständig ist. Mitsprache und Verantwortungsübernahme passieren auch, wenn die Kinder und Jugendlichen ihre Klassenzimmer, ihren Schulhof selbst gestalten. Sie identifizieren sich auf diese Weise mit ihrer Arbeit, mit ihren Aufgaben und Resultaten. Der Schulhof wird zu ihrem Schulhof, das Klassenzimmer zu ihrem Klassenzimmer, die Schule zu ihrer Schule. Die Schüler sind stolz auf ihr selbst gestaltetes Klettergerüst und den selbst angelegten Bolzplatz – und gehen auch gleich viel sorgsamer damit um.

Doppelte Noten

Kleine Kinder lernen aus Neugier, nicht für gute Zensuren. Ob es um Laufenlernen, neue Worte oder Zahlen geht: Die Freude am Erfolg und Gelingen ist oft der stärkste Antrieb. Später bieten aber auch Noten einen verlässlichen Maßstab für Erfolg. Der Übergang zwischen notenfreiem und benotetem Lernen fällt in die Grundschulzeit. Auch wenn sich die Geister an der Frage scheiden, ob ein Kind mit sieben oder mit neun Jahren die ersten Noten erhalten soll – eines ist klar: Wichtiger als der Zeitpunkt der ersten Benotung ist die Fähigkeit des Kindes, den eigenen Lernerfolg selbst einzuschätzen. Gelingt das, stellt die Note auch keine Überraschung oder Bestrafung dar, sondern wird als fair und als persönlicher Ansporn empfunden.

Auch die Individuelle Förderung kommt nicht ohne Überprüfung und Bewertung aus. Die beste Lernmethodik nützt nichts, wenn Lehrer und Schüler den aktuellen Leistungszuwachs nicht kennen. Wer individuell lernt, muss aber auch individuell geprüft werden. Entsprechend enthält ein Test Aufgaben unterschiedlicher Niveaus. Der Schüler entscheidet selbst, an welches er sich herantraut. Das Niveau wird dann in der Bewertung ebenso berücksichtigt wie die Lösung der Aufgabe.

Wenn in den Klassen die Leistungen immer weiter auseinanderliegen, die einen mühelos immer eine Eins haben, während die anderen selbst mit größter Anstrengung nie über eine Vier hinauskommen, ist unser heutiges Notensystem nicht mehr geeignet. Hier wäre eine Doppelbenotung sinnvoll. Die Leistung des Schülers wird mit zwei Noten bewertet: Die eine Note zeigt den Leistungsstand des Schülers an, die andere den Lernfortschritt. Auf diese Weise können gute Schüler auch mal eine schlechte (Fortschritts-)Note bekommen, wenn sie sich nicht anstrengen. Und fleißige, aber schwache Schüler werden dadurch motiviert, dass man ihre Anstrengung anerkennt, ohne dass der allgemeine Leistungsstandard aufgeweicht wird.

Kein Kampf mehr um die Schulstruktur

Ein Schulsystem, das auf Individueller Förderung basiert, hilft uns auch, aus den Schützengräben des ideologischen Kampfes um die Schulstruktur herauszukommen. Jahrzehntelang haben Politiker verschiedener Couleur um Gymnasium oder Gesamtschule, um Leistung oder Gerechtigkeit gestritten – Fragen, die ohnehin an Relevanz verlieren, wenn starker Elternwille oder Schülerschwund sie aushöhlen. Aber sie verlieren auch an Relevanz, wenn Schule durch konsequentes Individualisiertes

Lernen mit Heterogenität umgehen kann und das Schulsystem mehr Durchlässigkeit gewährt.

Die Diskussion um den richtigen Einschulungszeitpunkt und die Aussagekraft von Schulfähigkeitstests würde sich damit erübrigen. Nicht unsere Kinder müssen schulfähig sein, vielmehr müssen die Grundschulen kindfähiger werden, zum Beispiel durch jahrgangsübergreifendes Unterrichten. In einer solchen jahrgangsübergreifenden Eingangsklasse verblieben leistungsstarke Kinder ein Jahr, der Durchschnitt zwei Jahre und die schwächeren Schüler drei Jahre. So könnten unterschiedliche Leistungsstände angeglichen werden, ohne dass Kinder – etwa durch Sitzenbleiben oder Überspringen – stigmatisiert werden. Wenn ohnehin jedes Jahr die Hälfte der Kinder in der Klasse verbleibt, fällt kaum auf, dass manche von ihnen insgesamt drei Jahre, andere nur ein Jahr verweilen. Individualisiertes Lernen würde auch ermöglichen, die Kinder in einer verlängerten Grundschule sechs Jahre lang gemeinsam zu unterrichten, bevor sie auf unterschiedliche Schulformen wechseln.

In ländlichen Gebieten würde die Individuelle Förderung die Gemeinschaftsschule möglich machen – ohne den befürchteten Verlust an Qualität. So kann die Schule am Ort erhalten bleiben, auch wenn es für das dreigliedrige Schulsystem schlicht zu wenig Schüler gibt. In den gehobenen Quartieren der größeren Städte müssen die Gymnasien mit dieser für uns neuen Art der Pädagogik lernen, mit der größeren Leistungsspreizung ihrer Schüler umzugehen, die der Elternwille und die Lehrerempfehlung ihnen bescheren. Und in den Brennpunkten bietet die Individuelle Förderung den bildungsfernen Kindern eine Zukunft und eine Perspektive, die sie bislang nicht haben. Wir sollten daher alle Energie darauf verwenden, die Lehrer an unseren Schulen für Individualisiertes Lernen auszubilden.[12] Wenn das gelingt, werden auch die Eltern weniger

Sorgen um den Lernerfolg ihrer Kinder haben. Dann verliert die Schulstrukturdebatte endgültig an Bedeutung, und wir können unsere Aufmerksamkeit auf das richten, was wirklich zählt: guter Unterricht.

Die Zukunft ist zweigliedrig

Demografie, Arbeitsmarkt, Elternwille und nicht zuletzt die Tradition des deutschen Gymnasiums werden mittelfristig zu einer zweigliedrigen Schulstruktur führen, wie es sie in einigen Bundesländern heute schon gibt. Mit anderen Worten: Nach der Grundschule wird es nur noch zwei Schulformen geben, nämlich das Gymnasium, das nach insgesamt zwölf Jahren mit dem Abitur endet, und die Stadtteil-, Gemeinschafts- oder Oberschule,[13] die neben Haupt- und Realschulabschlüssen das Abitur wahlweise nach 13 Jahren anbietet. Reine Hauptschulen wird es dementsprechend nicht mehr geben. Bei den zukünftigen Gymnasien und Oberschulen geht es nicht unbedingt darum, dass sie qualitativ unterschiedlich sind. Stattdessen werden die Ausrichtungen unterschiedlich sein: Gerade die Oberschulen könnten sich mit besonderen Profilschwerpunkten wie Wirtschaft oder Technik stärker an der Praxis orientieren.

Durchlässigkeit bedeutet darüber hinaus, dass der Weg zur Hochschulreife auch an der Oberschule zweigleisig verliefe: schulisch direkt über das 13-jährige Abitur oder nach einem Haupt- oder Realschulabschluss indirekt über eine erfolgreich absolvierte dreijährige Lehre, die künftig – und dieser Schritt ist in Deutschland lange überfällig – dem Abitur gleichwertig sein muss. Das bedeutet weder das Ende der deutschen Universität noch überfüllte Hörsäle. Denn die so erworbene Hochschulreife birgt lediglich das Recht, sich um einen Studienplatz zu bewerben, nicht das Recht, automatisch in jedem gewünschten

Studienfach auch einen Studienplatz zu bekommen. Wenn sich die Hochschulen ihre Studierenden individuell aussuchen dürfen, werden sie sich für diejenigen entscheiden, die ihnen für ihre Studiengänge am geeignetsten erscheinen: Im Zweifel wird ein ausgebildeter Mechatroniker mit einem guten Realschulabschluss der bessere Ingenieur als ein Gymnasiast, der gute Noten nur in Deutsch, Geschichte und Englisch hat.

Eine solche Schulstruktur relativiert auch die Frage des Elternrechts bei der Wahl der weiterführenden Schule. Kein Bildungspolitiker wird verhindern können, dass Eltern bei der Schullaufbahn ihrer Kinder ein Mitspracherecht haben wollen. Wenn aber Lehrer die Eltern unterstützen mit einer Einschätzung darüber, ob das jeweilige Kind eher für das Gymnasium oder die Oberschule geeignet ist, und wenn beide weiterführenden Schultypen zum Abitur führen werden, können wir ohnehin viel entspannter sein in der Frage, auf welche Schule ein Kind nach der Grundschule wechselt und wer darüber bestimmt.

Dass längeres gemeinsames Lernen und Gesamtschulsysteme durchaus erfolgreich sein können, zeigen nicht zuletzt die PISA-Ergebnisse. Länder wie Finnland, Kanada und Australien, deren Bildungssysteme gleichermaßen besser *und* gerechter sind als das deutsche, haben allesamt Schulen, in denen die Schüler gar nicht oder erst spät auf unterschiedliche Schulformen aufgeteilt werden. Diese Schulsysteme sind deshalb gleichermaßen gut und fair, weil die Lehrer ihre Schüler bereits seit Jahrzehnten individuell fördern: Sie haben die entsprechenden Unterrichtstechniken gelernt und perfektioniert – und sind dadurch den meisten deutschen Lehrern voraus.

Eine Schulstrukturdebatte in Deutschland, beispielsweise über flächendeckende Gesamtschulen oder die Verlängerung der Grundschule, ist deswegen fehl am Platz und sinnlos, solange unsere Schulen und Lehrer nicht konsequent auf Individuelle Förderung umstellen und zeigen, dass auch wir mit der wachsenden Heterogenität in den Schulen erfolgreich umgehen können. Ohne Individuelle Förderung geht es nicht – andernfalls verschwenden wir Ressourcen, schaden den Schülern und verspielen das Vertrauen der Eltern. Deswegen sollten der Schulstrukturfrieden und eine entsprechende Lehrerfortbildung ganz oben im Wahlprogramm aller Parteien stehen. Ist all das Realität geworden und haben Elternwille und Demografie bis dahin noch etwas von der heutigen Schulstruktur übrig gelassen, können wir die Diskussion ja wieder aufnehmen.

Sonderfall Sonderschule: Inklusion lohnt sich

Deutschland ist – international gesehen – Entwicklungsland, was das gemeinsame Lernen von Kindern mit und ohne besonderen Förderbedarf angeht.[14] Kein anderes Land hat ein so ausdifferenziertes und damit teures Förderschulsystem wie wir: Nur knapp 15 Prozent der 500 000 deutschen Schüler mit Förderbedarf besuchen in der Sekundarstufe I eine Regelschule,[15] die große Mehrheit lernt in separaten Förderschulen. Der größte Förderbedarf liegt dabei gar nicht bei geistig und körperlich behinderten Kindern. Vielmehr hinken rund zwei Drittel aller Förderschüler im Bereich des Lernens oder der emotionalen, sozialen und sprachlichen Entwicklung hinterher. Die Lernerfolge der Kinder und Jugendlichen in den Förderschulen sind aber schlecht: Mehr als die Hälfte aller Jugendlichen ohne Schulabschluss kommt von Förderschulen.

In internationalen Verträgen hat Deutschland sich mittlerweile zum Ausbau des sogenannten inklusiven Unterrichts verpflichtet: Kinder mit Förderbedarf dürfen dann nicht mehr in Förderschulen abgeschoben werden, sondern können eine Regelschule besuchen, in der auch Sonderpädagogen unterrichten. Die inklusive Schule weckt aber auch Sorgen: Eltern von Kindern mit besonderem Förderbedarf befürchten, ihre Kinder gingen in Regelschulen unter. Die übrigen Eltern wiederum haben Angst, ihre Kinder kämen bei der Förderung zu kurz, wie Umfragen zeigen. Inklusion ist hierzulande nach wie vor umstritten.[16]

Inklusion lässt sich unserem Schulsystem nicht einfach überstülpen. Voraussetzung dafür ist, dass Lehrer – in Teams mit den früher an den Förderschulen beschäftigten Sonderpädagogen – imstande sind, die Kinder individuell zu fördern. Nur so können sie den Bedürfnissen der Kinder mit und ohne besonderen Förderbedarf in einer Klasse gerecht werden. Wie sich eine »normale« Schule mit mittelmäßigen Leistungen innerhalb von nur wenigen Jahren in eine inklusive Schule mit überdurchschnittlichen Ergebnissen verwandeln kann, zeigt das Beispiel der Waldschule in Flensburg.[17] Die Waldschule stand eigentlich »nur« vor der Herausforderung, mit der großen kulturellen Heterogenität ihrer Schülerschaft umzugehen, und etablierte deswegen eine individualisierte und fördernde Lernkultur. Der Schulleiter Volker Masuhr resümiert: »[...] wir [haben] uns mit dem eigenständigen Lernen beschäftigt und auch mit der altersgemischten Eingangsphase. Und so haben wir ein Projekt nach dem nächsten verwirklicht, und unterm Strich ist eine immer inklusivere Schule herausgekommen, ohne dass wir explizit gesagt haben, wir werden jetzt inklusiv.«[18]

Vom gemeinsamen, individuell fördernden Unterricht profitierten dann alle. Studien zeigen, dass Kinder und Jugendliche mit Förderbedarf durch gemeinsamen Unterricht deutlich bessere Lernergebnisse erzielen. Und auch die Kinder und Jugendlichen ohne Förderbedarf profitieren nachweislich vom gemeinsamen Lernen – sie erwerben soziale Kompetenzen und Toleranz im Alltag, ohne in ihren fachbezogenen Schulleistungen nachzulassen.[19] Eine Schule, die aufgrund von Inklusion unterschiedliche Leistungsniveaus benötigt, differenziert eben nicht nur nach unten, sondern auch nach oben und schafft so besondere Herausforderungen für die besten Schüler.

Der Wandel ist machbar

Gute Schule ist guter Unterricht. Dazu brauchen wir gute und gut ausgebildete Lehrer. Nur wenn wir unsere Lehrer entsprechend aus- und weiterbilden, können wir unsere Schulen in Richtung Individuelle Förderung umbauen und lernen, mit der realen Heterogenität dort erfolgreich umzugehen. Das ist bei fast 700 000 Lehrern in den allgemein bildenden Schulen eine große Aufgabe und geht nur mit den, nicht gegen die Lehrer, nur mit den, nicht gegen die Eltern.

Die Kollegien der jeweiligen Schulen müssen sich auf diese, für sie neue Art der Pädagogik und den neuen Anspruch an Schule einlassen wollen, sie müssen gemeinsam als ganze Schule diesen Weg einschlagen. Bereits heute wenden wir in Deutschland jedes Jahr viel Geld für die Fortbildung von Lehrern auf. Dabei vertieft der eine seine Fachkenntnisse, der nächste übt Stressbewältigung, und der dritte schließlich eignet sich ein neues pädagogisches Konzept an. So kommen wir aber nicht voran. Nur wenn wir unsere Kräfte bündeln, wenn wir uns auf das Erlernen der Individuellen Förderung konzentrieren, werden wir Erfolg haben.

Dazu müssten jedes Jahr zehn Prozent der deutschen Schulen ihr ganzes Kollegium auf dieses eine Ziel hin fortbilden lassen: Individuelle Förderung für einen besseren Umgang mit Heterogenität. Das bedingt eine Fortbildungspflicht der Lehrer in diesem Gebiet und ein entsprechendes Angebot der Länder. Statt, wie in Hamburg im Rahmen der gescheiterten Schulreform vorgesehen, hunderte Millionen Euro in den Umbau von Schulen zu stecken, den die Verlängerung der Grundschule nötig gemacht hätte, sollten wir das Geld zunächst in Köpfe investieren. Statt über eine Milliarde Euro im Jahr für Sitzenbleiben zu verschwenden, sollten wir lieber Lehrer weiterbilden und zusätzliche Förderung in den Schulen ermöglichen. Die Zuständigkeiten sind bei diesem Thema eindeutig: Hier sind die Bildungsministerien der Länder und ihre Lehrerfortbildungsinstitute gefragt.

Aber auch die Eltern müssen ihren Teil dazu beitragen: Nur wenn sie bereit sind zu lernen, wie andere Länder mit der wachsenden Heterogenität umgehen, nur wenn sie Vertrauen fassen, dass auch wir diese Herausforderung in unserem Bildungssystem bewältigen können, und nur wenn sie »ihre« Schule auf diesem neuen Weg unterstützen, wird der pädagogische Umbau der Schulen möglich werden. Ohne diesen Umbau aber bleibt unser Schulsystem auf die vermeintlichen Mittelköpfe ausgerichtet: Die Guten werden nicht besser, und die bisher Chancenlosen bekommen keine Chance.

4 Bildungschance für Chancenlose

Wie wir Bildungsverlierer vermeiden können

Berlin im Jahr 2006: Die Rütli-Schule, eine Hauptschule, liegt im Norden von Neukölln, einem Stadtbezirk mit einem hohen Anteil an Zuwanderern. Etwa 85 Prozent der Schüler haben eine ausländische Abstammung, rund 35 Prozent von ihnen sind arabischer, rund 25 Prozent türkischer Herkunft. Viele Eltern sprechen kein oder nur schlechtes Deutsch – und auch ihre Kinder haben große Probleme mit der deutschen Sprache. In dem Viertel der Rütli-Schule ballen sich die Probleme: Fast 90 Prozent der Eltern leben von staatlichen Transferleistungen, nicht wenige von ihnen sind in der zweiten Generation arbeitslos. Die Armut der Kinder im Kiez ist oft nicht zu übersehen, genauso wenig wie ihre Perspektivlosigkeit: Nur drei von 60 Schulabgängern finden im Jahr 2006 einen Ausbildungsplatz. Das sind die äußeren Gegebenheiten, unter denen ein Brandbrief des Rütli-Kollegiums entsteht, mit dem die Lehrer Politik und Öffentlichkeit alarmieren und aufrütteln wollen:

»Wenn wir uns die Entwicklung unserer Schule in den letzten Jahren ansehen, so müssen wir feststellen, dass die Hauptschule am Ende der Sackgasse angekommen ist und es keine Wendemöglichkeit mehr gibt. Welchen Sinn macht es, dass in einer Schule alle Schüler/innen gesammelt werden, die weder von den Eltern noch von der Wirtschaft Perspektiven aufgezeigt bekommen, um ihr Leben sinnvoll gestalten zu können?

In den meisten Familien sind unsere Schüler/innen die einzigen, die morgens aufstehen. Wie sollen wir ihnen erklären, dass es trotzdem wichtig ist, in der Schule zu sein und einen Abschluss anzustreben? Der Intensivtäter wird zum Vorbild. Es gibt für sie in der Schule keine positiven Vorbilder. Sie sind unter sich und lernen Jugendliche, die anders leben, gar nicht kennen.

Wir müssen feststellen, dass die Stimmung in einigen Klassen zurzeit geprägt ist von Aggressivität, Respektlosigkeit und Ignoranz uns Erwachsenen gegenüber. Notwendiges Unterrichtsmaterial wird nur von wenigen Schüler/innen mitgebracht. Die Gewaltbereitschaft gegen Sachen wächst: Türen werden eingetreten, Papierkörbe als Fußbälle missbraucht, Knallkörper gezündet und Bilderrahmen von den Flurwänden gerissen. Laut Aussage eines Schülers gilt es als besondere Anerkennung im Kiez, wenn aus einer Schule möglichst viele negative Schlagzeilen in der Presse erscheinen.

Unsere Bemühungen, die Einhaltung der Regeln durchzusetzen, treffen auf starken Widerstand der Schüler/innen. Diesen Widerstand zu überwinden wird immer schwieriger. In vielen Klassen ist das Verhalten im Unterricht geprägt durch totale Ablehnung des Unterrichtsstoffes und menschenverachtendes Auftreten. Lehrkräfte werden gar nicht wahrgenommen, Gegenstände fliegen zielgerichtet gegen Lehrkräfte durch die Klassen, Anweisungen werden ignoriert. Einige Kollegen/innen gehen nur noch mit dem Handy in bestimmte Klassen, damit sie über Funk Hilfe holen können.

Die Folge ist, dass Kollegen/innen am Rande ihrer Kräfte sind. Entsprechend hoch ist auch der Krankenstand, der im 1. Halbjahr 05/06 höher war als der der Schüler/innen. Einige Kollegen/innen stellen seit Jahren Umsetzungsanträge, denen nicht entsprochen wird, da keine Ersatzkräfte gefunden werden.

Auch von den Eltern bekamen wir bisher wenig Unterstützung in unserem Bemühen, Normen und Regeln durchzusetzen. Termine werden nicht wahrgenommen, Telefonate scheitern am mangelnden Sprachverständnis.
Wir sind ratlos.«[1]

Urbane Ghettobildung

Immer schon haben sich in unseren Städten bestimmte Bevölkerungsgruppen in bestimmten Gegenden angesiedelt. Zu Beginn des industriellen Zeitalters entstanden so ausgewiesene Arbeiterviertel, es gab bürgerliche Quartiere – und jede Stadt hatte ihre Schlossallee. In den Schlossalleen hat sich seitdem vergleichsweise wenig geändert, in den anderen Stadtvierteln hingegen infolge von gestiegener sozialer Durchlässigkeit und Mobilität einiges. Sozial schwache und schlecht gebildete Menschen ballen sich in den Gegenden, in denen die Mieten günstig sind, die sozialen Aufsteiger hingegen ziehen weg.

Zur urbanen Ghettobildung trug seit Mitte des vergangenen Jahrhunderts auch der Zuzug von Arbeitskräften aus dem Ausland bei. Angeworben wurden vor allem ungelernte Arbeiter, sie wohnten in den einfachen und günstigen Vierteln und blieben unter sich. Daran störte sich zunächst niemand: Sowohl die sogenannten Gastarbeiter als auch die Einheimischen glaubten an ihre baldige Rückkehr in das Herkunftsland – ein Irrtum, wie wir mittlerweile wissen.

Heute gibt es in den westdeutschen Großstädten Stadtteile, in denen 80 Prozent der Bewohner und mehr einen Migrationshintergrund haben. In der Regel sind das soziale Brennpunkte, denn das ständig sinkende Jobangebot für Geringqualifizierte hat zu steigenden Arbeitslosenzahlen und steigender Armut geführt. Hier wirken die gleichen Mechanismen wie in Problemvierteln mit überwiegend deutschstämmiger Bevölkerung: Wer es sich leisten kann, wer besser gebildet ist und einen gut bezahlten Job hat, kehrt dem Stadtteil den Rücken oder sorgt zumindest dafür, dass die eigenen Kinder eine Schule außerhalb des Quartiers besuchen. So kommt ein Teufelskreis in Gang: Die Infrastruktur in den einkommensschwachen Problembezirken – zum Beispiel Schulen – verkommt immer weiter und liefert so sozial besser gestellten Familien zusätzliche Argumente für den Wegzug. Verlierer dieser Abwärtsspirale sind nicht zuletzt die Kinder, die an den Schulen in den schwierigen Milieus bleiben; es sind die, die am dringendsten eine umfangreiche Unterstützung benötigen, aber kaum erhalten.

Brennpunktschulen scheitern

Das Bildungssystem hat diesen gesellschaftlichen Entwicklungen bislang nur wenig entgegenzusetzen. Im Gegenteil: In Deutschland prägt das schulische Umfeld die Unterschiede in den Schulleistungen noch mehr, als es die soziale Herkunft der Schüler tut (Abb. 14).

So beträgt der Leistungsabstand zwischen zwei gleich begabten 15-jährigen Schülern mit vergleichbarem sozialen Hintergrund in Deutschland 2,5 Jahre – je nachdem, ob sie eine Schule in einem guten oder schlechten Milieu besuchen. In keinem anderen OECD-Land hat ein sozial ungünstiges Schulumfeld einen derart starken Einfluss auf den Schulerfolg.[2]

Schule versagt also heute häufig in schwierigen Gegenden mit schlechter Infrastruktur, in denen viele Empfänger von Sozialleistungen und Menschen ohne Schulabschluss oder Berufsausbildung, überdurchschnittlich viele Alleinerziehende, zahlreiche Zuwanderer leben. Die Schulen in diesen Quartieren haben mit vielen Problemen gleichzeitig zu kämpfen: Fast alle Schüler haben

Abbildung 14

Zusammenhang zwischen sozialem Status und Bildungserfolg in Deutschland

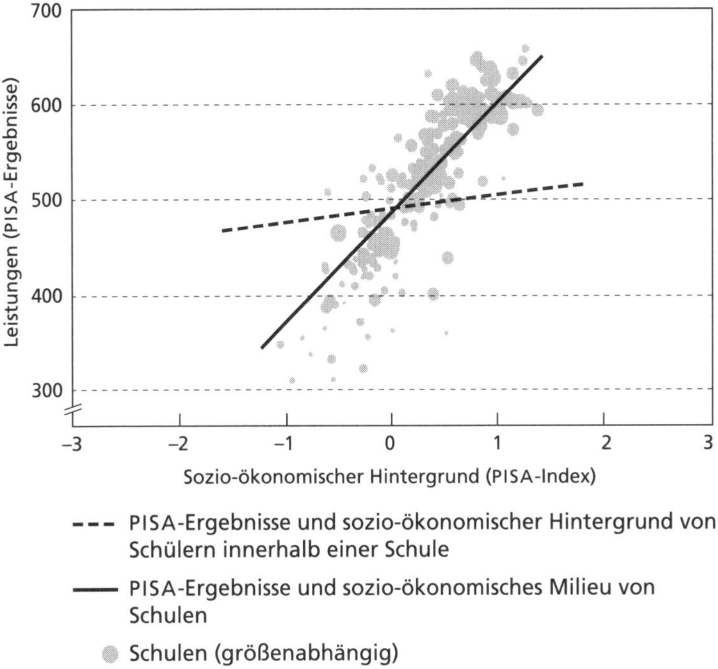

Quelle: Schleicher, Andreas (2010): Is the sky the limit to educational improvement?

Eine Analyse der PISA-Ergebnisse zeigt für Deutschland die Abhängigkeit des Bildungserfolgs vom sozialen Status. Auffällig ist, dass dieser innerhalb einer Schule fast unabhängig vom sozialen Status des Schülers ist (geringe Steigung der gestrichelten Linie; bei höherem sozialen Status auf der horizontalen Achse steigt die Bildungsleistung der Schüler auf der vertikalen Achse nur geringfügig). Hingegen zeigt sich, dass es eine sehr starke Kopplung zwischen Bildungserfolg und dem sozialen Milieu der Schule gibt (große Steigung der durchgezogenen Linie; bei höherem sozialen Milieu der Schule auf der horizontalen Achse steigt die durchschnittliche Leistung aller Schüler dieser Schule auf der vertikalen Achse stark an).

einen schwierigen wirtschaftlichen, sozialen und familiären Hintergrund, können häufig nur unzureichend Deutsch (und das gilt nicht nur für Schüler mit Migrationshintergrund), erhalten wenig elterliche Unterstützung bei den Hausaufgaben und kommen außerhalb der Schule nur selten mit Bildung in Berührung. Zudem treffen sie in den Klassen nur ihresgleichen, lernen auf diese Weise kaum Kinder und Jugendliche kennen, die anders leben, anders lernen, Vorbilder sein könnten.

Wohlgemerkt: Das ist keine Pauschalkritik an Hauptschulen oder generell an Schulen in sozialen Brennpunkten. Auch wenn es wenig Daten gibt: Schätzungen besagen, dass immerhin an 16 Prozent der Hauptschulen und neun Prozent der Realschulen – zusammen wären das ca. 1000 Schulen in Deutschland[3] – Zustände herrschen, unter denen kaum noch Unterricht möglich ist. Aus Kreisen der PISA-Forscher heißt es, dass lediglich 13 Prozent der deutschen Schulen die Hälfte der sogenannten Risikoschüler produzieren, die im Alter von 15 Jahren höchstens auf Grundschulniveau rechnen können und kaum verstehen, was sie lesen. Diese Schulen, in denen wie in der Rütli-Schule anno 2006 keine funktionierende Lernumgebung mehr existiert und Kinder keine Perspektive haben, sind das größte Problem unseres Bildungswesens: Sie sind gescheitert

Dass Brennpunktschulen nicht scheitern müssen, zeigt eine Untersuchung aus Großbritannien. Dort wird seit einiger Zeit neben dem (absoluten) Wissensstand auch der (relative) Wissenszuwachs der Schüler gemessen. Dabei stellt sich heraus, dass viele Schulen in benachteiligten Gebieten hervorragende Arbeit leisten und einen größeren Wissenszuwachs bei ihren Schülern erreichen als vermeintlich bessere Schulen in besseren Wohngebieten.[4] Ähnliches, so ist zu hören, ergab jüngst eine Stichprobe in Hamburg: Mehr als die Hälfte der Schulen mit den geringsten Leistungszuwächsen lag dort in guten Wohnbezirken. Allerdings sind die Eltern in diesen Gegenden auch besser in der Lage, die Defizite der Schulen aufzufangen – indem sie selbst ihre Kinder unterstützen oder Nachhilfe finanzieren.

Wo schlechter Unterricht und ein schwieriges Milieu zusammenfallen, dort, wo Schulen in sozialen Brennpunkten versagen, hat unser Bildungssystem nicht auf den gesellschaftlichen Wandel reagiert und eine Abwärtsspirale zugelassen: »Ungünstigere Reputation, Verschlechterung der Schulatmosphäre, abnehmende Identifikation der Schüler und Lehrer mit der Schule, sinkende Schülerzahlen, Kürzung der Ressourcen, Ausbleiben von Bewerbungen gut qualifizierter Lehrer, schlechterer Unterricht, sinkende Schülerleistungen, [...].«[5] Diese Schulen produzieren die Bildungsverlierer, die die soziale Situation in den Problemvierteln noch weiter verschärfen: durch steigende Arbeitslosigkeit, Kriminalität und Gewalt.

Das Problem lautet also: Die Ghettoisierung des Umfeldes zieht zu häufig eine Ghettoisierung der Schulen nach sich, das Bildungssystem hat zu wenige Antworten auf den sich vollziehenden gesellschaftlichen Wandel in den Brennpunkten unserer Städte. Wenn sich dann Anspruch, Ausstattung, Niveau und Qualität der Schulen dem Umfeld anpassen statt gegenzusteuern, potenzieren sich die Probleme: Rütli 2006 lässt grüßen.

Es geht auch anders: Campus Rütli

Berlin-Neukölln im Jahr 2010: Die Schüler, die vier Jahre zuvor – im Jahr des Brandbriefes – gerade erst an die Rütli-Schule gekommen waren, machen ihren Abschluss. Sechsunddreißig von ihnen bekommen eine Empfehlung für die gymnasiale Oberstufe, mehr als die Hälfte schafft den mittleren Schulabschluss. Nur zwei der 120 Schüler verlassen die Schule ohne Abschluss.

An den Voraussetzungen der Schüler, am Umfeld der Schule hat sich nichts geändert. Geändert hat sich die Schule selbst. Aus der Rütli-Hauptschule und der benachbarten Heinrich-Heine-Realschule ist eine Gemeinschaftsschule geworden. Zwei Kitas, eine Grundschule und ein Jugendzentrum sowie der Jugendgesundheitsdienst und die Volkshochschule schlossen sich dem Projekt an, ein Elternzentrum wurde gegründet: So entstand der Campus Rütli.

Neu ist auch das pädagogische Konzept. Die Gemeinschaftsschule will jedes einzelne Kind individuell fördern. In den Kernfächern unterrichten jeweils zwei Lehrer gleichzeitig, Gruppenarbeit ist Standard. Für die Abkehr vom Frontalunterricht haben sich die Lehrkräfte intensiv weiterbilden müssen. Nicht alle ließen sich von dem neuen Konzept überzeugen: »Einige haben sich versetzen lassen, andere sind in den Ruhestand gegangen«, sagt Klaus Lehnert, der pädagogische Projektleiter des Campus Rütli.

Die pädagogische Idee hinter Rütli beschreibt er so: »Jedes Kind wird dort abgeholt, wo es steht, alle sollen unabhängig von ihrer sozialen, ethnischen und kulturellen Herkunft miteinander und voneinander lernen.« Die Vielfalt der Kinder, ihre unterschiedlichen Hintergründe seien dann nicht mehr Problem, sondern Chance und Bereicherung, die Schüler erhielten die so wichtige Wertschätzung. Lehnert: »Die Schulleiterin Frau Heckmann beschreibt die Leistung unserer Schule gern mit einem Zitat des römischen Philosophen Seneca: ›Die Richtung des Windes können wir nicht beeinflussen, aber wir können die Segel richtig setzen.‹«

Um die Segel richtig zu setzen, umfasst das rund 90-köpfige Kollegium nicht nur Lehrer, sondern auch Erzieher, Sozialarbeiter und zwei interkulturelle Moderatoren. Sie versuchen, engen Kontakt zu den Eltern zu halten. Weil mehr als 90 Prozent der rund 680 Schüler nicht deutscher Abstammung sind, bemüht sich die Schule um ein multikulturelles Team. Kollegen aus der Ukraine, Slowenien, den USA und der Türkei sind bereits dabei.

Die Gemeinschaftsschule ist eine Ganztagsschule, an vier Tagen der Woche dauert der Schultag von 8 bis 16 Uhr. Die Schüler können aus einem breiten Wahlpflichtangebot wählen, das vor allem am Nachmittag stattfindet. Das Kursangebot umfasst Klettern, Schach, Trommeln, Tischtennis, Computer, Theater, Türkisch, Arabisch und Instrumentalunterricht. Zehntklässler können ein umfangreiches Nachhilfeprogramm in den Fächern Deutsch, Englisch und Mathematik wahrnehmen, das sie auf den mittleren Schulabschluss vorbereitet. In der Mittagspause gibt es in der Mensa und in der Cafeteria warmes Essen. »Den Schülern wird nicht mehr permanent vorgebetet, was sie alles nicht dürfen. Stattdessen erhalten sie Angebote, wie sie lernen und sich beschäftigen können, und sie nehmen sie wahr.« Dazu zählt auch die Schülerbücherei: »Viele der Kinder sind so das erste Mal dazu gekommen, ein Buch zu lesen.«

Die Arbeit mit den zumeist ausländischen Eltern funktioniere gut, sagt Lehnert. Eltern- und Infoabende seien ungewöhnlich gut besucht, die Eltern durch das Elterncafé und – meist mehrsprachige – Veranstaltungen eng mit dem Campus verbunden, auf dem unterschiedliche Bräuche und Feste aus verschiedenen Kulturen und Religionen ihren Platz haben.

Das alles gibt es nicht gratis. Insgesamt 31 Millionen Euro investiert das Land Berlin in den Ausbau des Campus Rütli, ein Großteil davon für Modernisierung, neue Gebäude und die Ausweitung des Campus. Ein weiterer Geldgeber ist der Verbund »Ein Quadratkilometer Bildung«, zu dem sich mehrere Stiftungen zusammengeschlossen haben. Sie spenden in den kommenden zehn Jahren insgesamt 1,5 Millionen Euro.

Enstanden sind bereits eine Mensa und moderne naturwissenschaftliche Schülerlabore. Neben Fachräumen für Chemie, Physik, Biologie, Musik und bildende Kunst verfügt die Schule über eine Schulküche, eine Holz- und eine Metallwerkstatt. Zudem entsteht gerade eine Multifunktionshalle, die kultureller Mittelpunkt für das Viertel werden soll. Ein weiterer Neubau wird eine Ausbildungswerkstatt und die Volkshochschule beherbergen. Auch eine Musikschule soll auf dem Gelände einziehen.

Der Campus Rütli hat mittlerweile viele Unterstützer gefunden. Die frühere First Lady Christina Rau engagiert sich als Schirmherrin, das Berliner Maxim Gorki Theater kooperiert mit der Theater-AG, die Stiftung Zukunft Berlin half bei der Beschaffung der Instrumente für eine Bläserklasse und das Streichorchester.

Fokus auf die Brennpunktschulen

Wenn wir für mehr Chancengerechtigkeit und bessere Bildung sorgen, wenn wir den bislang Chancenlosen eine Chance geben wollen, dann dürfen wir mit den Reformen nicht bei den eigentlich gut funktionierenden Gymnasien oder den guten Hauptschulen auf dem Lande beginnen – und damit den Unmut der dortigen Eltern auf uns ziehen. Vielmehr sollten wir uns auf die wirklichen Probleme konzentrieren: auf die wenigen Prozent der Schulen in Deutschland, die in sozialen Brennpunkten liegen und dort versagen. Es geht darum, dass wir Brennpunktschulen nicht scheitern lassen.

Das ist, so zeigen gute Beispiele aus dem In- und Ausland, durchaus möglich. Aber dafür gilt es, die Barrieren zwischen den Schulen auf der einen und den Eltern und Kindern auf der anderen Seite zu senken, Brennpunktschulen auch für Bildungsbürger attraktiv zu machen und die Übergänge in die Berufsausbildung enger zu begleiten.

Schule als Zentrum der Familie

Rütli macht es vor: Brennpunktschulen müssen Orte sein, an denen Schüler gerne ihre Zeit verbringen, weil sie dort Erfolgserlebnisse haben und Anerkennung finden. Brennpunktschulen müssen daher Ganztagsschulen sein. Dort bewegen sich die Schüler länger in einem pädagogisch geschulten Umfeld, das ihnen zuhause weitgehend fehlt, bauen zudem stabile Bindungen auf und schulen ihre soziale Kompetenz. Weitere positive Effekte der Ganztagsschulen sind die Entlastung der Eltern und die Garantie auf ein warmes Mittagessen.[6]

Auch Kitas gehören auf den Campus. Für die Kinder wird er so im besten Fall zu einem vertrauten Ort vom Kindergarten bis zum Abitur, an dem sie die Hilfe bekommen, die sie brauchen. Deshalb müssen auch Einrichtungen der Kinder- und Jugendhilfe in die Schule; Sozialarbeiter und interkulturelle Fachkräfte gehören nicht in die Sozialämter, sondern in die Klassen- und Lehrerzimmer.

Brennpunktschulen müssen Eltern wie Kinder in ihre Arbeit einbeziehen. Aus diesem Grund sollten sie Anlaufstellen für die Belange von Migranten und sozial Schwachen beherbergen. Wenn das Gesundheitszentrum, die behördliche Meldestelle für Ausländerangelegenheiten und der Sprachkurs ebenso wie die Kita auf dem Schulcampus angesiedelt sind, sind auch die Eltern oft dort zu finden und müssen nicht mühsam von Sozialarbeitern zuhause aufgesucht werden.

All dies verursacht nicht unbedingt zusätzliche Kosten: Die Einrichtungen existieren ja ohnehin, es geht zunächst nur um ihre räumliche Verlegung in die Schulen. Schwieriger sind schon das Zusammenspiel der verschiedenen Einrichtungen, die Abstimmung von Lehr- und Betreuungsangeboten und die Einbindung der Sozialarbeiter in den Schulalltag. Bei allem föderalen Zuständigkeitsgerangel sollten die Schulen schrittweise auch die Verantwortung für diese Angebote übernehmen und nicht nur die unterschiedlichen Träger koordinieren.

Tausend Magnetschulen für Deutschland

Wenn das Milieu so entscheidend für den Lernerfolg gerade der sozial schwächeren Kinder ist, müssen wir die Ghettoisierung der Schulen verhindern und die Milieus an den Schulen stärker mischen. Dazu reicht es nicht, die Schulen wie beschrieben zu Anlaufstellen für benachteiligte Familien zu machen. So wichtig die zusätzlichen Angebote an Kinder- und Jugendhilfe, Integrations- und Sprachtrainings und die Meldestelle für Ausländerangelegenheiten auf dem Schulcampus sind: Für bildungsnahe Eltern bieten sie kaum Anreize, ihre Kinder auf diese Schulen zu schicken – eine Herausforderung, vor der die US-Amerikaner schon lange stehen. Aber sie haben auch gelernt, dass das Aufbrechen der Milieus nur mit Anreizen und nicht mit Zwang funktionieren kann.

Eine Quotenregelung in den Schulen etwa, die für eine Durchmischung der Schülerschaft sorgt und beispielsweise die Zahl der Kinder mit Migrationshintergrund pro Klasse begrenzt, ist politisch nicht durchsetzbar – und das zu Recht: Um das zu erreichen, müssten einige Kinder zwangsweise weiter weg liegende, teilweise auch schlechtere Schulen besuchen. Man bräuchte mindestens ein groß angelegtes Schulbusprogramm, das die Schüler quer durch die Städte zu ihren jeweiligen Schulen brächte. Eine Maßnahme, bekannt als »Busing«, die in den USA bereits gescheitert ist, weil die größere räumliche Distanz die Zusammenarbeit zwischen Schule und gerade den bildungsfernen Eltern erschwerte und die Kinder ihre Freunde in der Nachbarschaft verloren – ganz abgesehen davon, dass das Busfahren viel Zeit und Geld kostet.

Vielversprechend ist hingegen eine andere Idee, die ebenfalls aus den USA stammt: Dort wurden – zunächst gegen die Rassentrennung – sogenannte Magnetschulen etabliert, die heute vor allem der sozialen Durchmischung dienen. Unter den rund 100 000 Schulen in den Vereinigten Staaten sind etwa 4000 Magnetschulen.[7]

Dabei handelt es sich um Schulen in sozialen Brennpunkten, die akademisch besser ausgestattet sind und sich dadurch besondere Profile leisten. Das können bestimmte Fächer sein wie Naturwissenschaften, Kunst oder Technologie. Das können aber auch bestimmte Lehrmethoden sein. So wird in einzelnen Magnetschulen beispielsweise nach den Methoden von Montessori oder der Waldorfpädagogik unterrichtet. Jeder kann seine Kinder auf eine Magnetschule schicken, Schulbezirksgrenzen gelten für sie nicht. In der Regel erzielen sie erheblich bessere Resultate als andere Schulen, gerade was den Übergang an die begehrten Hochschulen des Landes angeht.[8] So bieten sie den bildungsnäheren Eltern genau den nötigen Anreiz, um ihre Kinder freiwillig – trotz des sozialen Brennpunktes – dorthin zu schicken.

Mittlerweile sind Magnetschulen so beliebt, dass sie dem Ansturm potenzieller Schüler kaum standhalten. Ein Drittel von ihnen hat daher einen Auswahlprozess – teilweise per Losverfahren – eingeführt, die besten können gerade einmal zehn bis 20 Prozent der Bewerber aufnehmen.[9] Kann ein sozial schwieriges Stadtgebiet mit einer guten, attraktiven Magnetschule aufwarten, wird das Viertel auch für Bildungsbürger wieder interessant. Im besten Fall wirkt dies nicht nur an der Schule, sondern ebenso im Quartier der Ghettobildung entgegen – nicht zuletzt, weil das Viertel wieder sicherer wird: Dafür sorgt die sinkende Zahl von Schulversagern.[10]

Auch in Deutschland könnten uns Magnetschulen weiterhelfen. Statt in den Brennpunktschulen nur Angebote für die sozial Schwächeren bereitzustellen, müssen wir versuchen, sie zusätzlich für die Kinder der Bildungsbürger attraktiv zu machen. Ein Sonderprogramm für 1000 Magnetschulen in Deutschland würde für Kinder und Stadtentwicklung mehr bewirken als Wohnungsbauprämien, Betreuungs- oder Elterngeld. Klar ist: In Deutschland müssten Magnetschulen auch zum Abitur führen, wenn sie funktionieren sollen. Aus den Haupt- und Realschulen in den Brennpunkten müssen also Schulen werden, die die gesamte Palette der Abschlüsse anbieten. Hier geht es weder um eine groß angelegte Schulstrukturdebatte noch um Gleichmacherei: Die Gymnasien in den besseren Wohngegenden können und sollen Gymnasien bleiben, nur in den Brennpunkten müssen die Schulen mehr Abschlüsse für mehr Chancen bieten.

Übergänge schaffen

Gerade die Jugendlichen in den sozialen Brennpunkten brauchen dringend eine berufliche Perspektive. Wenn – wie an der Rütli-Schule 2006 – nur drei von 60 Abgängern einen Ausbildungsplatz finden, wenn auch erfolgreiche Realschulabsolventen ohne Lehrstelle bleiben, dann fehlt vielen Schülern schlicht der Ansporn, sich noch anzustrengen. Deshalb müssen wir Perspektiven bieten und für einen besseren Übergang von der Schule in den Beruf sorgen.

Dazu müssten die Schulen bereits frühzeitig, in der siebten Klasse, diejenigen identifizieren, die ohne Hilfe an der Hürde zwischen Schule und Beruf zu scheitern drohen; sie müssten sie motivieren, sich rechtzeitig beruflich zu orientieren, und dabei die Eltern einbeziehen. Eine systematische Berufsorientierung in der Schule hilft den Jugendlichen, den Beruf zu wählen, der ihren Interessen und Fähigkeiten entspricht und eine realistische Perspektive auf dem Arbeitsmarkt hat. Außerdem landen so weniger Jugendliche im Übergangssystem. Der Berufseinstiegsberater darf nicht Gast an der Schule sein, er muss fester Bestandteil des Kollegiums werden. So kann er die Jugendlichen bereits in der Schule betreuen, sie in die Ausbildung begleiten und dadurch für Kontinuität an der Schnittstelle zum Beruf sorgen.[11]

Der Wandel ist machbar

Sicher: Das alles kostet Geld. Ganz ohne Investitionen können wir die nötigen Veränderungen, den Umbau der Schulen in den sozialen Brennpunkten nicht in Angriff nehmen. Auch das zeigt das Beispiel Campus Rütli.

Natürlich können wir es uns nicht leisten, alle Schulen in gefährdeten Quartieren auf einmal umzugestalten. Und nicht für jede Brennpunktschule wird die Frau des Bundespräsidenten als Patin zur Verfügung stehen. Das muss aber auch gar nicht sein, denn nicht alle diese Schulen sind schlecht. Schnellstmöglich kümmern müssen wir uns um die Schulen, die für die meisten Schulversager verantwortlich sind. In sie müssen wir investieren, und für sie müssen wir den zuständigen Bürgermeister als Paten gewinnen, weil wir uns diese Masse an abgehängten jungen Menschen weder moralisch noch wirtschaftlich leisten können. Wenn es uns gelingt, den Anteil der Risikoschüler drastisch zu verringern, hätte das enorme Effekte auf das Wirtschaftswachstum, und die Investitionen würden sich schnell amortisieren.[12]

Wenn der Staat kein Geld mehr hat, muss er Prioritäten setzen: Niemand zwingt uns, die vorhandenen Mittel mit der Gießkanne auszuschütten. Wir könnten zugunsten der Brennpunktschulen dort vergleichsweise weniger investieren, wo Schulen in intakten Stadtvierteln gut funktionieren und Kinder schon wegen ihres familiären Hintergrundes mehr Chancen haben. Auf diese Weise sorgen wir nicht nur für Chancengerechtigkeit, wir sichern auch die Zukunft unserer Gesellschaft – selbst für diejenigen, die in besseren Vierteln groß werden.

5 Auf die Pädagogen kommt es an

Wer unsere Kinder bilden soll

Schweden sucht den Superlehrer: Der Fernsehsender SVT startet im Jahr 2007 die Doku-Soap *Klasse 9a* – und löst damit eine landesweite Diskussion über Bildung aus. Denn die Fernsehserie spielt an einer der schlechtesten Schulen Schwedens, der Johannesskolan in Malmö, die wegen der schwachen Leistungen ihrer Schüler von der Schließung bedroht ist. In Schweden ist das neunte Schuljahr das letzte gemeinsame Grundschuljahr. Entsprechend entscheiden die Zeugnisse darüber, ob die Schulkarriere vorerst beendet ist oder in eine weiterführende Schule mündet. In der Johannesschule, die in einem sozialen Brennpunkt liegt, scheiterte in der Vergangenheit die Hälfte der Schüler an den Prüfungen, nicht wenige erschienen gar nicht erst zum Unterricht.

Nun werden aus Schwänzern und schlechten Schülern Fernsehstars. Vor laufenden Kameras sollen acht Superlehrer der Klasse 9a beibringen, was deren alte Lehrer ihnen nicht beibringen konnten, und sie innerhalb von nur sechs Monaten zu einer der besten drei Abschlussklassen des Landes machen: ein scheinbar unerreichbares Ziel. Dafür wurden Lehrer aus ganz Schweden ausgewählt, deren Schüler regelmäßig weit überdurchschnittliche Leistungen erbringen. Für das Experiment an der Johannesschule erhalten sie keine zusätzlichen finanziellen Mittel, keine anderen Arbeitsbedingungen – mit Ausnahme der Kamera, die immer dabei ist. Das Format stößt auf heftigen Widerstand, die Lehrergewerkschaften laufen Sturm. Aber es lockt jede Woche zuverlässig die Zuschauer vor die Bildschirme.

Sechs Monate und viele Auf und Ab später treten die Schüler der Klasse 9a zur Prüfung an. Das Ergebnis: Die 15- bis 16-jährigen Bildungsversager haben es geschafft und sich tatsächlich zur drittbesten Klasse des Landes gemausert. Von den acht Superlehrern ist Stavros Louca der Star; er unterrichtet Mathematik: In diesem Sorgenfach ist die Klasse von einer abgeschlagenen Position an die landesweite Spitze gerückt. Nie zuvor hat ein Experiment eindrucksvoller belegt, wie groß der Einfluss von Lehrern auf die Leistungen ihrer Schüler ist. Oder anders gesagt: An welche Lehrer ein Kind gerät, hat Auswirkungen auf sein gesamtes Leben.

Neue Aufgaben für die Schulen

Ob in deutschen Klassenzimmern oder in schwedischen wie an der Johannesskolan in Malmö: Gute Lehrer machen den Unterschied. Sie fördern ihre Schüler individuell, können so mit den unterschiedlichen Leistungsständen und Lerngeschwindigkeiten umgehen und die nötigen Erfolgserlebnisse vermitteln. Wie wichtig die Qualität der Lehrer für den Lernerfolg der Schüler ist, zeigt der amerikanische Bildungsökonom Eric Hanushek anhand einer Analyse der PISA-Ergebnisse für die USA. Je nachdem, ob die Schüler von guten oder schlechten Lehrern unterrichtet wurden, ergab sich innerhalb nur eines Jahres ein Leistungsunterschied von einem ganzen Jahr. Während beispielsweise ein guter Lehrer anderthalb Jahre Lernfortschritt in einem Jahr erzielen kann, würde ein schlechter Lehrer dieselbe Klasse mit denselben Schülern in diesem Zeitraum nur ein halbes Jahr voranbringen.[1] Vor allem in der Grundschule kann das gravierende Folgen haben: Wer mehrere Jahre von einem schlechten Lehrer unterrichtet wird, gerät in einen Bildungsrückstand, der kaum noch reparabel ist.[2]

Noch deutlicher wird die Bedeutung guter Lehrer mit Blick auf ihren Einfluss auf das Bildungsniveau eines ganzen Landes. Die Vereinigten Staaten lägen nach Berechnungen von Hanushek auf dem Bildungsniveau von PISA-Gewinner Finnland, könnten sie die schlechtesten fünf bis zehn Prozent ihrer Lehrer loswerden und durch durchschnittliche ersetzen.[3] Rein rechnerisch müssten an einer Schule mit 50 Lehrern also drei bis fünf Lehrer ausgetauscht werden, um das Niveau kräftig und nachhaltig zu steigern. All das zeigt: Entscheidend für die Bildung unserer Kinder sind gute Lehrer – mehr Computer, kleinere Klassen oder eine bessere Ausstattung der Physiklabore sind dagegen zweitrangig.

Die wachsende Vielfalt in deutschen Klassenzimmern stellt die Lehrer aber vor neue Herausforderungen. Vor allem in den Großstädten nimmt die Zahl der Kinder aus Zuwandererfamilien zu, in ländlichen Gebieten müssen aus Schülermangel Schulen unterschiedlicher Art zusammengelegt werden, in bürgerlichen Gegenden schicken fast alle Eltern ihre Kinder aufs Gymnasium, und immer mehr Kinder mit besonderem Förderbedarf gehen auf Regelschulen. Dieser wachsenden Unterschiedlichkeit an Fähigkeiten und kulturellen Hintergründen der Schüler können Lehrer nur mit einer anderen Art des Unterrichtens gerecht werden: dem Individualisierten Lernen.[4]

Zugleich verändern sich die Aufgaben der Schulen, gewinnen Betreuung und Erziehung an Bedeutung im Schulalltag. Wenn immer öfter beide Eltern arbeiten, wenn immer mehr Kinder bei nur einem – noch dazu arbeitenden – Elternteil aufwachsen und immer mehr Kinder auf Ganztagsschulen gehen, dann wandert ein großer Teil der Erziehungsarbeit zu den Schulen. Neben Hausaufgabenbetreuung und Förderunterricht übernehmen Ganztagsschulen Verantwortung in Bereichen, die über das reine schulische Lernen hinausgehen: die Zubereitung des Mittagessens, Freizeitangebote und, an Brennpunktschulen, interkulturelle Sozial- und Elternarbeit. Für all diese Aufgaben brauchen die Schulen entsprechend ausgebildetes Personal.

Kein Wandel im Lehrerzimmer

Ohne Frage gibt es auch in Deutschland herausragende Pädagogen, und zwar bei Weitem nicht nur an den Gymnasien, sondern auch in den Hauptschulen der sozialen Brennpunkte. Aber das Konzept der Individuellen Förderung hat sich noch nicht durchgesetzt, Lehrer wissen zu wenig, wie sie am besten mit der großen Unterschiedlichkeit ihrer Schüler umgehen sollen. Es mangelt ihnen an Werkzeugen und Techniken, den Unterricht anders – und auch für sie weniger anstrengend – zu gestalten. Denn die heutige Art des Unterrichtens und der Schulorganisation sind für die Lehrkräfte eine große Herausforderung. Ein Lehrer, der frontal vor der Klasse stehend seinen Stoff vermitteln will, verschleißt sich umso mehr, je größer die Leistungsbandbreite der Schüler ist: Die Auseinandersetzung mit den gelangweilten Überfliegern auf der einen und den überforderten Kindern auf der anderen Seite kostet viel Kraft. Die Pädagogik der Individuellen Förderung hingegen gilt als weniger belastend und kräftezehrend: Die Schüler lernen ihrem Niveau entsprechend, und die Lehrer können sich dem Einzelnen oder kleinen Gruppen widmen.[5]

Im Umgang mit Heterogenität fehlt es in vielen Lehrerkollegien auch an persönlicher Erfahrung: Die Lehrkräfte sind mehrheitlich weiblich, mehrheitlich über 50 und haben mehrheitlich einen bürgerlichen Hintergrund.[6] Und während schon heute ein Viertel der Schüler aus Migrantenfamilien stammt und der Zuwandereranteil in den Kitas – also bei den künftigen Schülern – bereits weit höher liegt, trifft dies nicht einmal auf fünf Prozent der Lehrer zu.[7]

Obwohl sich die Schüler und ihre familiären Lebensumstände verändert haben, sind die Berufsbilder an den Schulen die gleichen geblieben. Dort gibt es weiterhin fast ausschließlich Lehrer – Sozialpädagogen, Psychologen und Berufsberater oder auch Assistenten, die sich um die administrativen Aufgaben kümmern, finden sich kaum. An einer typischen Schule mit über 1000 Schülern arbeiten zwar knapp 90 Lehrer, aber nur ein Sozialpädagoge, zwei Hausmeister und eine Sekretärin. Mit anderen Worten: An den Lehrern bleibt nahezu alles hängen – meist auch das, was Spezialisten wie Psychologen oder Sozialarbeiter besser könnten. Wir haben die Lehrer mit ihren wachsenden Aufgaben im Bereich Integration und Betreuung ziemlich alleine gelassen.

Unter diesen Rahmenbedingungen ist der Lehrerberuf anstrengend. Nicht umsonst gehen viele Lehrer in Frühpension, arbeiten nur gut 40 Prozent, bis sie 65 Jahre alt sind.[8] Wie viele Lehrer durch ihre Arbeit gesundheitlich belastet sind, zeigt die »Potsdamer Lehrerstudie«, für die ein Team von Wissenschaftlern über sechs Jahre hinweg die Gesundheitssituation von mehr als 7500 Pädagogen untersucht hat. Das Ergebnis: 60 Prozent von ihnen fühlen sich überlastet oder gar ausgebrannt, erschöpft, resigniert.[9] Dazu mag vieles beitragen: die hohe Arbeitsbelastung, zu wenig Personal, zu viele, zu schlechte oder zu undisziplinierte Schüler, zu gleichgültige oder zu fordernde Eltern, das Hin und Her der politischen Reformen. Aber einer der Gründe ist auch, dass wir oft nicht diejenigen zu Lehrern ausbilden, die für diesen Beruf auch wirklich geeignet sind.

Lehrer werden, das bedeutet für die Mehrheit der Studienanfänger vor allem ein überschaubares Studium und später einen sicheren und – nicht zuletzt durch die vielen Ferien –

auch familienfreundlichen Arbeitsplatz.[10] Das macht den Beruf gerade für Frauen so attraktiv. Solange es bei uns keine flächendeckende, verlässliche und gute Ganztags- und Ferienbetreuung für Kinder gibt, sind solche Motive verständlich. Spätestens im Schulalltag stellt sich aber heraus, dass der Lehrerberuf, der Umgang mit Kindern und Jugendlichen und ihren schulischen wie privaten Problemen, auch viel mit Berufung zu tun hat.

Lehrer verzweifelt gesucht

Die Diskussion über die richtige Ausbildung und Auswahl von Lehrern hat allerdings nur dann Sinn, wenn es ausreichend junge Menschen gibt, die diesen Beruf ergreifen wollen. Aktuell findet in deutschen Lehrerzimmern ein Generationswechsel statt: In den kommenden zehn Jahren werden jährlich etwa 36 000 Lehrer in den Ruhestand gehen. Das ist einerseits eine große Chance, denn durch die anders und besser ausgebildeten Lehrer können wir neue Lernkulturen in den Schulen etablieren und damit aktiv auf den Wandel in den Klassenzimmern reagieren. Gleichzeitig droht ein veritabler Lehrermangel, denn aus unseren Hochschulen und Lehrerseminaren ist nur mit etwa 26 000 neuen Lehrern jährlich zu rechnen.[11] Wollten wir jede frei werdende Stelle nachbesetzen, fehlen also rund 10 000 Lehrer pro Jahr. Das klingt nach Dimensionen eines kaum zu bewältigenden Lehrermangels, wie wir sie zuletzt zu Zeiten Pichts vor 50 Jahren hatten: Pädagogen verzweifelt gesucht. Forderungen nach zusätzlichen Lehrern für den Ausbau der Ganztagsschulen scheitern da erst recht.

Um Abhilfe zu schaffen, müssen wir uns die sinkenden Schülerzahlen durch den demografischen Wandel zunutze machen. Verzichten wir auf die vielerorts erhoffte und von der Politik versprochene Verkleinerung der Schulklassen, bleibt es also bei den heutigen Klassengrößen, schrumpft die Lücke auf rund 1000 Lehrkräfte pro Jahr. Für die Unterrichtsqualität muss das kein Nachteil sein: In Kalifornien sank sogar der Lernerfolg der Schüler, als im Jahr 1997 die Klassen verkleinert wurden – man hatte zu wenig gute Lehrer.[12] Es gilt: Lieber ein guter Lehrer in einer großen Klasse als ein schlechter in einer kleinen.

Insofern müssen wir unsere künftigen Lehrer so aus- und fortbilden, dass sie auch bei heutiger Klassengröße mit der Vielfalt der Schüler erfolgreich umgehen können. Doch weder der Lehrermangel noch der fachgerechte Umgang mit den neuen Aufgaben der Ganztagsschulen lässt sich allein innerhalb unseres Bildungssystems und seiner gängigen Ausbildungswege lösen. Wir werden daher neben Lehrern auch anderes Personal an den Schulen beschäftigen müssen.

Es geht auch anders: eine Schule in Toronto

»Lehrer werden in Kanada schon während ihrer Ausbildung für Chancengerechtigkeit und kulturelle Vielfalt sensibilisiert und bringen oft Erfahrungen aufgrund ihres eigenen Migrationshintergrundes mit: Die Mehrheit der Lehrer an unserer Schule ist zwar in Kanada geboren, viele haben aber Eltern, die von irgendwo in der Welt nach Kanada eingewandert sind. Im Gegensatz zu deutschen Schulen sind die Lehrer in Ontario, jedenfalls was ihre Herkunft angeht, genauso heterogen wie ihre Schüler. Zudem haben viele von ihnen Zeitverträge, müssen sich also alle paar Jahre immer wieder neu um ihren Job bewerben.

Jeder Lehrer hat seinen eigenen Klassenraum. Dementsprechend müssen die Schüler den Raum wechseln, je nachdem bei welchem Lehrer sie gerade Unterricht haben. Ihre

Unterrichtsräume gestalten die Lehrer individuell, dadurch werden sie gemütlich und einladend. Da liegen beispielsweise Teppiche auf dem Boden, oder in der Ecke steht ein Schaukelpferd. Für den fachlichen Austausch mit anderen Lehrkräften gibt es verbindliche Treffen.

Die Lehrer wirken erheblich gelassener als in Deutschland. Sie sind den ganzen Tag in der Schule, erledigen dort auch ihre Büroarbeiten. Dadurch sind sie für die Schüler eigentlich immer ansprechbar. Die Pausen können die Lehrer daher für den Austausch mit Kollegen im Lehrerzimmer nutzen – für das Gespräch mit den Schülern bleibt auch sonst genügend Zeit. Die Koordination und das Management des kompletten Schulbetriebes übernimmt der Schulleiter und wird dabei von mehreren Assistentinnen unterstützt. Er unterrichtet nicht und hat so genügend Zeit für seine organisatorischen Aufgaben.

Die Stimmung an der Schule ist friedlich, organisiert und sehr respektvoll – trotz ihrer Lage in einem Brennpunkt mit einem hohen Anteil an Zuwanderern. Auffällig ist, dass nicht nur unter den Lehrern Respekt herrscht und die Schüler ihren Lehrern Respekt zollen; auch die Kinder erfahren einen hohen Grad von Anerkennung durch die Lehrer.

Dem guten Umgang der Kinder miteinander gilt große Aufmerksamkeit. Es gibt an der Schule Projekte und präventive Maßnahmen zum Thema Mobbing oder Interkulturalität. Verhaltensauffällige Kinder werden für soziale Kompetenztrainings vom Unterricht befreit. Es existiert ein Gleichgewicht zwischen Wissensvermittlung, Persönlichkeitsentwicklung und Freizeit, das wir in Deutschland nicht kennen.«

(Erfahrungsbericht einer deutschen Sozialarbeiterin an einer weiterführenden Schule mit knapp 800 Schülern in Toronto, Kanada)

Auswahl statt Burn-out

Gute Lehrer machen den Unterschied. Gleichzeitig brauchen wir in Deutschland jeden, der Lehrer werden will und kann. Diejenigen aber, die diesem Job nicht gewachsen sind, schaden unseren Kindern. Der drohende Mangel an Lehrern darf uns daher nicht davon abhalten, unsere Lehrkräfte besser auszuwählen: Dafür sind Lehrer viel zu wichtig, dafür haben sie einen zu großen Einfluss auf die Entwicklung unserer Kinder.

Strikte Auswahlverfahren bereits vor Beginn des Studiums wären auch im Sinne der Lehrer selbst. In Deutschland weisen schon viele Lehramtsstudenten und Referendare Symptome eines späteren Burn-outs auf: Ein Viertel von ihnen fühlt sich noch vor dem eigentlichen Berufsstart überfordert.[13] Da ihnen ihre Ausbildung aber kaum eine alternative Beschäftigungsmöglichkeit lässt, steigen sie trotzdem in den Lehrberuf ein: mit den entsprechenden Konsequenzen für ihre Schüler – und sie selbst.

Schaut man sich die Länder an, die Spitzenreiter in Sachen Bildung sind, fällt auf, dass sie effektive Mechanismen für die Auswahl von Lehrerkandidaten haben. So testet Finnland beispielsweise in einem mehrstufigen Aufnahmeverfahren, ob der angehende Student geeignet und motiviert für die Herausforderungen des Lehrerberufs ist. Trotz dieser Hürde bewerben sich in Finnland im Schnitt zehn Abiturienten auf einen Studienplatz zum Lehramt. Zudem sind erfolgreiche Schulsysteme attraktiv für die besten 30 Prozent der Hochschulabsolventen – aus ihnen werden die Lehrer ausgewählt.[14]

Eine bewusste Auswahl der künftigen Lehrer ist bei uns auch wünschenswert, um der heutigen Eindimensionalität in deutschen Lehrerzimmern etwas entgegenzusetzen. Studien aus klassischen Einwanderungsländern legen nahe, dass Lehrer mit

Migrationshintergrund als Vorbilder dienen, dass sie mit ihren Erfahrungen eine Schlüsselrolle spielen können für Integration und Schulerfolg von Schülern aus Zuwandererfamilien.[15] Durch ihre eigene Geschichte sind sie sensibler für Themen wie Mehrsprachigkeit, den Umgang mit kulturellen, sprachlichen und religiösen Unterschieden, als es ihre Kollegen deutscher Herkunft sein können. Zudem lernen die Kinder, dass kulturelle Vielfalt nicht nur unter Schülern Normalität ist. Deshalb müssen in Zukunft die Lehrerzimmer genauso bunt sein, wie es die Klassenzimmer heute schon sind.

Bislang interessieren sich aber noch zu wenige Abiturienten mit Migrationshintergrund für das Lehrerstudium, also müssen wir Anreize setzen. In Berlin beispielsweise erhalten Hochschulen neuerdings 25 000 Euro zusätzlich für jeden Lehramtsstudierenden mit Migrationshintergrund.[16] Noch sinnvoller sind allerdings Stipendien für Abiturienten aus Zuwandererfamilien, die ein Lehramtsstudium antreten wollen, wie sie die Hertie-Stiftung mit großem Erfolg jedes Jahr an bis zu 30 neue Studierende vergibt:[17] eine höchst lobenswerte Initiative. Aber reichen 30 Lehramtsstipendien für Migranten pro Jahr, wenn demnächst die Hälfte der Schulkinder aus Zuwandererfamilien stammt? Müssten wir nicht eigentlich 175 000 Lehrer mit Migrationshintergrund einstellen, wenn in den kommenden zehn Jahren mehr als 350 000 Lehrer in den Ruhestand gehen? Immerhin geht es an dieser Stelle darum, die Kinder und Jugendlichen bestmöglich auszubilden, die in wenigen Jahren das Rückgrat einer alternden Gesellschaft bilden sollen; darum, nicht weitere Generationen an Hartz IV zu verlieren.

Ein so bedächtiges Tempo können wir uns nicht länger erlauben. Wir brauchen dringend ein umfangreiches nationales Stipendienprogramm für Lehrer mit ausländischen Wurzeln. Wenn wir 4500 Studienanfänger pro Jahr mit 200 Euro monatlich zusätzlich fördern würden, dann entsprächen die Gesamtkosten bei fünf Jahren Studiendauer gerade einmal zwei Prozent des jährlichen BAföG-Volumens. Ein solches Programm würde Zuwanderern außerdem signalisieren, dass wir die Veränderungen in unserer Gesellschaft ernst nehmen und akzeptieren. In Anbetracht der bevorstehenden Pensionierungsflut bei den Lehrkräften in den kommenden zehn Jahren käme eine solche Initiative gerade rechtzeitig.

Wenn wir mehr Lehrkräfte mit ausländischen Wurzeln haben wollen, müssen wir uns allerdings auch darüber im Klaren sein, dass sie möglicherweise anders sind als die Lehrer, die wir bisher vor Augen haben. Deutschunterricht von einer muslimischen Lehrerin mit türkischem Hintergrund: Diese Vorstellung stellt gerade Eltern deutscher Herkunft vor einen – nötigen – Bewusstseinswandel. Schließlich geht es ja nicht nur darum, dass türkischstämmige Kinder von türkischstämmigen Lehrern unterrichtet werden, sondern dass alle Kinder sowohl von guten deutschstämmigen Lehrern als auch von ebenso guten und gut ausgebildeten Lehrern nicht deutscher Herkunft unterrichtet werden. Wenn sich die Vielfalt in den Klassenzimmern auch in den Lehrerzimmern abbilden soll, dann ist das Teil einer Realität, die wir akzeptieren müssen.

Lehrerstudium: klare Struktur statt Flickenteppich

Natürlich gibt es Naturtalente unter den Lehrern. Solche, die keine besondere Ausbildung benötigen, um ihre Schüler zu faszinieren, sie neugierig zu machen, sie zum Lernen anzuregen; solche, die als Mensch und Fachmann Vorbild sind. Aber für die meisten Lehrer gilt: Je besser sie auf die Herausforderungen ihres Berufs vorbereitet sind, desto besser können sie diese auch bewältigen.

Jedes Jahr nehmen durchschnittlich rund 48 000 junge Menschen in Deutschland ein Lehramtsstudium auf, aber nur etwa 26 000 von ihnen werden auch tatsächlich Lehrer.[18] Mit der Lehramtsausbildung, die viel zu wenig am Berufsfeld Schule orientiert war, haben unsere Universitäten den Lehrern, Schülern und auch unserem Land jahrzehntelang keinen Gefallen getan. Dazu kommt: Zu viele der Professoren hatten zwar eine exzellente wissenschaftliche Laufbahn mit Promotion und Habilitation hinter sich, aber selber kaum Lehrerfahrung in der Schule. Zwar lernten die Studierenden viel Theorie und viel über ihr Fach, aber wenig darüber, wie es ist, vor einer Klasse zu stehen, mit den Problemen der Schüler umzugehen und die Eltern einzubinden. Laut OECD-Lehrerstudie spielte in Deutschland der Praxisbezug während des Lehramtsstudiums lange eine nur untergeordnete Rolle.[19]

Inzwischen ist Bewegung in die Lehramtsausbildung an deutschen Hochschulen gekommen. Dieser Wandel ist nötig: Es darf nicht sein, dass junge Lehrer einräumen, sie könnten nach mehr als fünf Jahren Studium nichts von dem in der Schulpraxis anwenden, was sie in der Universität gelernt haben. Unsere Lehrerausbildung muss sich mehr an der Schulpraxis ausrichten, sie muss den künftigen Pädagogen beibringen, wie sie sich auf den individuellen Wissensstand eines Kindes einstellen und entsprechende Lernprogramme entwickeln, wie sie unterschiedliche Lernmethoden vom Frontalunterricht über die Gruppenarbeit bis hin zum gegenseitigen Lernen der Schüler gezielt einsetzen, wie sie Eltern erfolgreich in den Lernprozess einbinden.

Neben der nötigen inhaltlichen Veränderung der Curricula muss aber auch die Organisation des Lehramtsstudiums grundsätzlich eine andere werden – allein schon um die Abbrecherquote von etwa 40 Prozent zu senken. Unsere Hochschulen haben die Lehramtsstudierenden gegenüber den »echten«

Fachstudierenden zu Studenten zweiter Klasse gemacht. Das Studium gleicht einem Flickenteppich: Fachwissenschaften wie zum Beispiel Deutsch oder Mathematik stehen neben der Pädagogik, die häufig nur den kleineren Teil des Studiums einnimmt. Und die Fachdidaktik, die das Wissen aus dem jeweiligen Fach und die Pädagogik miteinander verbinden soll, hängt häufig zwischen allen Stühlen. Am Ende ist so niemand wirklich verantwortlich für den Studienerfolg der Lehramtsstudenten, für die Passgenauigkeit der verschiedenen Studieninhalte und für den Übergang vom Studium in das Referendariat. Diese vermischte Zuständigkeit, das gleichzeitige Studium von Fach und Pädagogik, ist ziemlich einzigartig in der Welt – ohne dass Deutschland in den gängigen Vergleichsstudien eine besonders hohe Qualität der so ausgebildeten Lehrer bescheinigt würde. In den meisten anderen Ländern der Welt wird zuerst das Fach und dann die Pädagogik studiert.[20]

Um das Lehramtsstudium vom Rand in das Zentrum der Hochschulen zu rücken, bedarf es einer grundlegenden Reorganisation. Jeder angehende Lehramtsstudent sollte zuerst einen Fachbachelor machen und eine Praxisphase an der Schule absolvieren, ehe er sich anschließend, nach erwiesener Eignung, in einem Masterstudium auf den Lehrerberuf spezialisiert. Auf diese Weise muss der am Lehramt Interessierte erst am Ende seines Fachstudiums entscheiden, ob er wirklich diesen Beruf ergreifen möchte. Dank der erworbenen Fachqualifikation würde es für ihn leichter, sich später notfalls noch mal umzuorientieren. Während des Fachstudiums läge so die Verantwortung eindeutig bei den Fächern, während des Masters bei den Erziehungswissenschaften, die dann auch den Übergang in das Referendariat viel besser koordinieren könnten. Niemand säße mehr zwischen den Stühlen, niemand wäre mehr ein Student zweiter Klasse.

Gute Lehrer brauchen Anerkennung

Wenn eine neue Lern- und Unterrichtskultur in unsere Schulen einziehen soll, müssen sich auch die Arbeitsbedingungen der Lehrer ändern: Unumgänglich sind die Aufgabenteilung mit anderen Fachkräften wie Sozialarbeitern und Schulpsychologen, ganztägige Präsenz und ein eigener Arbeitsplatz in der Schule sowie die gemeinsame Vorbereitung des Unterrichts. All dies würde für die Lehrer das Ende ihres Einzelkämpfertums bedeuten.

Zudem brauchen wir eine höhere Wertschätzung der Lehrer. Das betrifft gleichermaßen das Ansehen des Berufs in der Bevölkerung wie Bezahlung, Anerkennung von Leistung und Aufstiegschancen. Zwar schneiden Lehrer in Deutschland beim Grundgehalt recht gut ab: Mit 15 Jahren Berufserfahrung verdienen sie über ein Drittel mehr als im OECD-Durchschnitt.[21] Dafür gibt es aber kaum Leistungszulagen. Während Zuschläge hierzulande nach Alter, Familienstatus und für zusätzliche Unterrichtsstunden gewährt werden, machen sich für Lehrer in anderen Staaten auch zusätzliche Qualifikationen, die Übernahme besonderer Aufgaben, das Unterrichten an Brennpunktschulen und nicht zuletzt das besonders gute Abschneiden der Schüler bezahlt.

Ein fleißiger Lehrer verdient auf diese Weise mehr als ein fauler, ein guter mehr als ein schlechter, ein Lehrer in einem schwierigen Milieu mehr als einer, der in einer gehobenen Gegend unterrichtet. Solche Zulagen führen zu mehr Gerechtigkeit für diejenigen, die sich besonders anstrengen oder besonderen Herausforderungen stellen. Damit entsteht auch eine Form von Wettbewerb, wie er in nahezu jedem anderen Job auf diesem Niveau selbstverständlich ist.

Wir haben so viele gute und engagierte Lehrer in Deutschland: Ihre Leistung – gemessen am Lernfortschritt der Schüler –

und die Bewältigung hoher Anforderungen – etwa Unterricht an Brennpunktschulen – müssen sich auch finanziell lohnen. Um Anreize zu schaffen, benötigen wir keine höheren Gehälter, aber wir müssen das Einkommen anders verteilen. Die streng nach Schulart gestaffelte Bezahlung muss überwunden, der vom Dienstalter abhängige Anstieg der Gehälter gekappt werden. Stattdessen brauchen wir niedrigere Einstiegsgehälter, dafür aber größere Aufstiegschancen sowie Zulagen und Boni, die an Leistung und Einsatzort gebunden sind: Es ist nicht gerechtfertigt, dass ein Hauptschullehrer generell weniger verdient als ein Lehrer an einem Gymnasium. Gute Leistung braucht Anerkennung, gesellschaftlich wie finanziell.

Schließlich: Wenn – wie zu Beginn des Kapitels dargelegt – die individuelle Qualität von Lehrkräften so entscheidend ist für Erfolg oder Misserfolg von Schülern, dann können wir uns keine dauerhaft unwilligen oder unfähigen Lehrer leisten. Selbst wenn es nur einen kleinen Teil der Lehrerschaft betrifft: Wir müssen uns auch von Pädagogen trennen können, statt sie wie heute von Schule zu Schule zu versetzen. Andere Länder stellen Lehrer mit Zeitverträgen an: Lehrkräfte müssen sich auf Basis ihrer Erfolge, ihrer Fortbildungsbereitschaft alle paar Jahre wieder neu bewerben. Das ist in Deutschland rechtlich nicht möglich und wäre wohl auch nicht durchsetzbar. Das Berufsbeamtentum der Lehrer hierzulande stellt aber genau das gegenteilige Extrem dar. Statt sich mit der Verlockung der lebenslangen Verbeamtung gegenseitig die Lehrer abzuwerben, sollten alle 16 Bundesländer eine Übereinkunft treffen, künftige Lehrer in das Angestelltenverhältnis zu übernehmen. Können sie sich darauf nicht verständigen, muss es zumindest möglich sein, schlechte Lehrer von ihrer pädagogischen Verantwortung zu entbinden und – gegebenenfalls mit reduziertem Gehalt – beispielsweise in den neuen Assistenzfunktionen an

Ganztagsschulen einzusetzen. So ergäben sich übrigens auch Weiterbeschäftigungsmöglichkeiten für einige der jährlich mehr als 4000 Lehrer, die bislang als dienstunfähig in den vorzeitigen Ruhestand geschickt werden.[22]

Ein Freiwilliges Pädagogisches Jahr

Auch andere Länder haben zu wenige Lehrer und gewinnen zu selten die besten Abiturienten für ein Studium des Lehrerberufs. Dass ungewöhnliche Wege zum Erfolg führen können, zeigt die Initiative *Teach First,* eine Idee, die ursprünglich aus den Vereinigten Staaten stammt. Dort entstand 1990 die gemeinnützige Organisation *Teach For America* (TFA) mit dem Ziel, mehr Bildungsgerechtigkeit zu schaffen, indem sie hervorragende Hochschulabsolventen aller Fächer für zwei Jahre als Lehrer auf Zeit in Brennpunktschulen platziert.

Die Initiative hat Erfolg – sicher auch, weil Arbeitgeber wie McKinsey, General Electrics oder Google bevorzugt TFA-Absolventen einstellen. Und das Interesse am Programm ist groß: 2010 konnte die Organisation aus 46 000 Bewerbern rund 4500 Teilnehmer auswählen. Unter den Bewerbern waren 17 Prozent aller Absolventen der Eliteuniversität Harvard und 16 Prozent der Yale-Absolventen. Unabhängige Studien bescheinigen den jungen und hoch motivierten TFA-Kräften im Vergleich zu den regulär ausgebildeten Lehrern durchaus ähnliche oder gar bessere Lehrerfolge. Und mehr als die Hälfte von ihnen bleibt dem Bildungssektor auch nach den zwei Jahren erhalten, etwa als Lehrer, Schulgründer oder in der Bildungsverwaltung und Politik.[23]

Mittlerweile hat das Modell Nachahmung in anderen Ländern gefunden und gelangte im Jahr 2009 unter dem Namen *Teach First Deutschland* auch zu uns: Die gemeinnützige Initiative schickt ihre sogenannten Fellows – Hochschulabsolventen aller Fachrichtungen – für zwei Jahre an Schulen in sozialen Brennpunkten. Dort fördern sie die Schüler individuell oder in Gruppen, unterstützen die Lehrkräfte im Unterricht und schaffen zusätzliche Angebote am Nachmittag wie Sport-AGs, Berufswahlkurse oder Hausaufgabenbetreuung. Die ersten Erfahrungen mit dem Programm sind für Schulen, Schüler und Fellows positiv.[24]

Wer mitmachen will, muss sich bei *Teach First* bewerben: Derzeit sind rund 100 Fellows im Einsatz. Zur Vorbereitung auf ihre Aufgabe absolvieren sie wie ihre amerikanischen Vorbilder ein mehrmonatiges Trainings- und Qualifizierungsprogramm, das durch Spenden finanziert wird. Für die Vergütung von rund 1700 Euro monatlich müssen die Länder aufkommen.[25] Bei dieser Initiative gibt es nur Gewinner: Die Schulen bekommen hoch motivierte Helfer, neue Sichtweisen und das Wissen anderer Fachrichtungen. Die Schüler profitieren von der zusätzlichen Betreuung und Unterstützung. Die Fellows schließlich bekommen Einblicke in soziale Realitäten und sammeln Erfahrungen, die ihnen keine Universität und kaum ein späterer Beruf vermitteln könnten.

Allein: Die aktuell 100 Fellows sind weniger als der berühmte Tropfen auf den heißen Stein. Doch die Idee ist so gut, dass wir sie zum Kern einer weitaus größeren Initiative machen sollten. Geld und Infrastruktur wären dafür in Deutschland sogar vorhanden: Denn nach Aussetzung des Zivildienstes sucht das zuständige Bundesfamilienministerium nach neuen Aufgaben und Möglichkeiten des gesellschaftlichen Engagements für junge Menschen. Der geplante und mit 350 Millionen Euro im Jahr budgetierte Bundesfreiwilligendienst[26] ermöglicht zwar, im sozialen oder karitativen Bereich zu arbeiten. Aber nicht einmal Insider rechnen damit, genug Freiwillige zu finden, um alle

Stellen zu besetzen. Anders bei *Teach First Deutschland:* Dort gab es über 1400 Bewerber für die bislang 100 Plätze.

Statt 350 Millionen Euro jährlich für den Bundesfreiwilligendienst nur im Sozialbereich bereitzustellen, sollten wir die zur Verfügung stehenden Gelder auch in die Bildung investieren und das Freiwillige Pädagogische Jahr einführen. Mit weniger als einem Drittel der Summe ließen sich 8000 solcher Assistenzlehrer mit je 2000 Euro im Monat unterstützen, wenn die Länder sich hälftig an den Gehältern beteiligen würden. Verändern wir darüber hinaus die Zugangswege zum Lehrerberuf so, dass erfolgreiche Absolventen des Freiwilligen Pädagogischen Jahres reguläre Lehrer werden dürfen, ließe sich die absehbare Lehrerlücke mit engagierten und erprobten jungen Menschen schließen. Gelingt es dann, die Wirtschaft davon zu überzeugen, in dem Freiwilligen Pädagogischen Jahr eine besondere Qualifikation zu sehen, bekommt die Initiative zusätzliche Dynamik. Und schließlich: Wenn wir an anderer Stelle in diesem Buch von der Notwendigkeit von Studiengebühren sprechen, dann sollten wir sie bei Bedarf den Absolventen erlassen, die sich beim Bildungsjahr engagieren und ihr Wissen und ihre Begeisterung für Bildung gerade an die weitergeben, deren Schulkarriere nicht automatisch an die Universität führt.

Aber auch eine andere Quelle für die dringend gebrauchten Assistenzlehrer ist noch ungenutzt. In Deutschland leben viele Zuwanderer, deren im Ausland erworbener Hochschulabschluss hier nicht anerkannt wird und die daher unterhalb ihrer Qualifikation oder gar nicht arbeiten.[27] Diejenigen von ihnen, die am besten geeignet sind, sollten wir aktiv als Assistenzlehrer für unsere Schulen, insbesondere in Brennpunkten, anwerben.[28] Als Assistenzlehrer, gewissermaßen als zweite pädagogische Kraft im Klassenzimmer, betreuen sie Gruppenarbeit und Hausaufgaben, helfen den Schülern, unterstützen und beaufsichtigen sie – und finden dank ihres interkulturellen Hintergrundes auch einen anderen Zugang zu den Kindern. Da es noch ein Jahrzehnt dauern wird, bis wir mehr Lehrer mit Migrationshintergrund ausgebildet haben, könnten diese Assistenzlehrer die Lücke schließen. Gelingt ihnen der Einstieg in die pädagogische Arbeit, könnten sie außerdem nach einigen Jahren eine Nachprüfung zum Lehrer ablegen.

Neue Aufgaben, neue Berufe

Ganztagsschulen – und ganz besonders die Schulen in den sozialen Brennpunkten – müssen mehr bieten als nur Lernen. Arbeitsteilung lautet hier das Gebot der Stunde. Die Lehrer sollten sich künftig auf ihre Kernaufgaben konzentrieren können: die erfolgreiche Vermittlung von Wissen und Kompetenzen, den engen Draht zu den Eltern und das Verständnis für ihre Schüler. Dafür müssen wir ihnen aber an vielen Stellen qualifizierte Menschen zur Seite stellen, die nicht zwingend eine Lehrerausbildung benötigen. Insbesondere an Brennpunktschulen sollten Bildungsberater, Sozialarbeiter, Muttersprachler, Psychologen, Berufstrainer die Lehrer als Teil des Kollegiums unterstützen. Aber auch an den ganz normalen Ganztagsschulen werden zusätzliche Fachkräfte wie Sport- und Musikpädagogen, Freizeit- und Hausaufgabenbetreuer gebraucht.

Angesichts der wenigen zur Verfügung stehenden Lehrer können wir den Bedarf der vielen neuen Ganztagsschulen ohnehin nur mit Personal außerhalb des Lehrerberufs decken. Die Qualität des Unterrichts muss deswegen aber nicht leiden. Der Sportunterricht etwa wird nicht dadurch schlechter, dass er künftig von einem engagierten, aufgrund seiner anderen Ausbildung nicht ganz so gut bezahlten Trainer gehalten wird statt von einem Oberstudienrat.

Exkurs: Die Situation an den Kitas

Ein Kapitel über Pädagogen wäre ohne einen Blick auf die Situation der Kitas unvollständig. Auch hier wird es in den nächsten Jahren einen absehbaren Personalmangel geben.

Im internationalen Vergleich sind die deutschen Kitas durchaus Vorbild. Das gilt für die pädagogische Praxis wie für die Qualität der Einrichtungen und deren Ergebnisse: So belegen Analysen, dass ein mehrjähriger Kita-Besuch den Kindern für die spätere Schullaufbahn nützt[29] – und internationale Studien zeigen, dass die auf der Kita-Erfahrung aufbauenden Lernleistungen von Grundschulkindern in Deutschland im oberen Drittel liegen.[30]

Kurzfristig werden allerdings dringend zusätzliche Erzieherinnen benötigt: Durch den schnellen Ausbau an Betreuungsplätzen für unter Dreijährige bis zum Jahr 2013 entsteht vor allem in Westdeutschland eine Personallücke, die wir nur mit erheblicher Anstrengung werden schließen können. Das geht nicht ohne mindestens 10 000 zusätzliche Erzieherinnen in den Kitas und – so hat es zumindest die Politik kalkuliert – etwa 30 000 neue Tagesmütter, die rekrutiert und vor allem auch qualifiziert werden müssen.[31] Um einen eklatanten Personalmangel zu vermeiden, müssen jetzt alle Möglichkeiten zum Gegensteuern genutzt werden: verstärkte Ausbildung, mehr Anreize für Vollzeittätigkeit und den Wiedereinstieg in den Beruf. Andernfalls wird der nötige und rechtlich zugesicherte Ausbau unweigerlich am fehlenden Personal scheitern. Zumindest im Westen werden wir auch nach dem Jahr 2013 zusätzliche Erzieherinnen brauchen: Hier wird der Bedarf an Kita-Plätzen für unter Dreijährige bei nur moderat sinkenden Kinderzahlen weiter wachsen.

Im Osten Deutschlands stellt sich die Situation etwas anders dar. Dort gibt es bereits eine gute Versorgung mit Kita-Plätzen,

Abbildung 15

Entwicklung der Zahl der Kleinkinder (2006–2025)*

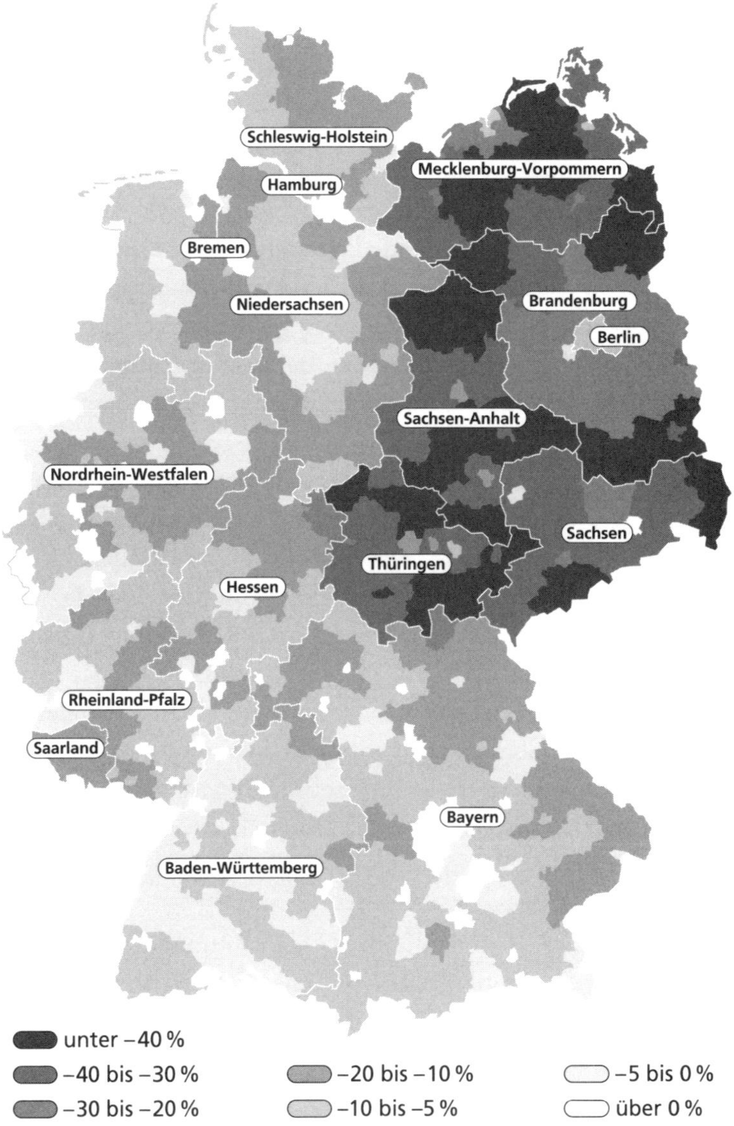

*Relative Altersgruppenentwicklung der Kinder unter drei Jahren

Quelle: Bertelsmann Stiftung: Wegweiser Kommune, www.wegweiser-kommune.de; Autorengruppe Bildungsberichterstattung (Hrsg.) (2010): Bildung in Deutschland 2010.

aber durch den demografischen Wandel bricht die Zahl der kleinen Kinder dramatisch ein. In Sachsen-Anhalt beispielsweise besuchen bereits heute zwei Drittel der unter Dreijährigen eine Kita – dass darüber hinaus Bedarf an Plätzen entsteht, ist nicht zu erwarten. Diese Altersgruppe wird aber dort – und ähnlich auch in den anderen neuen Ländern – bis 2025 um fast ein Drittel abnehmen (Abb. 15).[32] Deshalb muss entweder Personal abgebaut werden, oder die neuen Länder nutzen die Chance, das rechnerisch frei werdende Personal zu halten und dadurch die Qualität der Betreuung zu verbessern: Denn bislang sind die Krippengruppen im Osten in der Regel deutlich zu groß; statt, wie von Experten empfohlen, um drei Kinder,[33] muss sich eine Erzieherin dort je nach Bundesland um bis zu sieben Kinder kümmern (Abb. 16).[34]

Langfristig wird es aber ohne eine bessere Bezahlung weder im Westen noch im Osten genügend Kita-Fachkräfte geben: Während es bei Lehrern vornehmlich um eine andere Verteilung der Einkommen geht, ist die Vergütung von Erzieherinnen in Kindertagesstätten kaum konkurrenzfähig. Obwohl sie den Grundstein für den Werdegang unserer Kinder legen, verdienen Erzieherinnen nur wenig mehr als eine ungelernte Aushilfskraft. Gerade wenn wir mehr Männer in diesen Beruf bringen wollen, darf der Unterschied zwischen dem Fachschulberuf Erzieher und dem Fachschulberuf Techniker – einem typischen Männerberuf – nicht 1000 Euro und mehr im Monat betragen.

Mehr Plätze, in Teilen höhere Qualifikationen und bessere Bezahlung: Die frühkindliche Bildung und Betreuung in unserem Land wird teurer werden. Aber: Keine Bildungsinvestition lohnt sich so sehr wie die in die Kindergärten.

Abbildung 16

Betreuungsverhältnis in Krippengruppen (2010)*

Kinder pro Erzieherin

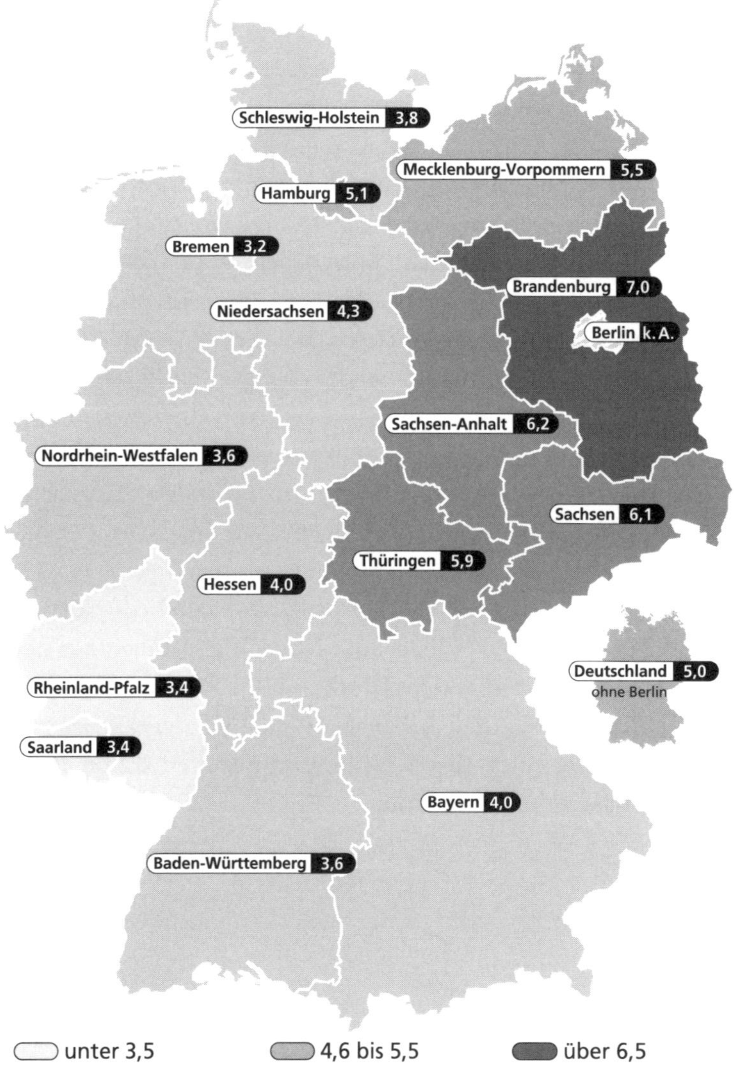

**Gruppen, in denen ausschließlich Kinder unter drei Jahren sind; angegeben ist der Median.*

Quelle: Bock-Famulla/Lange (2011): Länderreport Frühkindliche Bildungssysteme 2011.

Der Wandel ist machbar

Individuelle Förderung und guter Unterricht sind der Kern der nötigen Bildungsreform. Dafür bedarf es guter und gut ausgebildeter Pädagogen. Zu tun gibt es einiges, wenn wir dieses Ziel in absehbarer Zeit erreichen wollen: Neben den Lehrkräften müssen wir sozialpädagogisches Personal an unseren Schulen einstellen; es gilt, ein Stipendienprogramm für Lehramtsstudierende mit Migrationshintergrund ebenso einzuführen wie ein Freiwilliges Pädagogisches Jahr, außerdem finanzielle Anreize für die besten Lehrer und alle Erzieher zu schaffen sowie das Lehramtsstudium von Grund auf umzustrukturieren. Bei diesen Veränderungen sind insbesondere Bund und Länder gefragt, weil Mittel für die Stipendien und den Bildungsdienst umgeschichtet, neue Personal- und Besoldungskategorien etabliert, die Kommunen für die Herausforderungen im Kita-Bereich finanziell anders ausgestattet werden müssen und die Hochschulen klare Vorgaben für die zukünftige Struktur des Lehramtsstudiums benötigen.

Diese Veränderungen sind anspruchsvoll, sie bedürfen vor allem des politischen Willens und Muts, nicht unbedingt des Geldes. Der Blick in andere Länder und deren Wege bei Auswahl, Ausbildung und Arbeitsbedingungen der Pädagogen sollte aber die zuständigen Bildungsministerien davon überzeugen, dass sie machbar sind.

6 Eine schwierige Dreiecksbeziehung

Wie Eltern, Schüler und Lehrer zusammenarbeiten können

»Wenn die Eltern sich so um die 98 Prozent des Unterrichts kümmern würden, die stattfinden, wie sie sich über die zwei Prozent aufregen, die ausfallen, dann hätten wir ein richtig gutes Eltern-Schul-Verhältnis.«
Eine deutsche Bildungsministerin

»Die Zusammenarbeit mit den Eltern ist für mich ganz wichtig, gerade als Grundschullehrerin. Aber überengagierte Eltern können einem das Leben schon ganz schön schwer machen. Die versuchen schon bei der Einschulung, die Auswahl der Lehrer zu beeinflussen. Bis zur dritten Klasse ist das Verhältnis zu den Eltern dann meist gut und partnerschaftlich. Wenn es aber um die Gymnasialempfehlung geht, wächst der Druck, und manche Eltern werden sehr unangenehm – das geht bis zu persönlichen Drohungen, etwa mit der Schulaufsicht. Diese Eltern sehen nur ihr eigenes Kind, der Rest interessiert sie nicht.

Als Lehrer versuchen wir, das ganze Kind zu sehen, auch den Teil des Lebens, der außerhalb der Schule stattfindet. Aber die Eltern reden nicht ehrlich über Nachhilfe, obwohl klar ist, dass bei mir in der Schule viele Kinder spätestens in der dritten Klasse zusätzliche Förderung erhalten. Sehr viele Kinder bekommen Psychopharmaka oder sind bei einem Psychologen in Behandlung. Es gibt aber keinen Kontakt zwischen dem Lehrer und dem Psychologen – die Eltern wollen das nicht. Das macht es natürlich schwierig, sich angemessen um diese Kinder zu kümmern.

In unserer Grundschule können Lehrer die Notenskala gar nicht mehr ausschöpfen. Fast alle Eltern gehen wie selbstverständlich davon aus, dass ihr Kind es wie sie selbst auf das Gymnasium schafft. Und solche Eltern werden schon bei einer Zwei minus hochgradig nervös. Dann kommen die typischen Vorwürfe: Wir Lehrer verkennen die Einzigartigkeit des Kindes; wir kümmern uns angeblich nur um die Problemkinder, statt auch die Begabteren zu fördern; wir bringen den Kindern zu wenig bei; und früher war sowieso alles besser. Dabei treten sie so selbstbewusst auf, dass bei uns Lehrkräften manchmal das Gefühl aufkommt, ihnen nicht gewachsen zu sein. Ein echtes inhaltliches Interesse haben gerade diese Eltern aber nicht. Nach einem schwierigen Elternabend habe ich allen Eltern angeboten, im Unterricht zu hospitieren – nur eine Mutter ist tatsächlich gekommen. Dafür führen sich ein paar Mütter wie Hilfssheriffs auf, stehen in der Pause am Zaun und kontrollieren die Pausenaufsicht.

Ich wünsche mir einfach mehr gemeinsame Verantwortung, nicht nur im Unterricht, auch zum Beispiel für den Elternabend. Eltern haben da eine hohe Erwartungshaltung, und ich komme mir vor wie eine Entertainerin. Die Eltern sitzen da wie im Theater und schauen, was ihnen so geboten wird. Noch nie hat einer gefragt, ob ich Hilfe bei der Vorbereitung des Elternabends brauche.«

(Bericht einer Lehrerin an einer Grundschule in einem bürgerlichen Wohngebiet in Baden-Württemberg, wo die Noten bzw. die Lehrkräfte über den Fortgang der Schullaufbahn nach der Grundschule bestimmen)

»Von Jahr zu Jahr gibt es in meiner Klasse mehr aggressive und verhaltensauffällige Kinder und mehr Eltern, die mit ihren Kindern völlig überfordert sind. Ich habe häufig das Gefühl, dass die Eltern ihre Kinder nur bei mir abgeben wollen, um ihre Ruhe zu haben. Gerade an unserer Schule leben viele Familien von Sozialhilfe: Die haben sich so daran gewöhnt, dass der Staat ihnen fast alles abnimmt – dann eben auch ihre Kinder. Ob die Kinder was lernen, kümmert manche Eltern kaum.

Die Kinder tun mir sehr leid. Sie sind häufig völlig übermüdet, weil sie bis spät in der Nacht vor dem Fernseher gesessen haben. Aber ohne die Eltern kriege ich auch keinen Zugang zu den Kindern. Wenn nicht mindestens der Fernseher aus dem Kinderzimmer verschwindet, brauche ich morgens gar nicht erst zu versuchen, diese Kinder für den Unterricht zu interessieren.

Bei der Elternarbeit brauchen wir Lehrkräfte mehr Unterstützung und einen direkten Ansprechpartner bei den Jugendämtern, der die Familien auch zuhause besucht. Denn in jeder Klasse gibt es Schüler, die gar nicht erst zum Unterricht erscheinen oder so stören, dass sie die ganze Schulstunde sprengen. Gerade die Eltern dieser Kinder kommen zu keinem Elterngespräch, reagieren nicht auf Aufforderungen oder Einladungen und sind nicht ansprechbar.«

(Bericht einer Lehrerin an einer Grundschule in einem sozialen Brennpunkt in Nordrhein-Westfalen)

Doppelverdiener und Übermuttis

Artikel 6 unseres Grundgesetzes stellt klar: »Pflege und Erziehung der Kinder sind das natürliche Recht der Eltern und die zuvorderst ihnen obliegende Pflicht. Über ihre Betätigung wacht die staatliche Gemeinschaft.« Doch unsere Gesellschaft hat sich gewandelt. Erziehung liegt nicht mehr in erster Linie bei den Familien, große Teile des Erziehungsauftrags sind zu den Schulen und Kindergärten gewandert. Denn Eltern arbeiten mehr, sind stärker belastet und haben weniger Zeit. Manche Eltern sind überfordert, wollen oder können sich selbst nicht genügend um den Nachwuchs kümmern. Und andere schätzen ganz einfach das Angebot, das gute Kitas und Ganztagsschulen ihnen und ihren Kindern machen.

Diese Entwicklung betrifft breite Schichten der Bevölkerung. Für die Doppelverdiener in der Mittelschicht übernehmen Kitas und Ganztagsschulen Aufgaben, denen früher in der Regel die nicht berufstätigen Frauen nachkamen. In den sozialen Brennpunkten, wo Menschen schon in zweiter oder dritter Generation nicht für ihren Lebensunterhalt sorgen können und von Sozialleistungen leben, müssen auch deren Kinder vom Staat versorgt werden. Je weniger die familiären Strukturen tragen, desto mehr Verantwortung liegt bei den Kitas, Schulen und Jugendämtern. Betroffen sind bei Weitem nicht nur Kinder aus Zuwandererfamilien. So mancher Lehrer und Sozialarbeiter schätzt die deutschstämmige Unterschicht als noch problematischer ein.

Daneben gibt es aber auch eine andere Entwicklung: Eltern, die den wachsenden Leistungsdruck in der Gesellschaft schon früh an ihre Kinder weitergeben. Nicht selten werden die Kinder ehrgeiziger Eltern schon im Mutterleib mit Musik beschallt, lernt der Nachwuchs bereits in der Kita Chinesisch und sitzt im Grundschulalter nachmittags beim Nachhilfelehrer, damit aus einem »gut« möglichst noch ein »sehr gut« wird. Wie sehr Eltern bei der Erziehung ihrer Kinder nach Orientierung suchen, zeigt die unüberschaubare Vielfalt an Erziehungsratgebern. Selbst zweifelhafte Beispiele wie das der chinesischstämmigen Amerikanerin Amy Chua[1] schaffen es zum Bestseller. In ihrem Buch beschreibt die von den Medien zur strengsten Mutter der Welt gekürte Yale-Professorin, wie sie ihre beiden Töchter zu Höchstleistungen getrieben hat: frieren lassen vor der Haustür bei Minusgraden, um Widerstände zu brechen; stundenlanges Klavierüben ohne Toilettengang; angedrohtes Verbrennen von Kuscheltieren, wenn es mit dem Lernen nicht schnell genug voranging. Aber auch ohne solche in hiesigen Breiten Kopfschütteln hervorrufenden Methoden kommen der Druck der Eltern und deren Überforderung bei den Kindern an: In Deutschland gilt inzwischen mehr als jedes fünfte Kind als psychisch auffällig,[2] und schon Schulkinder leiden an Burn-out.

Das Problem der getrennten Verantwortung

Schulgesetze wie das von Nordrhein-Westfalen formulieren einen richtigen Anspruch: »Die Schule unterrichtet und erzieht junge Menschen. Schule und Eltern wirken bei der Verwirklichung der Bildungs- und Erziehungsziele partnerschaftlich zusammen.«[3] Die Reformpädagogen treten seit jeher für die voneinander untrennbare Bildung und Erziehung des ganzen Menschen ein. Im Englischen umfasst der Begriff »education« Bildung und Erziehung gleichermaßen. In Deutschland hingegen trennen wir meist beides voneinander – nicht nur begrifflich. Denn Eltern und Lehrer übernehmen zu selten gemeinsam Verantwortung für das Kind. Ein partnerschaftliches Bemühen um Bildung und Erziehung misslingt dann, wenn es an der gegenseitigen Wertschätzung von Eltern und Lehrern mangelt und unerfüllte Erwartungen ihr Verhältnis prägen.

Lehrer haben einen der wichtigsten und anspruchsvollsten Berufe. Trotzdem verbinden viele Eltern in Deutschland damit vor allem Beamtentum, sichere Pensionsansprüche, lange Ferien und eine belehrende, in Teilen besserwisserische Art. Dieses Negativimage hat sich längst auch in den Köpfen der Lehrkräfte festgesetzt: Sagt man einem Lehrer, dass er gar nicht wie ein Lehrer wirke, versteht er das als Kompliment. Umgekehrt stehen aber auch die Lehrer den Eltern sehr kritisch gegenüber: Fast vier von fünf Lehrern halten die meisten von ihnen für überfordert. Sie werfen ihnen vor, zu wenig Zeit für ihre Kinder zu haben und sich weder ausreichend um deren schulische Leistungen noch um deren Freizeitgestaltung zu kümmern.[4]

Aber nicht nur Vorwürfe bestimmen das Eltern-Lehrer-Verhältnis, sondern auch unerfüllte gegenseitige Erwartungen. Die Eltern geben einen immer größeren Teil des *Erziehungs*auftrags an die Schulen ab, sind aber unzufrieden mit dessen Umsetzung. Zugleich kritisieren einige Eltern die Art und Weise, in der die Schulen ihren *Bildungs*auftrag erfüllen, und bessern durch Nachhilfe für ihre Kinder nach. Was hierzulande zwischen Eltern und Lehrern stattfindet, hat häufig weniger mit gemeinsamer Verantwortung und Erziehungspartnerschaft zu tun als mit einem Schwarzer-Peter-Spiel, das der ehemalige Leiter des Internats Schloss Salem, Bernhard Bueb, so beschreibt: »Die Kontroverse geht um die Frage, wer eigentlich die Kinder erzieht, die Lehrer oder die Eltern. Die Lehrer sehen immer mehr erzieherische Aufgaben auf sich zukommen, für die sie nicht ausgebildet sind und für die sie nicht bezahlt werden. Die Eltern andererseits sehen sich immer mehr als Lehrer, die bei der Hausaufgabenbetreuung das nachholen, was die Lehrer im Unterricht versäumen.«[5]

Angesichts dieser Spannungen ist es nur konsequent, dass lediglich eine Minderheit der Lehrkräfte für mehr elterliche Mitbestimmung an den Schulen ist. Fast 60 Prozent der Lehrer sind der Meinung, dass Eltern heute stärker als früher versuchen, auf sie Einfluss zu nehmen – doch mehr als ein Drittel der Lehrer empfindet dies als ein Problem, nur sieben Prozent begrüßen diese Entwicklung.[6]

Klare Regeln für die Dreiecksbeziehung

Auch wenn Dreiecksbeziehungen als schwierig gelten: Ein Gespräch von Eltern und Lehrern *mit* dem Kind beim üblichen Elternsprechtag ist oft sinnvoller als das Zwiegespräch von Lehrer und Eltern *über* das Kind. Deshalb müssen die drei daran Beteiligten ihr Miteinander gemeinsam gestalten, keiner – weder die Lehrer noch die Eltern noch die Schüler – darf sich seiner Verantwortung entziehen.

Gemeinsame Verantwortung, eine Bildungs- und Erziehungspartnerschaft braucht klare Regeln. Dazu müssen Staat und Schulen deutlich machen, was sie von den Eltern erwarten. Zwar können Eltern ihre Kinder in der Schule abgeben, nicht aber die Verantwortung für sie; denn die Schulen sorgen nicht *statt* der Eltern, sondern *mit* ihnen für die Kinder. Auch wenn sich die Lebenswelt der Kinder heute mehr und mehr in die Kitas und Ganztagsschulen verlagert: Die elterlichen Pflichten schwinden dadurch nicht.

Wie ein partnerschaftliches Miteinander konkret aussehen kann, zeigt das Beispiel eines »Erziehungsvertrages«, den Eltern und Klassenlehrer an der Grundschule Kleine Kielstraße in Dortmund schließen (Abb. 17).[7] Die Eltern sichern darin unter anderem zu, das Kind morgens pünktlich zur Schule zu schicken und zuhause einen Platz zu schaffen, an dem es in Ruhe seine

Hausaufgaben machen kann. Der »Vertrag« regelt zugleich aber auch, auf welche Weise Eltern am schulischen Leben mitwirken können. Das alles mag selbstverständlich klingen. Und doch hilft es, Rechte und Pflichten der Beteiligten schriftlich festzuhalten und so zu einem aktiven Miteinander einzuladen.

Schon die Atmosphäre in der Schule kann das partnerschaftliche Miteinander befördern. So irren etwa Eltern in Toronto nicht durch die Schule, weil Schulsekretariate unbesetzt und Hausmeister nicht aufzufinden sind. Vielmehr hängen am Schuleingang Willkommensschilder in unterschiedlichen Sprachen, und am Eingang empfangen ehrenamtlich tätige Eltern oder Großeltern alle Kinder und Gäste. Auch bei uns zeigt die Erfahrung, dass es der Lernatmosphäre zuträglich ist, wenn Eltern den Schulalltag mitgestalten und sich so über die Belange des eigenen Kindes hinaus für alle Schüler einsetzen. So können Eltern beispielsweise als Lesepaten fungieren, in die Unterrichtsgestaltung mit einbezogen sowie als Experten für entsprechende Themenschwerpunkte eingeladen werden und aus ihrer beruflichen Praxis berichten. Auf diese Weise lässt sich gut dem latenten Gefühl der Lehrer begegnen, Eltern seien nicht Partner der Schule, sondern egozentrische Lobbyisten ihrer Kinder.

Andererseits müssen Schulen und Lehrer akzeptieren, dass auch Erziehung zu ihren Aufgaben gehört. Das ist für gute Schulen und gute Lehrer nichts Neues – alle anderen müssen folgen. Allerdings können Lehrer diese Aufgabe nur dann erfüllen, wenn sie sich in Studium und Weiterbildung auch mit Elternarbeit beschäftigen und sie in den Schulalltag zu integrieren wissen. Und Grundschulen und Kitas können diesem Anspruch nur dann gerecht werden, wenn sie ähnlich anregende Lernwelten schaffen, wie die Kinder sie früher in der Familie erlebt haben. Dazu kann ein Schulhund oder ein Klassenaquarium beitragen oder auch ein Schulgarten.

bbildung 17

uszüge aus dem Erziehungsversprechen, das Eltern und Klassenlehrer er Grundschule Kleine Kielstraße unterschreiben

'ir, die Eltern	Wir, die Schule
ziehen unser Kind zu: • Ehrlichkeit, • Höflichkeit, • Rücksichtnahme, • Hilfsbereitschaft, lfen ihm zu erkennen, was Recht und nrecht ist;	erziehen unser Kind zu: • Ehrlichkeit, • Höflichkeit, • Rücksichtnahme, • Hilfsbereitschaft, helfen ihm zu erkennen, was Recht und Unrecht ist;
teressieren uns dafür, was in der Schule ssiert: • Wir fragen nach schulischen Ereignissen, • wir loben unser Kind für seine Anstrengungen, • wir ermutigen es bei Schwierigkeiten, hmen an schulischen Veranstaltungen teil;	heißen die Eltern jederzeit willkommen, laden sie herzlich dazu ein: • im Unterricht zu hospitieren, • am Unterricht und am Schulleben mitzuwirken, • in den schulischen Mitwirkungsgremien mitzuarbeiten, unterstützen die Eltern in der Wahrnehmung ihres Erziehungsauftrags;
rgen für gute Rahmenbedingungen: • Wir achten auf die Vollständigkeit von Material und Sachen, • wir halten unser Kind zu Ordnung an, • wir schicken das Kind pünktlich zur Schule, rgen dafür, dass das Kind einen Platz hat, dem es seine Hausaufgaben in Ruhe chen kann;	unterstützen das Kind bei der umfassenden Entwicklung seiner Fähigkeiten durch: • sorgfältigen Umgang mit Lernzeit, • fachlich fundierte Unterrichtsangebote, sorgen dafür, dass die Grundbedürfnisse des Kindes nach neuen Erfahrungen, nach Verantwortung, nach Lob und Anerkennung in Unterricht und Schulleben berücksichtigt werden;
ormieren die Schule sofort: • über Änderungen von Adressen und Telefonnummern, • bei Erkrankungen.	informieren die Eltern umfassend über: • Inhalte des Unterrichts, • die Lernentwicklung des Kindes, • seine Persönlichkeitsentwicklung, • wichtige schulische Ereignisse.

So viel Hilfe wie möglich, so viel Intervention wie nötig

Gute Sozial- und Bildungspolitik stärkt zuallererst die Familien und ihre Eigenständigkeit. Sie leistet Hilfe, wo es nötig ist, und sie greift ein, wo es unvermeidbar ist. Dabei geht es nicht um Bevormundung und Entmündigung. Die Gesellschaft muss aber zum Wohle der Kinder auch für den Fall Antworten haben, wenn die elterliche Fürsorge versagt.

Zuallererst müssen Schulen mögliche Probleme selber lösen können, statt sie weiterzureichen: Hat ein Schüler offenkundig große persönliche Schwierigkeiten, schwänzt er den Unterricht oder ist aggressiv, ist es nicht genug, ein Formular auszufüllen und den Fall an das Jugendamt zu schieben, wo er oft ins Leere läuft. Schulleiter von Brennpunktschulen berichten, dass eine einzelne Schule dort zehn und mehr verschiedene Ansprechpartner hat und auch wiederholte Schulversäumnisanzeigen nicht unbedingt dazu führen, dass ein Familienhelfer es auch nur einmal schafft, die Eltern zu kontaktieren. Dazu sind die Jugendämter zu schlecht besetzt – und die Zuständigkeit der Betreuer ist nicht unbedingt nach Schulen, sondern häufig nach Straßenzügen oder alphabetisch organisiert.

Sinnvoller als die wenig hilfreiche Trennung zwischen Schule und Sozialarbeit, zwischen Bildung und Erziehung ist es, die Jugendhilfe wieder ausreichend auszustatten[8] und räumlich in die Schule zu integrieren, wie es einige Brennpunktschulen bereits vormachen. So kann die Schule, in der die Kinder viele Stunden am Tag verbringen, mit beurteilen, inwiefern sie spezielle Betreuung beispielsweise durch sozialpädagogische Tagespflege brauchen.

Insbesondere in sozialen Brennpunkten ist Elternarbeit – wie in Kapitel 4 beschrieben – durchaus Erfolg versprechend, denn der frühzeitige Kontakt der Lehrer zu den Eltern verbessert deutlich die späteren Bildungschancen der Kinder. Aber Elternarbeit ist auch aufwendig, sie kostet Zeit und Geld. So suchten beispielsweise in einem erfolgreichen amerikanischen Vorschulprojekt Lehrer einmal pro Woche die Eltern zuhause auf.[9] Einfacher ist es, wenn die Eltern, die sich vorher wenig oder gar nicht für ihren Nachwuchs engagierten, in die Schule kommen. Gute Brennpunktschulen zeigen, dass der Weg zu diesen Eltern weniger über die Sozialämter als über die Kinder selbst führt. Denn wird die Schule für die Kinder zum erweiterten Zuhause, macht sie das dort Erlebte und Erlernte stolz, dann wollen sie ihre Eltern daran teilhaben lassen: an der neuen Theatergruppe, dem selbst gestalteten Spielplatz, am Lernerfolg. Dadurch locken sie ihre Eltern weg vom Fernseher, hin zur Schule. Der klassische Elternabend kann so zu einem Kinder-Eltern-Nachmittag werden, der deutlich mehr Eltern anzieht und in den gemeinsamen Bildungs- und Erziehungsprozess einbindet. Ähnliches gilt für Lernberatungsgespräche. Sind sie den Kindern wichtig, weil sie darin ihre Erfolge zeigen können, nehmen auch in sozial schwierigen Gegenden fast alle Eltern daran teil: Dem Stolz der Kinder auf das Erlernte können sich nur wenige Eltern entziehen.

Und dennoch gibt es Fälle, in denen alle diese Angebote ins Leere laufen; in denen kein Elterncafé und keine Beratungsstelle greifen; in denen es selbst dem Kontakt zur Familie suchenden und interkulturell geschulten Sozialarbeiter nicht gelingt, einem Kind Schulbesuch und Bildung zu ermöglichen. Wenn all diese Versuche scheitern, Eltern in die Verantwortung für ihre Kinder zu nehmen, sie trotzdem ihr Kind weder wecken noch zur Schule schicken, weder für Frühstück noch für Schulmaterialien sorgen, wenn der Fernseher zum ständigen Babysitter wird, dann muss es auch Zwangsmaßnahmen geben können. In solchen Fällen sind finanzielle Sanktionen wie das Kürzen von Kindergeld oder Arbeitslosenhilfe sinnvoll und nötig.

Bislang droht in Deutschland dann der Kindesentzug, wenn Eltern sich nicht hinreichend um ihren Nachwuchs kümmern und Gewalt und Verwahrlosung das Kindeswohl bedrohen. Geht es aber darum, dass Eltern sich der Bildung ihrer Kinder verweigern, sprengt der Entzug des Sorgerechts den Rahmen des Sinnvollen. Hier fehlt eine angemessene Sanktionsmöglichkeit: In dieser Situation muss eine finanzielle Strafe gegen die Eltern möglich sein. So schrieb die Berliner Senatsverwaltung schon im Jahr 2006 an das Bundesministerium der Justiz: »Hierzu hat uns seitens der richterlichen Praxis die Anregung erreicht, dass in diesen Fällen, sofern die Voraussetzungen für eine Herausnahme der Kinder aus der Familie nicht sicher vorliegen oder unverhältnismäßig erscheinen, der Entzug finanzieller Mittel, beispielsweise eine Kürzung der Kindergeldleistung oder anderer staatlicher Leistungen, geeignet erschiene, die Eltern zur Erziehung ihrer Kinder zu motivieren.«

Sicher: Solche Maßnahmen sind umstritten, auch weil Experten fürchten, finanzielle Sanktionen gegen die Eltern könnten zulasten der Kinder gehen. Doch kommt in diesen Fällen das Kindergeld überhaupt bei den Kindern an? Und was sind die Alternativen? Bußgelder haben zwar den gleichen finanziellen Effekt. Die Erfahrung zeigt aber, dass sie nur unter hohem Aufwand – im äußersten Falle der Haftandrohung für die Eltern – und damit verbunden hohen Justizkosten einzutreiben sind. Da ist es sinnvoller, gleich die staatlichen Sozialleistungen entsprechend zu kürzen, so wie es in den Niederlanden möglich ist, wenn Eltern ihre Kinder nicht regelmäßig in die Schule schicken. Häufig reicht dabei allein die Existenz solcher Sanktionsmechanismen, um eine Wirkung zu erzielen. Zum tatsächlichen Vollzug muss es gar nicht kommen.

Unsinnige Gutscheinmodelle

Wie schwierig die richtige Balance zwischen Stärkung der Familie und Bildung des Kindes ist, zeigt die aktuelle Diskussion über die sogenannten Bildungsgutscheine. Zur Erinnerung: Das Bundesverfassungsgericht hatte im Jahr 2010 die Hartz-Sätze für Kinder als grundgesetzwidrig verworfen. Bislang erhielten langzeitarbeitslose Eltern für ihre minderjährigen Kinder je nach Alter zwischen 60 und 80 Prozent des Regelsatzes für Erwachsene. Das Bundesverfassungsgericht urteilte, der besondere Bildungsbedarf der Kinder werde so aber nur unzureichend berücksichtigt.

Die Politik will nun sicherstellen, dass das jetzt zusätzlich zur Verfügung gestellte Geld auch tatsächlich bei den Kindern ankommt und nicht im Konsum der Eltern verschwindet. Daher setzt sie auf ein Gutscheinmodell, bei dem Eltern bestimmte Bildungsleistungen bei den Jobcentern beantragen können, statt das Geld bar an die Eltern auszuzahlen. Insgesamt kostet dieses »Bildungspaket« jährlich etwa 700 Millionen Euro. Jedes der gut zwei Millionen berechtigten Kinder erhält durchschnittlich zwischen 250 und 350 Euro pro Jahr. Doch die Erfahrungen mit diesem Modell sind bislang schlecht: Bis zum offiziellen Stichtag im April 2011 hatten nur zwei Prozent der berechtigten Eltern überhaupt einen Bildungsgutschein beantragt,[10] die Verwaltungskosten liegen aber bei über 130 Millionen Euro jährlich.[11]

Ähnliche Erfahrungen kennt man auch aus Berlin. Dort nutzen gerade einmal anderthalb Prozent der berechtigten Kinder aus Hartz-IV-Familien die Chance auf eine kostenlose Mitgliedschaft in einem Sportverein.[12] Erfolg versprechender ist da schon der weniger bürokratische Ansatz einer Chipkarte, wie sie Stuttgart für sozial schwache Familien eingeführt hat. Tatsächlich schöpfen die Anspruchsberechtigten dort das zur Verfügung stehende Guthaben fast vollständig aus – allerdings vor allem für Besuche im Zoo, Spaßbad und Kletterpark.[13] Diese Aktivitäten sind zwar gut für die Entwicklung der Kinder, aber deren qualifizierte Lernförderung kommt weiterhin zu kurz. Die Verwendung der Chipkarte müsste also im Detail geregelt werden, um hier für die richtige Balance zu sorgen. Wäre es dann nicht sinnvoller, das entsprechende Geld gleich an die Kitas und Ganztagsschulen auszubezahlen – oder doch direkt den Eltern zu überweisen und darauf zu vertrauen, dass sie es richtig verwenden? Der Mittelweg – weder Fisch noch Fleisch – über komplizierte Gutscheinmodelle hat sich jedenfalls bislang nicht bewährt.

Der Wandel ist machbar

Ein optimales Miteinander von Eltern, Lehrern und Kindern benötigt Vertrauen und klare Regeln. Schulen müssen deutlich machen, was sie den Eltern zu bieten haben und was sie umgekehrt von ihnen erwarten. Vonseiten der Schulen gibt es dafür hinreichend viele funktionierende Beispiele. Die Kommunen dagegen dürfen die Jugendhilfe und -sozialarbeit nicht weiter kaputtsparen, sondern müssen sie auf die Belange der Schulen ausrichten und in die Mitverantwortung der Schulen stellen. Denn nur so lässt sich, wenn Eltern versagen, Bildung und Erziehung als gemeinsame Verantwortung wahrnehmen. Der Bund muss den Mut aufbringen und die Möglichkeit schaffen, Eltern, die trotz Hilfestellungen ihrem Erziehungsauftrag nicht nachkommen, mit einer Kürzung von Sozialleistungen zu sanktionieren. All diese Maßnahmen können schrittweise erfolgen. Erweisen sich entsprechende Pilotprojekte als erfolgreich, überzeugt das gegebenenfalls auch Kritiker. Auf neue Versuche mit Bildungsgutscheinen und Chipkarten sollten wir jedoch lieber verzichten: Über Kitas und Schulen kommt das Geld am schnellsten bei den Kindern an.

7 Bildungschaos in der Bildungsrepublik

Wie transparent und einheitlich Bildung sein muss

Hauptschulen, Realschulen, Gymnasien, Schulartübergreifende Orientierungsstufen, Erweiterte Realschulen in Abendform, Bildungsgangübergreifende Klassen, Berufliche Gymnasien, Realschulbildungsgang an kooperativen Gesamtschulen, Technische Oberschulen, Sportgymnasien, Regionale Schulen, Duale Oberschulen, Hauptschulen an kooperativen Gesamtschulen, Sekundarschulen, Mittelschulen, Oberschulen, Gemeinschaftsschulen, Aufbaugymnasien, Stadtteilschulen, Regionalschulen, Integrierte Sekundarschulen, Werkrealschulen, Regelschulen, Integrierte Haupt-/Realschulen, Wirtschaftsschulen, Musikgymnasien, Verbundene Haupt- und Realschulen, Gesamtschulen, Ernährungswissenschaftliche Gymnasien, Kooperative Gesamtschulen, Schulartabhängige Orientierungsstufen, Oberstufenkollegs, Erweiterte Realschulen, Progymnasien, Technische Gymnasien, Wirtschaftswissenschaftliche Gymnasien, Laborschulen, Realschulklassen an verbundenen Haupt- und Realschulen, Integrierte Gesamtschulen, Regelschulklassen an Kooperativen Gesamtschulen, Oberstufenzentren, Schulen mit Gesamtschulcharakter …

Diese Liste der verschiedenen Typen von weiterführenden Schulen in Deutschland ließe sich noch fortsetzen: Alleine für die öffentlichen Schulen (ohne die Berufs- und Förderschulen) führt die Kultusministerkonferenz (KMK) etwa 100 Bezeichnungen auf.[1] Eine Zahl, die Ausdruck einer besonderen Vielfalt in unserem Bildungswesen ist, die nicht durch die Unterschiedlichkeit der Kinder, sondern durch die Unterschiedlichkeit der Politik bestimmt wird. Der Bildungsföderalismus treibt eben viele Blüten.

Dabei gibt es nicht einmal so etwas wie einen Status quo, was die Unterschiede der Schulsysteme auf Länderebene angeht. Dafür sorgen permanente Schulreformen. Die Regel lautet: Wechselt die Landesregierung, ändert sich auch das Schulsystem. So sollte in der jüngeren Vergangenheit in Hamburg die sechsjährige Grundschule eingeführt werden, im Saarland die fünfjährige, in Nordrhein-Westfalen wollte die CDU die Leistungskurse in der gymnasialen Oberstufe abschaffen, jetzt führt dort die Nachfolgeregierung die Gemeinschaftsschule ein. In Bayern entstand die Mittelschule, in Baden-Württemberg die Werkrealschule und in Berlin die Integrierte Sekundarschule. Das Verständnis der Bevölkerung für diese Art von Vielfalt ist gering: Nach einer aktuellen Umfrage[2] ist gerade einmal ein Viertel der Bundesbürger der Ansicht, der Wettbewerb der Bundesländer sorge für höhere Qualität im Bildungswesen. Hingegen sprechen sich acht von zehn Deutschen für einen einheitlichen Schulstoff und neun von zehn für einheitliche Abschlussprüfungen aus.

Weite Wege für die Karriere

Die Gesellschaft hat sich gewandelt. Die Zeiten, in denen Arbeitnehmer nach der Ausbildung in eine Firma eintraten, um sie im Rentenalter wieder zu verlassen, sind vorbei. Wer einen Job sucht, muss sich auch jenseits seines Wohnortes umschauen. Wer Karriere machen möchte, nimmt Umzüge in Kauf. Arbeitgeberwechsel sind an der Tagesordnung, doch globale Märkte und moderne Arbeitsorganisation in flexiblen Projektteams verlangen auch ohne Jobwechsel ein hohes Maß an Mobilität. Der Wohnortwechsel mit Familie darf da nicht zum Problem werden.

Angesichts einer alternden und schrumpfenden Bevölkerung stellt diese Mobilität für Städte und Gemeinden gleichermaßen Chance wie Herausforderung dar: Sie können und müssen aktiv um potenzielle Neubürger werben, zum Beispiel mit einem attraktiven Wohnumfeld. Dazu gehören immer seltener die günstigen Grundstücke in den Neubaugebieten und immer öfter gute und verlässliche Bildungs- und Betreuungsangebote für die Kinder. Städte von Alzenau in Nordbayern bis Pulheim in Nordrhein-Westfalen locken Familien beispielsweise mit dem Versprechen auf einen Kita-Platz.

Solche Initiativen gewinnen angesichts der wachsenden Mobilität der Menschen und des demografischen Wandels in Zukunft noch an Bedeutung. Denn Firmen werden sich verstärkt dort ansiedeln müssen, wo sie genügend qualifiziertes Personal finden. Und diese Fachkräfte werden mit ihren Familien dort wohnen wollen, wo die Lebensqualität hoch ist. Im Standortwettbewerb um Niederlassungen von Unternehmen werden so die Menschen zum entscheidenden Kriterium: Ansiedlungspolitik wird dann für sie gemacht, nicht mehr nur für Unternehmen; Kommunen werben mit guten Schulen und nicht nur mit gut erschlossenen Gewerbeflächen. Allerdings haben Städte und Gemeinden nach der derzeitigen Aufgabenteilung mit Bund und Ländern nur eingeschränkte Gestaltungsmöglichkeiten beim Thema Bildung.

Zudem fällt die Antwort auf die Frage nach der bestmöglichen Bildung für unsere Kinder regional sehr unterschiedlich aus – auch das ist eine Folge der wachsenden Vielfalt in unserem Land. Die Herausforderungen in den Kindergärten und Schulen der Republik sind ungleich verteilt, und die soziale Schere geht immer weiter auseinander: Starnberg ist nicht Eberswalde, Rostock nicht Berlin. Städte und Gemeinden, in denen 70 Prozent der Kinder aus Zuwandererfamilien stammen, stehen vor anderen Aufgaben – Sprachförderung, interkulturelle Sozialarbeit – als Kommunen mit einem Migrationsanteil von unter fünf Prozent. Ländliche Regionen, die vom Bevölkerungsschwund betroffen sind, brauchen andere Lösungen für die Zukunft ihrer Kitas und Schulen als große Städte mit wachsenden sozialen Brennpunkten. Flexibilität ist gefragt: Die eine Patentlösung für alle gibt es nicht.

Die Vereinheitlichungsfalle

Auf diese Anforderungen hat unser Bildungssystem noch keine ausreichenden Antworten gefunden. Es wirkt im Gegenteil oft wie eine Bremse. Mehr als eine Million Menschen ziehen jedes Jahr von einem Bundesland in ein anderes, unter ihnen rund 130 000 Kinder und Jugendliche im Alter von bis zu 18 Jahren.[3] Mobilität von Kindern während der Schullaufbahn gilt aber als störender Sonderfall, entsprechend wird die föderale Bildungsvielfalt für sie schnell zum Problem. Jedes Land hat seine eigenen Schulbücher und Lehrpläne – und beides unterscheidet sich zwischen den einzelnen Bundesländern mitunter substanziell: Es gibt in Deutschland 24 verschiedene Verfahren, um die sprachlichen Fähigkeiten von Kita-Kindern zu erheben.[4] Die Dauer der Grundschule variiert ebenso wie die der gesamten Schulzeit. Je nach Bundesland ist der Stichtag für die Einschulung mal der 30. Juni, mal der 30. September, mal der 31. Dezember.

Mit abweichenden Leistungsständen von Schülern, die aus anderen Bundesländern stammen, wissen die wenigsten Schulen umzugehen: Dazu hat sich die Individuelle Förderung, die auf jeden einzelnen Schüler eingeht, noch zu wenig durchgesetzt; stattdessen gibt es für die ganze Klasse denselben Unterricht, der den mitunter kleinteiligen Lehrplänen des jeweiligen Bundeslandes folgt. So nützt es zugezogenen Schülern auch nur wenig, wenn sie ihrer neuen Klasse in einem Fach deutlich voraus sind. Hinken sie in anderen dem Stoff dagegen weit hinterher, droht ihnen das Sitzenbleiben.

Vor allem mangelnde Individualisierung hemmt also Mobilität, nicht unbedingt mangelnde Einheitlichkeit. Detailversessene Vorgaben der Länder verhindern zudem, dass Kommunen oder Schulen flexibel auf die sehr unterschiedlichen Bildungsherausforderungen vor Ort reagieren können. Beide Probleme – die schwierige Aufnahme neuer Schüler in einer Klasse und die geringen Gestaltungsspielräume der Schulen vor Ort – haben also die gleiche Ursache: die Standardisierung und Vereinheitlichung auf Ebene jedes einzelnen Bundeslandes, die in beiden Fällen zulasten der Kinder geht. Auf kommunaler Ebene verhindert sie Flexibilität, auf Bundesebene behindert sie Mobilität.

Die gemeinsame Entwicklung von bundesweiten Bildungsstandards durch die Länder hat daran bislang wenig geändert. In der KMK ist das zwar ein wichtiges und zentrales Handlungsfeld, doch bei 16 Ländern brauchen Abstimmung und Konsens viel Zeit. Seit knapp zehn Jahren wird an den Standards gefeilt, die definieren, über welches Wissen Viert-, Neunt- und Zehntklässler verfügen sollen. Die Richtlinien für die Grund-, Haupt- und Realschulen sind schon fertig, an den Gymnasialstandards wird immer noch gearbeitet. Es bleibt jedoch den Ländern überlassen, wie sie sie anwenden. Diese Freiheit nehmen sie sich: Während die Bildungsstandards in Nordrhein-Westfalen etwa in den Lehrplänen verankert sind, finden sie in Bayern kaum Beachtung.[5]

Faule Kompromisse und »goldene Zügel«

Die Probleme unseres Bildungswesens – von der hohen Zahl der Risikoschüler bis hin zu Schulproblemen nach einem Umzug – sind nicht der alleinigen Verantwortung der Bundesländer geschuldet. Schließlich galt in den vergangenen 40 Jahren ja gerade eine gemeinsame Zuständigkeit von Bund und Ländern im Bildungsbereich. Sie wurde 1969 als Reaktion auf das schlechte Abschneiden Deutschlands bei internationalen Vergleichstests eingeführt und erst 2006 im Rahmen der Föderalismusreform wieder abgeschafft. Der heutige Zustand des Bildungswesens ist daher das Resultat der gemeinsamen Zuständigkeit und damit unklaren Verantwortung seit 1969, nicht das Ergebnis der alleinigen Länderhoheit seit 2006. Die vermischte und verflochtene Zuständigkeit zweier Gebietskörperschaften, in denen in der Regel auch noch unterschiedliche Parteien das Sagen haben, muss zu faulen Kompromissen führen. Dem deutschen Bildungswesen hat sie nicht genutzt.

So war der Bund in der Vergangenheit mit seinen Versuchen, für mehr Einheitlichkeit zu sorgen und den Ausbau benötigter Infrastruktur in der Bildung zu beschleunigen, nur bedingt erfolgreich. Auf den ersten Blick mögen die entsprechenden Programme sinnvoll erscheinen, sie erweisen sich aber schnell als fragwürdig, weil die jeweilige Situation in den Ländern zu unterschiedlich ist und dadurch teilweise falsche Anreize gesetzt werden.

Nehmen wir das Beispiel Kita-Ausbau: Es ist wenig hilfreich, wenn der eine etwas beschließt, was ein anderer bezahlen muss – die für die Kitas verantwortlichen Kommunen können den vom Bund beschlossenen Rechtsanspruch auf einen Kita-Platz selbst nicht finanzieren.[6] Immerhin greift der Bund ihnen deshalb mit vier Milliarden Euro unter die Arme. Mit diesem Geld werden aber nunmehr alle Länder in gleichem Maße bedacht, ursprünglich – und sinnvollerweise – sollte es nur dorthin gehen, wo es wirklich zum Ausbau der Betreuung von Kindern benötigt wird. Unter diesen Umständen würde aber ein Land wie Sachsen-Anhalt kein Bundesgeld erhalten und so dafür bestraft, dass es bereits aus Landesmitteln genügend Plätze geschaffen hat, während Nordrhein-Westfalen für seine Versäumnisse der Vergangenheit beim Ausbau von Kitas belohnt würde.

Bei den Ganztagsschulen tut sich das gleiche Problem auf. Auch hier fördert der Bund mit einem vier Milliarden Euro schweren Programm den bundesweiten Ausbau. Sachsens Abdeckung mit Ganztagsschulen liegt aber schon jetzt bei fast 100 Prozent, in Baden-Württemberg hingegen hat nur jede vierte Schule einen Ganztagsbetrieb.[7] In dieser Situation kann Sachsen eigentlich nicht zulassen, dass es leer ausgeht, während andere ihre selbst verantworteten Defizite mit Bundesmitteln ausgeglichen bekommen. Da der Bund nur fördern darf, wenn alle Länder zustimmen, ist die Gefahr groß, dass es zu einem Kuhhandel, zu Kompensationszahlungen kommt – oder die Länder gar keine eigenen Anstrengungen mehr unternehmen, weil sie lieber auf den Bund und sein Geld warten. Langfristig führen solche »goldenen Zügel« des Bundes zur Fehlsteuerung bei den Ländern.

Allerdings sitzen Bund, Länder und Kommunen im gleichen Boot, wenn es um die Folgen schlechter Bildung geht. So zeigt eine Studie der Bertelsmann Stiftung, dass die beispielsweise durch Ausbildungslosigkeit verursachten Kosten zu 40 Prozent vom Bund, zu 30 Prozent von den Ländern und zu 15 Prozent von den Kommunen übernommen werden müssen (Abb. 18).[8] Wer die Lasten trägt, will auch Verantwortung haben: Es bedarf also einer praktikablen Aufgabenteilung zwischen Bund, Ländern und Kommunen.

Abbildung 18
Zuordnung der Folgekosten unzureichender Bildung auf die öffentlichen Haushalte

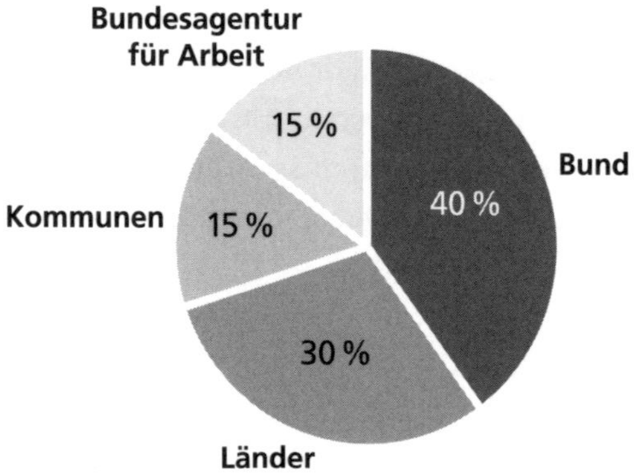

Quelle: Allmendinger/Giesecke/Oberschachtsiek (2011): Unzureichende Bildung: Folgekosten für die öffentlichen Haushalte.

In Deutschland beginnen jedes Jahr ca. 150 000 Jugendliche ihr Erwerbsleben ohne berufliche Ausbildung oder Abitur. Gelänge es, diese Zahl zu halbieren, würde der Staat pro Jahrgang ca. 1,5 Milliarden Euro an Folgekosten (entgangene Lohnsteuern und Sozialversicherungsbeiträge sowie Sozialleistungen und Arbeitslosengeld) einsparen. Davon entfallen schätzungsweise 40 Prozent auf den Bund, 30 Prozent auf die Bundesländer und jeweils etwa 15 Prozent auf die Kommunen und die Bundesagentur für Arbeit.

Transparenz schafft Qualität

Nach dem Willen der Bürger müsste der Bund die Bildungspolitik verantworten: Das ist das eindeutige Ergebnis aller entsprechenden Umfragen der vergangenen Jahre. Doch die Debatte um mehr operative Bundeszuständigkeit für die Bildung ist genauso theoretisch wie vergeblich. Im März 2011 hatte die Kultusministerkonferenz ihre 333. Sitzung seit 1948; sie ist damit älter als die Bundesrepublik Deutschland. Wir sind ein föderales Land und werden das laut Ewigkeitsklausel des Artikels 79 III Grundgesetz auch immer bleiben. Bildungspolitik ist eine wesentliche Aufgabe der Länder, inzwischen sogar eine der letzten verbliebenen. Würden die Länder sie abgeben, wäre das höchstwahrscheinlich nicht einmal verfassungsgemäß. Deswegen werden sie die Zuständigkeit für Bildung auch nie aufgeben, sondern höchstens teilen. Geteilte Verantwortung in der Politik ist aber – wie bereits dargelegt – nicht unbedingt zielführend.

Doch selbst wenn der Bund die Bildung verantworten würde, blieben Probleme: Soll und kann ein Ministerialbeamter von seinem Berliner Schreibtisch aus wirklich gleichermaßen die Schulen in Flensburg wie die in Garmisch reformieren? Ist dafür nicht regionale Nähe und Ortskenntnis nötig? Und sollen politisch motivierte Reformen wie die auf sechs Jahre verlängerte Grundschule, die in Hamburg fast zu einem Volksaufstand führte, bis sie schließlich scheiterte, tatsächlich gleichzeitig und flächendeckend in ganz Deutschland ausprobiert werden, nur weil eine neue Koalition in Berlin regiert? Das kann doch eigentlich niemand wollen: Auch die Begrenzung von Fehlschlägen ist ein sinnvolles politisches Ziel – ein richtig verstandener Föderalismus kann dies leisten.

Der Bund muss aber international anerkannte Mindeststandards in nationalen Vergleichstests messen, die Ergebnisse publizieren und öffentlich sowie mit den Ländern diskutieren dürfen. Mit anderen Worten: Er muss Transparenz im Bildungswesen herstellen dürfen, während die Länder und Kommunen für den Betrieb der Schulen und Kitas zuständig bleiben. Eine solche Transparenz mit eindeutiger Zuständigkeit und Rechenschaftspflicht trägt zusammen mit dem Wettbewerb, der dadurch ausgelöst wird, mehr zu einer qualitativen Steigerung der Bildung bei, als es die operative Detailsteuerung durch den Bund je könnte. Statt vielen Lehrplänen, die den Lehrern im Detail vorschreiben, was sie zu unterrichten haben, genügen dafür wenige, am Lernergebnis ausgerichtete Bildungsstandards, die aufzeigen, was die Schüler können müssen, und dann auch überprüft werden. Wie die einzelnen Schulen und Lehrer ihre Schüler zu diesem Ziel führen, kann und muss von den lokalen Gegebenheiten abhängen: Statt auf Detailsteuerung sollten wir uns dabei auf die Kompetenz vor Ort und externe Ergebniskontrolle verlassen.

Dass sich Transparenz positiv auf die Qualität von Bildungssystemen auswirkt, zeigen wiederum die PISA-Ergebnisse. Schulen mit standardisierten externen Prüfungen wie zum Beispiel dem Zentralabitur schneiden im internationalen Vergleich etwa in den Naturwissenschaften um durchschnittlich 46 PISA-Punkte besser ab als Schulen ohne externe Prüfungen – das entspricht einem Lernvorsprung von mehr als einem Schuljahr. Haben die extern überprüften Schulen dann zusätzlich noch einen höheren Grad an Autonomie, beispielsweise bei der Auswahl von Lehrern, und können so besser auf die lokalen Herausforderungen eingehen, steigt der Lernvorsprung ihrer Schüler sogar auf gut anderthalb Jahre.[9]

Schluss mit der Selbstkontrolle

Sorgt der Bund für die nötige Transparenz, entbindet er die Länder auf diese Weise auch davon, sich selbst zu kontrollieren. Dass sie dies bislang tun, ist der Entwicklung des Bildungssystems alles andere als zuträglich: Die Länder drücken sich immer noch und immer wieder vor dem, was schwierig und vor allem für einzelne von ihnen unangenehm ist. So gab es in der KMK monatelangen Streit darüber, ob Deutschland am PISA-Test 2012 teilnehmen soll oder nicht. Wegen angeblich tendenziöser Ergebnisinterpretationen durch die OECD drohten einige Länder mit Boykott. Nicht zuletzt durch öffentlichen Druck blieb es zwar bei der Teilnahme, aus dem ergänzenden nationalen Bundesländervergleich PISA-E stieg die KMK aber aus – offiziell aus Kostengründen. Stattdessen setzt sie auf eigene Standards, die das durch die Länder finanzierte Institut für Qualitätsentwicklung im Bildungssystem (IQB) erarbeitet hat. Auch wenn das IQB ein renommiertes Institut ist: International anerkannten Maßstäben gehen die Länder ganz offensichtlich lieber aus dem Weg.

Und das ist kein Einzelfall: So hat die KMK auch versucht, die Messung der Hauptschulstandards bis zum Jahr 2015 auszusetzen. In Vortests, so ist zu hören, hatte weniger als die Hälfte der Hauptschüler das vereinbarte Mindestniveau in den Fächern Mathematik und Englisch erreicht. Nachdem vor allem in den Medien Proteste laut geworden waren, sind nun einige Hauptschulen in die Messung einbezogen, anders als bei den Gymnasien werden ihre Ergebnisse aber nicht einzeln ausgewiesen. Förderschulen nehmen nur sporadisch an PISA-Tests teil und werden nicht angemessen ausgewertet. Studien von Dritten boykottiert die KMK regelmäßig dann, wenn es um Vergleiche zwischen den Bundesländern geht. Notfalls werden auch mal die Standards gesenkt. So gibt es angeblich in Berlin und Brandenburg nach mehrmalig schlechtem Abschneiden der Schüler Pläne, aus bundesweiten Vergleichsarbeiten auszusteigen und stattdessen auf selbst gestrickte »zentrale Klassenarbeiten« zu setzen.[10]

Fairness ist möglich

Kritiker von Leistungsvergleichen monieren, diese Vergleiche seien unfair und würden eine Abwärtsspirale in Gang setzen. Richtig ist: Aufgrund der immer vorhandenen Kopplung des Bildungserfolges eines Kindes mit seinem sozialen Hintergrund würde bei einem reinen Leistungsvergleich nicht die Qualität der Schule gemessen, sondern großteils der Bildungseinfluss des Elternhauses. Eine sehr gute Schule im sozial schwachen Berlin-Wedding würde dann immer noch schlechter abschneiden als eine schlechte Schule im sozial starken Berlin-Zehlendorf. Ein Teufelskreis setzt ein, wenn die Kinder bildungsinteressierter Eltern an die vermeintlich guten Schulen wechseln, während die weniger engagierten Eltern ihre Kinder an den vermeintlich schlechten Schulen belassen. Dadurch bekommen die schwachen Schulen im Schnitt noch schwächere Schüler, werden in der Folge noch schlechter und verlieren noch mehr gute Schüler engagierter Eltern. Einer solchen Entwicklung können selbst die besten Lehrer und Schulleiter nichts entgegensetzen.

Doch es geht auch anders. Großbritannien beispielsweise misst in Schulvergleichen den Lernfortschritt, den ein Schüler erzielt. Schließlich kann eine gute Schule in einem sozial schwachen Gebiet durch gute Lehrer und ein gutes Konzept durchaus einen höheren Lernfortschritt bei ihren Schülern erzielen als eine schlechte Schule in einem guten Wohngebiet.

In Australien wiederum lassen sich zwar die Testresultate der einzelnen Schulen im Internet einsehen. Verglichen werden können aber nur Schulen mit einem ähnlichen sozialen Umfeld. So entsteht die nötige Transparenz, so werden unseriöse Vergleiche verhindert.

Auch in Deutschland brauchen wir dringend mehr fundiertes Wissen über die Leistungsfähigkeit unserer Schulen. Die Öffentlichkeit hat das Recht zu erfahren, wie gut die jährlich 50 Milliarden Euro an Steuergeldern für die Schulen angelegt sind; Eltern und Schüler haben das Recht zu erfahren, wie gut ihre Schule ist. Wenn der Staat nicht selbst für Transparenz sorgt, entsteht sie trotzdem – sei es im Internet, sei es in den Nachrichtenmagazinen –, allerdings ohne faire Vergleiche und öffentliche Qualitätskontrolle.

Mehr Transparenz wird die Qualität der Schulen in Deutschland verbessern. Sie wird uns zeigen, wo die Schwachstellen des Bildungssystems liegen, die wir dann beheben können. Transparenz wird außerdem für mehr faktenbasierte und weniger ideologiegetriebene Entscheidungen in der Bildungspolitik sorgen – und verhindern, dass Schulpolitiker alle vier oder fünf Jahre das Rad neu erfinden wollen und das bildungspolitische Ruder herumwerfen.

Allerdings muss eine Veröffentlichung von Leistungsvergleichen schrittweise erfolgen – fangen wir damit gleich auf Schulebene an, überfordern wir alle Beteiligten. Das zeigt auch das aktuelle Beispiel Berlin, wo eine entsprechende Transparenzoffensive des dortigen Bildungssenators auf großen Widerstand trifft; mit dem Resultat, dass die Ergebnisse der landesweiten Vergleichsarbeiten nicht – wie ursprünglich beabsichtigt – veröffentlicht, sondern nur den Schulen zur Verfügung gestellt werden. Dadurch kann aber weder Transparenz noch der nötige Wettbewerb entstehen.

Deshalb sollten wir Leistungsvergleiche in einem ersten Schritt auf Ebene der Länder erproben, dann auf die kommunale Ebene ausdehnen und erst in einer dritten Stufe die Qualität jeder einzelnen Schule messen und veröffentlichen, so wie es heute bereits in Australien üblich ist, wo ein national einheitliches Testprogramm im Jahr 2008 die bundesstaatlichen Tests ersetzt hat. Der Vergleich umfasst die Bereiche Rechnen, Lesen, schriftliche Ausdrucksfähigkeit und Rechtschreibung in den Klassen drei, fünf, sieben und neun an staatlichen wie privaten Schulen.[11]

In Deutschland sollte der Bund zentrale Leistungsstandards zumindest in den Kernfächern Deutsch, Mathematik und Englisch in jeder Schule überprüfen. Das kann beispielsweise nach der dritten, sechsten, neunten und zwölften Klasse geschehen – und würde auch für einheitlichere Schulbücher in den Kernfächern sorgen. In der letzten Ausbaustufe macht der Bund dann die Ergebnisse in einer Weise öffentlich, dass ein fairer Vergleich von Schulen in ähnlichen Ausgangslagen möglich ist. Das diskutierte deutschlandweite Zentralabitur mit einem Aufgabenpool für alle Kernfächer wäre ein erster Schritt in die richtige Richtung, aber eben auch nicht mehr: Die Leistungsmessung in den Haupt- und Förderschulen ist bildungspolitisch viel wichtiger als die an den Gymnasien. Denn dort sind die Probleme unseres Bildungssystems am größten.

In dem Moment, wo wir die Leistungsstandards an Schulen einheitlich überprüfen lassen, wird sich auch die Lernkultur im Klassenzimmer verändern: Das Verhältnis von Lehrern und Schülern erhält eine neue Grundlage, denn beide sitzen auf einmal im gleichen Boot. War der Lehrer, der unterrichtet und prüft, vorher Trainer und Richter zugleich, wird er nun zum Verbündeten des Schülers. Denn am Erfolg werden jetzt beide Seiten gemessen: die Schüler daran, wie viel sie gelernt haben, und die Lehrer daran, wie gut ihr Unterricht war. So bestehen entweder beide – Lehrer wie Schüler – den Test, oder sie fallen beide durch. Es lohnt sich also, sich gemeinsam anzustrengen.[12]

Individuell fördern statt vereinheitlichen

Angesichts der Vielfalt der Schüler können einheitliche Standards aber nicht auf einem einheitlichen Weg erreicht werden. Schulen müssen auf die unterschiedlichen lokalen Gegebenheiten flexibel reagieren können, ohne dabei Hürden für die Mobilität von Familien aufzubauen. Individuelles Lernen in Kombination mit wenigen, am Lernergebnis ausgerichteten Bildungsstandards – und nicht eine detaillistische Vereinheitlichung von Lehrplänen und Schulstrukturen – löst diesen vermeintlichen Gegensatz: Denn Kinder sind noch unterschiedlicher als die Schulen von Mecklenburg-Vorpommern bis Bayern. Erarbeitet ein Lehrer ohnehin mit jedem Kind einen individuellen Lernplan, ist es viel einfacher für Kinder aus einer anderen Schule oder gar aus einem anderen Bundesland, zur Klasse dazuzustoßen und mitzuhalten. Daher sollten wir das Lernen lieber individualisieren, statt über eine Angleichung von Strukturen zu diskutieren. Egal ob eine Schule Gemeinschaftsschule, Stadtteilschule, Sekundarschule, Regionalschule oder Mittelschule heißt: Entscheidend ist die Art des Unterrichtens. Die lange Schulartenliste der KMK ließe sich auf zwei Oberbegriffe, etwa Gymnasium und Oberschule, reduzieren. Das würde einerseits Transparenz schaffen und andererseits den Schulleitern, Lehrern und Eltern vor Ort die konkrete Ausgestaltung ihrer Schule ermöglichen.

Auch hier lohnt sich wieder der Blick nach Australien: Das dortige Schulsystem ist ähnlich föderal und ähnlich vielfältig wie das deutsche. In den Bundesstaaten gibt es unterschiedliche Stichtage für die Einschulung, die Grundschule dauert je nach Staat sechs oder sieben Jahre, in manchen Staaten schließt sich nach der Grundschule die High School an, andere haben eine Middle School, in einigen Staaten ist ein College Teil des Schulsystems. Dennoch schneidet Australien bei PISA gut ab, und trotz der unterschiedlichen Schulsysteme scheint der Umzug von einem Staat in einen anderen den Schülern keine Probleme zu machen. Eine Langzeitstudie[13] verglich die Leistungen von häufig umziehenden Schülern mit denen von Kindern, die die ganze Zeit im gleichen Schulsystem unterrichtet wurden. Das Resultat: Es gab keine nennenswerten Unterschiede in den Wissensständen. Eine Schule, deren Unterricht individuell auf jedes Kind eingeht, funktioniert offenbar in nahezu jeder Struktur.

Wider den Konsensföderalismus: neue Regeln für die KMK

In der Konsequenz sollten wir in Deutschland nicht mehr, sondern weniger zwischen den Ländern abstimmen. Gute Ideen finden ihren Weg über die Landesgrenzen, dafür braucht es keine Regeln und Gesetze – und auch keine Kultusministerkonferenz in ihrer heutigen Form. Wir brauchen einen Wettbewerb um die beste Lösung, bei dem nicht alle – aufgrund des Konsensprinzips – auf den Langsamsten warten und den kleinsten gemeinsamen Nenner akzeptieren müssen. Dort, und nur dort, wo wir beim Bildungsergebnis unbedingt Einheitlichkeit brauchen, sollten wir lieber auf international anerkannte Mindeststandards vertrauen.

Jedes Bundesland muss also alle Bildungsinitiativen ergreifen dürfen, die es für sinnvoll und bezahlbar hält, solange die Schüler im Ergebnis die Mindeststandards erreichen. Alle Verfahrensfragen, etwa ob die Schüler bis zum Abitur 251 oder 265 Wochenstunden im Klassenzimmer verbringen, bedürfen keiner bundesweiten Regelung. Gerade darüber wurde aber in der KMK jahrelang gestritten, statt Erfolg versprechende Wege zum besten Bildungsergebnis zu diskutieren.

Auch wenn dann in der KMK kein Standardisierungs- und Vereinheitlichungsbedarf mehr bestünde, so braucht es doch ein Forum für die politisch Verantwortlichen, um sich gegenseitig auszutauschen sowie von und miteinander zu lernen. In einer solchen Runde müsste auch der Bund – wie bei vielen Landesministerkonferenzen üblich – einen festen Sitz haben; außerdem sollten Wissenschaft und Schulpraxis hier regelmäßig gehört werden. Ein solches Gremium ließe ideologische Streitereien in den Hintergrund und den Austausch der guten Ideen in den Vordergrund treten. Anders als die heutige KMK würde eine auf diese Weise reformierte, neue KMK das einzelne Land, die einzelne Schule nicht in ihrer Entwicklung behindern, sondern gestalterische Kraft entfalten.

Eine institutionalisierte Zusammenarbeit mit Wissenschaft und Schulpraxis wäre übrigens nicht ganz neu. Schon zwischen 1966 und 1975 gab es einen Deutschen Bildungsrat, der in der Rückschau zu weitsichtigen Erkenntnissen gelangte. Wie muss ein Bildungssystem beschaffen sein, um optimale Bedingungen für alle Lernenden zu bieten?, fragte man sich 1970 und gab aus heutiger Sicht verblüffend aktuelle Empfehlungen: Die Experten forderten die Verbesserung der Lernmöglichkeiten in den Kindergärten, das Lernen lernen und die individuelle Förderung aller Schüler, Eigenständigkeit der Schulen und eine Modernisierung der Lehrerausbildung und der Leherpläne.[14] Wäre der damalige Bildungsrat besser mit der Politik verzahnt gewesen – die Empfehlungen wären sicher nicht so ergebnislos verhallt und das Gremium nicht so schnell wieder aufgelöst worden.

Ihre Schule, Herr Bürgermeister!

Gerade in Städten liegen Schulen mit sehr unterschiedlicher Zusammensetzung der Schülerschaft und damit sehr unterschiedlichen Herausforderungen häufig nur wenige hundert Meter auseinander. In der einen Schule ist Hausaufgabenhilfe dringend nötig, in der anderen nicht. Die eine braucht Sprachförderung, die andere mehr musikalische Bildung. Passende Angebote können die Schulen aber erst dann machen, wenn sie mehr Rechte und Möglichkeiten haben. Deswegen müssen die vielen Aufgaben der Schulen in der Verantwortung der Schulleiter gebündelt, die Schulen eigenständiger werden. Ganzheitliche Bildung, abgestimmte Bildungs- und Betreuungsangebote, Probleme lösen statt Formulare ausfüllen: All das bedingt mehr Handlungskompetenz in den Schulen, beispielsweise wenn es darum geht, ob ein zusätzlicher Lehrer oder lieber ein Sozialpädagoge eingestellt wird. Auch die kommunale Verantwortung der Schulen sollten wir stärken: Die Bundeskanzlerin mag die Bildungsrepublik ausrufen, die Probleme einer Schule und ihres Umfeldes wird aber nicht sie lösen können, sondern allenfalls der Bürgermeister am Ort.

Die Dezentralisierung der Bildungsverantwortung ist ein schrittweiser Prozess, denn Schulleiter und Bürgermeister müssen in ihre Verantwortung erst hineinwachsen. Einen pragmatischen Weg, wie die Verantwortung lokal gestärkt werden kann, ohne gleich alle Strukturen und Gesetze zu ändern, zeigt die Stadt Lübeck. Hier fließt das Geld von Land, Stadt und Stiftungen für schulische Zusatzaufgaben wie Mittagessen, Sprachförderung, Ganztagsangebote in einen Bildungsfonds. Wofür das Geld ausgegeben wird und wer es erhält, entscheiden die Erzieherinnen und Lehrer vor Ort. Die Verwaltungskosten liegen nahezu bei null, das Geld landet dort, wo es gebraucht wird, und die Schulen und Lehrer werden Stück für Stück eigenständiger.[15]

Bereits heute verantworten die Kommunen die Kitas und Horte. Besonders erfolgreiche und leistungsfähige Kommunen könnten mittelfristig – und bei entsprechender finanzieller Ausstattung – auch die Gesamtverantwortung für ihre Grundschulen übernehmen. So ließen sich die Übergänge von der Kita in die Schule fließender und die Ganztagsangebote effizienter gestalten. Auch die Standortfragen in Regionen mit stark rückläufigen Kinder- und Schülerzahlen wären leichter lösbar. Die Bürger hätten zudem ihren Ansprechpartner unmittelbar vor Ort: Ihre Schule, Herr Bürgermeister!

Der Wandel ist machbar

Der Föderalismus und damit die Zuständigkeiten in der Bildung sind durch unsere Geschichte und Verfassung gesetzt. Stellen wir dies infrage, verzögern wir nur die nötigen Veränderungen im Bildungswesen. Die aufgeführten Beispiele und internationalen Erfahrungen zeigen aber, dass es sehr wohl ein produktives und sinnvolles Miteinander von Bund, Ländern und Kommunen in der Bildung geben kann. Nur: Politik verlangt nach möglichst klaren Zuständigkeiten – sonst funktioniert der Rechenschaftsmechanismus nicht. Seit 2006 ist zumindest eines klar: Die Länder tragen für die Bildung die alleinige Verantwortung und können sich nicht länger mit Bundesvorgaben herausreden.

Bessere Bildung erreichen wir nicht mit der Heckenschere, mit der wir alle Reformen in den Ländern und Kommunen aus einem falsch verstandenen Gleichheitsgedanken heraus so weit stutzen, bis nur noch der kleinste Nenner übrig ist. Regionale Unterschiede sind keine Gleichheitslücken, die wir mit einheitlichen Lehrplänen und Strukturvorgaben schließen können, sondern eine Chance, vom anderen zu lernen. Unser Föderalismus bietet uns geradezu ein Labor für die nötigen Reformen: die Stadtstaaten. Hier sind nicht nur die Herausforderungen im Bildungswesen groß, hier gibt es auch keine kommunale Ebene wie in den Flächenländern. Die Städte Berlin, Hamburg und Bremen verantworten unmittelbar die gesamte Bildung: vom politischen Rahmen in den Gesetzen bis zum Betrieb der einzelnen Einrichtung, vom Kindergarten bis zur Hochschule, vom Gebäude bis zum Lehrpersonal. Hier sollten wir erproben, wie Schule in Zukunft in Deutschland funktioniert – in eindeutiger Verantwortung und überschaubarer Größe.

Soll der Bund auf die skizzierte Weise Transparenz schaffen, bedarf es keiner großen Föderalismusreform, sondern vor allem des guten Willens aller Beteiligten. Grundgesetzliche Ansatzmöglichkeiten bieten die Artikel 91b (internationale Leistungsfähigkeit des Bildungswesens) und 91d (Leistungsfähigkeit der Verwaltung). Die Länder sollten den Mut zur Transparenz haben und den Bund überprüfen lassen, ob die international anerkannten Bildungsstandards national erreicht werden. Im Gegenzug können sie dann eine adäquate Finanzausstattung für ihre Aufgaben verlangen. Die ist nötig. Auch wenn die Neuordnung der Finanzverteilung zwischen Bund, Ländern und Kommunen eine schwierige Angelegenheit ist: Sie anzugehen ist immer noch besser, als am heutigen System – den »goldenen Zügeln« des Bundes in Form von Sonderprogrammen und Einzelfinanzierungen – weiter festzuhalten.

8 Leere Kassen gibt es nicht

Wie wir die Bildungsreform bezahlen können

»Es gibt nur eins, was auf Dauer teurer ist als Bildung: keine Bildung.«

John F. Kennedy

Bildung ist teuer. Was wie eine Binsenweisheit klingt, ist im doppelten Sinne richtig: Unsere Kitas und Schulen brauchen genügend qualifiziertes Personal sowie eine angemessene Ausstattung. Das kostet viel Geld, auch das des Steuerzahlers. Viel teurer ist aber ein Bildungssystem, das nicht funktioniert. Dafür bezahlen wir mit aufwendigen Nachqualifizierungen, steigenden Sozialausgaben, höheren Kriminalitätskosten sowie weniger Wirtschaftswachstum und geringeren Steuereinnahmen. Wenn also die Politik dringend nötige Bildungsreformen mit dem Verweis auf leere Kassen vor sich herschiebt, dann ist das ebenso gefährlich wie falsch: weil die Reformen zukünftig finanziell weit mehr einbringen, als sie heute kosten; und auch weil wir heute zu viel Geld im Bildungs- und Sozialsystem verschwenden, das wir sinnvoller anderswo investieren könnten.

Ein umfangreiches Programm

Die vorangegangenen Kapitel zeigen den nötigen Wandel in unserem Bildungssystem auf. Der anstehende *Ausbau* des Bildungswesens ist bereits eine große Kraftanstrengung: Wir müssen flächendeckend Kita- und Ganztagsschulplätze anbieten und auf diese Weise für Chancengerechtigkeit und angemessene Bildungs- und Betreuungsmöglichkeiten sorgen. Der

Rechtsanspruch auf einen Kita-Platz ab dem zweiten Lebensjahr bedeutet für den Westen der Republik mindestens eine Verdoppelung der heute vorhandenen Kita-Plätze; der begonnene Ausbau braucht deutlich mehr Tempo. Das gilt auch für die gebundene Ganztagsschule, die mittelfristig zur Standardschulform werden und damit im nächsten Jahrzehnt ungefähr eine Verdreifachung der Plätze nach sich ziehen wird.[1]

Die weit größere Herausforderung ist jedoch der *Umbau* unseres Bildungswesens: Wir müssen die Schulen flächendeckend auf Individualisiertes Lernen umstellen, damit die Herkunft der Kinder weniger entscheidend für ihren schulischen Erfolg wird. Das macht unser Bildungssystem leistungsstärker und gerechter, weil alle Schüler – die besten wie die schwächsten – richtig gefördert werden. Sie werden weniger Fakten pauken, stattdessen Lernen lernen und dadurch viel besser für den Arbeitsmarkt gerüstet sein. Ein solcher Umbau würde auch erlauben, die Förderschulen weitgehend abzuschaffen und die Förderschüler in das Regelschulsystem zu integrieren.

Außerdem brauchen wir einen Schulfrieden: keine Reform der Schulstruktur aus ideologischen Gründen von oben, sondern schrittweise Veränderungen vor Ort, wie sie die demografische Entwicklung nötig macht. Soll der Systemwandel hin zur Individuellen Förderung innerhalb von zehn Jahren gelingen, bedarf es eines umfassenden Weiterbildungsprogramms, das jedes Jahr rund 65 000 der heutigen Lehrer in der neuen Art des Unterrichtens schult. Zudem brauchen wir eine Reform der Pädagogenausbildung, damit die zukünftigen Lehrer besser auf ihren Beruf vorbereitet sind: Auswahltests, Lehramt als Masterstudium mit mehr Pädagogik und Schulpraxis auf der Grundlage eines fachbezogenen Bachelors.

Der Fokus der Reform muss sich zuerst auf die sozialen Brennpunkte und die Kinder und Jugendlichen richten, die heute kaum eine Chance haben. Dort müssen wir mit einem Sonderprogramm die Schulen zu Zentren für Familien machen. So konzipierte Brennpunktschulen pflegen einen engen Draht zu den Eltern und binden sie in den Schulalltag ein; sie bieten ihren Schülern umfassende Lern- und Freizeitmöglichkeiten und halten für die Eltern ein großes Angebot an sozialen Dienstleistungen bereit. Dafür brauchen die Schulen eine erheblich bessere Ausstattung und die besten und daher auch bestbezahlten Lehrer. Die 1000 Brennpunktschulen, die vor den größten Herausforderungen stehen, müssen zu Magnetschulen mit einem besonders attraktiven Lernangebot werden, das auch Kinder von Bildungsbürgern anlockt und so eine größere soziale Vielfalt unter den Schülern entstehen lässt. Nach der Schule erhält jeder das Recht auf Ausbildung. Das heutige Übergangssystem als Warteschleife für Jugendliche ohne Ausbildungsplatz wird abgeschafft. Stattdessen entstehen zusätzliche, staatlich unterstützte Ausbildungsgänge.

Der Aus- und Umbau unseres Bildungswesens wird nur dann gelingen, wenn wir den drohenden Mangel an Pädagogen aufgrund der bevorstehenden Pensionierungswelle zu verhindern wissen, mehr Migranten zu Lehrern ausbilden und für die neuen Aufgaben der Schulen auch entsprechendes Personal einstellen. Dort sind dann künftig nicht nur Lehrer, sondern auch Bildungsberater, Sozialarbeiter und Assistenzlehrer beschäftigt. Assistenzlehrer ließen sich durch das staatliche Angebot eines Freiwilligen Pädagogischen Jahres finanzieren, das sehr guten Hochschulabsolventen Gelegenheit gäbe, an Brennpunktschulen zu arbeiten. Außerdem benötigen wir ein Stipendienprogramm für Migranten, die Lehrer werden wollen.

Darüber hinaus müssen wir die Leistungen unseres Bildungssystems transparent machen und die Zuständigkeiten von Bund, Ländern und Kommunen eindeutiger regeln. Dazu gehört auch eine adäquate finanzielle Ausstattung, die den jeweiligen Aufgaben entspricht. Wollen wir Transparenz schaffen, dürfen die Länder sich nicht länger selbst kontrollieren, sondern müssen dem Bund das Recht zugestehen, nationale Leistungsvergleiche anzustellen. Die Länder und – in zunehmendem Maße – die Kommunen tragen die Gesamtverantwortung für den Betrieb der Schulen und Kitas.

Die Erläuterungen und Beispiele in den vorangegangenen Kapiteln zeigen, dass diese Veränderungen zwar anspruchsvoll, aber inhaltlich und organisatorisch machbar sind. Oder, wie die Leiterin der mehrfach erwähnten und vorbildlichen Schule Kleine Kielstraße in Dortmund so gerne sagt: »Auch wir kochen nur mit Wasser.« Damit bleibt aber eine Frage offen: Ist das hier skizzierte Programm auch finanzierbar?

Baustelle Bildungsfinanzierung

Die heutige Art und Weise der Bildungsfinanzierung genügt dem anstehenden Reformbedarf nicht:

Erstens: Deutschland repariert zu viel und investiert zu wenig. Unsere Ausgabenpolitik ist rückwärtsgerichtet: Mehr als die Hälfte der Finanzen von Bund, Ländern und Kommunen stecken in den Sozialetats und sollen über Transferleistungen auch ausgleichen, was unzureichende Ausbildung, was mangelnde Bildungschancen in der Vergangenheit an Nachteilen verursacht haben. In die Bildung, in die Zukunft des Landes und seiner Menschen, fließen hingegen gerade einmal neun Prozent der Staatsausgaben (Abb. 19).[2]

Abbildung 19
Struktur des öffentlichen Gesamthaushalts (2007)
Nettoausgaben (gerundet)

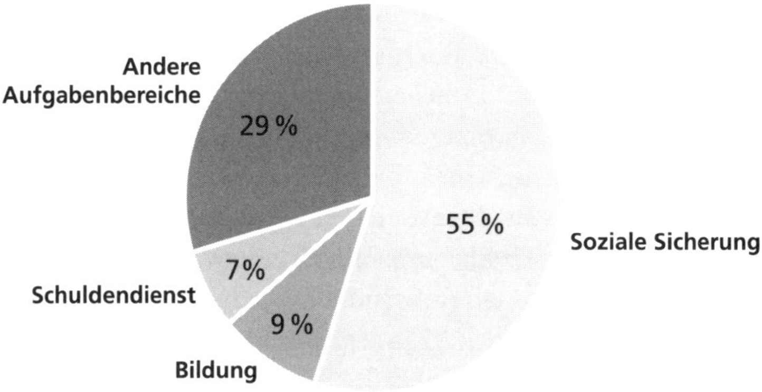

Quelle: Autorengruppe Bildungsberichterstattung (Hrsg.) (2010): Bildung in Deutschland 2010.

Zweitens: Deutschland transferiert zu viel Geld direkt an die Familien, statt die Bildungsinstitutionen angemessen auszustatten. Zwar liegt Deutschland bei den Ausgaben für Familien mit fast drei Prozent des Bruttoinlandsprodukts über dem OECD-Durchschnitt, doch nicht einmal ein Drittel davon fließt als Sachleistungen direkt in die Kitas oder die Sport- und Musikförderung. Mehr als zwei Drittel der Mittel gehen in Form von Steuererleichterungen oder Kindergeld an die Eltern. Ob diese Gelder dann wirklich bei den Kindern ankommen, ist ungewiss. Ganz anders in Dänemark: Dort erhalten die Bildungseinrichtungen mehr als die Hälfte der – übrigens auch höheren – staatlichen Ausgaben für Familien, nur ein kleinerer Teil geht direkt an die Familien. Das ist offenbar nicht zum Schaden für sie: Die Dänen haben nicht nur mehr Kinder als die Deutschen, sondern auch die geringste Kinderarmut in der OECD.[3]

Deutschland hingegen erhöht weiter das Kindergeld, obwohl es international bereits zu den höchsten gehört.[4] Alleine der jüngste Anstieg im Jahr 2010 um monatlich 20 Euro kostet den Bund jedes Jahr vier Milliarden Euro.[5] Auch das im Jahr 2006 eingeführte Elterngeld macht jährlich rund vier Milliarden Euro aus.[6] Daneben sieht der Koalitionsvertrag der Bundesregierung ein Betreuungsgeld für die Eltern vor, deren Kinder keine Kita besuchen. Die Kosten: modellabhängig weitere anderthalb Milliarden Euro jährlich.[7] Zudem profitieren in Deutschland auch Ehepaare ohne Kinder vom sogenannten Ehegattensplitting – ein Aufwand für den Staat von gut sieben Milliarden Euro jährlich.[8] Kindergelderhöhungen, Elterngeld, Betreuungsgeld, Steuervorteile für kinderlose Paare: Das alles mag Wählerstimmen bringen. Nennenswerte Effekte hin zu höheren Geburtenraten, sinkender Kinderarmut oder mehr Chancengerechtigkeit hat es allerdings bislang nicht erzielt.

Da wir in Deutschland so viele Gelder transferieren und häufig an alle mit der Gießkanne verteilen, bleibt relativ wenig für Kitas, Schulen und Hochschulen übrig, nämlich nur knapp fünf Prozent des Bruttoinlandsprodukts. Im OECD-Durchschnitt sind es knapp sechs Prozent.[9] Rein rechnerisch müssten wir also rund 25 Milliarden Euro pro Jahr zusätzlich für die Bildung bereitstellen, um mit den anderen entwickelten Ländern mithalten zu können. Dabei ist zu berücksichtigen: Deutschland gibt pro Kita-, Schul- und Studienplatz sogar überdurchschnittlich viel Geld aus[10] – nur sind hierzulande eben vergleichsweise wenige Kinder in der Kita und wenige Jugendliche in der Hochschule.[11] In der Konsequenz bedeutet das: Für den nötigen Ausbau von Kita- und Studienplätzen werden wir zusätzliches Geld aufbringen müssen. Der oben beschriebene Umbau hin zur individuell fördernden Schule muss aber per se nicht teurer werden.

Drittens: In Deutschland steht die Bildungsfinanzierung auf dem Kopf. Für die frühkindliche Bildung gibt der Staat vergleichsweise wenig aus, während er die Hochschulen stark subventioniert. In Deutschland müssen 27 Prozent der Kita-Kosten, aber nur 15 Prozent der Hochschulkosten privat finanziert werden. Ganz anders in den USA: Dort trägt der Staat einen noch größeren Teil der Kosten für die Kita (78 Prozent), aber nur 32 Prozent der Hochschulfinanzierung.[12] Wir hingegen schaffen Studiengebühren von 83 Euro pro Monat wieder ab und akzeptieren gleichzeitig, dass der Kita-Platz in manchen Kommunen mehr als 600 Euro monatlich kostet und für Ganztagsschulen Schulgelder von 150 Euro und mehr pro Monat erhoben werden.

Chancengerechtigkeit entsteht schon in der Kita. Daher ist staatliche Unterstützung dort am wichtigsten. Wer es bis an die Hochschule schafft, hat seine Chance schon gut genutzt. Die Gesellschaft trägt an dieser Stelle im Verhältnis eine geringere Verantwortung, Bildung aus Steuermitteln zu finanzieren: Eine Kita auf dem Campus jeder Hochschule, um jungen Eltern das Studieren zu erleichtern, ist schlicht sinnvoller als ein kostenloses Studium. Zudem zahlt sich ein Hochschulabschluss für den Einzelnen finanziell aus, da die Absolventen höhere Einkommen erwarten können und weniger von Arbeitslosigkeit bedroht sind. Sie erzielen also eine Rendite mit ihrer Investition in das Studium.[13] Da erscheint es doch gerechter, Studierende mit einem kleinen Anteil – abgesichert durch Darlehen und Stipendien – an den Kosten ihres Studiums zu beteiligen, als einem Kind durch hohe Gebühren oder fehlende Plätze den Kita-Besuch zu erschweren.

Diese Beispiele verdeutlichen vor allem, dass wir die vorhandenen Mittel anders verteilen müssen. Etwa 150 Milliarden Euro geben wir in Deutschland jedes Jahr für Bildung aus, gut drei

Viertel davon finanziert der Staat. Dieses Geld ist dann sinnvoll angelegt, wenn wir folgende Grundsätze beachten:

- *Investieren statt reparieren:* Je früher wir in Bildung investieren, desto höher ist der persönliche und gesellschaftliche Ertrag – lieber heute für mehr und bessere Kita-Plätze zahlen als morgen für Hartz IV.
- *Finanzieren statt transferieren:* Statt höherer Sozialtransfers muss mehr Geld direkt in die Bildungsinstitutionen fließen – ein gutes Ganztagsschulangebot bringt mehr als weitere zehn Euro Kindergeld.
- *Die Bildungsfinanzierung vom Kopf auf die Füße stellen:* Steuergeld sollten wir für Chancengerechtigkeit statt für persönliche Rendite einsetzen – Kita- und Ganztagsschulgebühren müssen günstiger, Studiengebühren höher werden.
- *Das Geld nicht mit der Gießkanne verteilen:* Wo die Herausforderungen größer sind, wird auch mehr Geld gebraucht – Schulen in Brennpunkten brauchen eine bessere Ausstattung als Schulen in bürgerlichen Gegenden, benachteiligte Jugendliche mehr finanzielle Unterstützung als solche aus einem gut situierten Elternhaus.

Unter diesen finanziellen Leitlinien muss Deutschland die Reform des Bildungssystems vorantreiben. Das bedeutet, dass auch die Bildungsfinanzierung verändert werden muss, denn die Aufgaben und der Umfang des Bildungswesens sind gewachsen, und sie werden weiter wachsen. Nur wenn wir die Finanzverteilung zwischen Bund, Ländern und Kommunen neu und entsprechend ihrer Aufgaben regeln, verhindern wir immer neue Sonderprogramme und Detailsteuerungen, die lediglich die schlimmsten Probleme flicken.

Die demografische Rendite

Dass wir in der Vergangenheit zu wenig und oft an den falschen Stellen in die Bildung investiert haben, wird uns noch einige Jahrzehnte lang belasten. Wir sind gezwungen, die Folgekosten für dieses Versäumnis zu tragen: hohe Sozialausgaben, teure Nachqualifizierungen, entgangene Steuereinnahmen, weniger Wachstum. Gleichzeitig müssen wir jetzt die Investitionen in Kita-Plätze, Ganztagsschulen und Individuelle Förderung vornehmen, die wir früher vernachlässigt haben: eine doppelte finanzielle Belastung, die sich nicht vermeiden lässt.

Doch an dieser Stelle verschafft uns der demografische Wandel, der Deutschland durch die drohende Überalterung der Gesellschaft so gefährdet, ein Handlungsfenster: Die rückläufigen Schülerzahlen setzen Mittel frei, mit denen wir die dringend benötigten Investitionen in die Bildung finanzieren können. So könnten wenigstens in der Zukunft hohe Folgekosten schlechter Bildung vermieden werden.

In den kommenden 15 Jahren sinkt die Zahl der Kinder, Jugendlichen und jungen Erwachsenen in den Kitas, Schulen, Berufsschulen und Hochschulen um 15 Prozent, und zwar von knapp 17 Millionen auf etwas über 14 Millionen. Der geplante Kita-Ausbau für unter Dreijährige, die Vorverlegung des Einschulungsalters und das achtjährige Gymnasium sind dabei bereits eingerechnet. Entsprechend unterschiedlich sind die Rückgänge: Während die Zahl der Kinder in den Kitas konstant bleibt oder sogar leicht ansteigt, wird es ein Viertel weniger Berufsschüler geben. Die Zahl der Grundschüler fällt auf etwa 85 Prozent, die der Schüler in der Sekundarstufe I auf knapp 80 Prozent des heutigen Niveaus.[14]

Damit ist absehbar, dass wir im Jahr 2025 im Vergleich zu heute rund ein Fünftel weniger Lehrer in den Schulen, dafür aber etwas mehr Erzieherinnen in den Kitas benötigen werden. Die insgesamt rückläufigen Schüler- und Studentenzahlen setzen pro Jahr Mittel in Höhe von mehr als 19 Milliarden Euro frei, davon gut 13 Milliarden Euro direkt an den Schulen.[15] Diese sogenannte demografische Rendite steht für den nötigen Ausbau des Bildungssystems, zum Beispiel der Ganztagsschulen, zur Verfügung, wenn die Finanzminister das Geld nicht einkassieren. Dass sie das nicht tun, ist eigentlich politische Beschlusslage des Dresdner Bildungsgipfels aus dem Jahre 2008. In der Realität wird dies aber nicht ganz einfach durchzusetzen sein.

Denn – und das wird bei solchen pauschalen Beschlüssen über alle Länder hinweg gerne übersehen – die demografische Rendite ist regional ungleich verteilt. Während der Osten den Schülerschwund schon hinter sich hat, steht er dem Westen noch bevor.[16] In den Stadtstaaten hingegen wird die Zahl der Kinder und Jugendlichen in den Kitas, Schulen und Hochschulen bis zum Jahr 2025 sogar leicht zunehmen. Nun setzen rückläufige Schülerzahlen in Nordbayern nicht automatisch Geld frei, das Hamburg für seine steigenden Schülerzahlen ausgeben kann – zumindest hat bislang kein Bundesland das föderale Prinzip so verstanden. Die demografische Entwicklung sorgt jedoch für etwas Gerechtigkeit: Wirtschaftlich starke Zuzugsgebiete nehmen mehr Steuern ein und können damit den Ausbau leichter finanzieren. Den anderen bleibt dafür die demografische Rendite.

Der Wandel ist bezahlbar

Für einige bildungs- und familienpolitische Maßnahmen geben wir Geld aus, das wir besser in die dringend nötigen Bildungsreformen stecken sollten. Innerhalb des Bildungssystems betrifft dies beispielsweise das Sitzenbleiben, die Förderschulen und das Übergangssystem; bei den Leistungen für Familien das Ehegattensplitting, das Betreuungsgeld sowie in Teilen das Eltern- und Kindergeld.

Der Verzicht auf das pädagogisch unwirksame Sitzenbleiben brächte pro Jahr eine Milliarde Euro.[17] Weitere 2,6 Milliarden Euro würden jedes Jahr frei, wenn wir alle Förderschüler schrittweise in die Regelschulen integrieren.[18] Schaffen wir das Übergangssystem in seiner heutigen Form als Warteschleife zwischen Schulabschluss und Ausbildungsbeginn ab, stünden uns mehr als vier Milliarden Euro jährlich zur Verfügung (Abb. 20).[19]

Politisch schwieriger, aber dafür noch einträglicher wäre es, Transferleistungen von geringer Wirkung anders zu verwenden. Innerhalb der jährlich 187 Milliarden Euro an familienpolitischen Leistungen[20] böten sich hier sehr wohl vertretbare Ansatzpunkte. Mit einigem politischen Mut könnte – und sollte – man die jüngste Kindergelderhöhung aus dem Jahr 2010 zurücknehmen, das Elterngeld für Gutverdiener abschaffen, auf das im aktuellen Koalitionsvertrag von CDU/CSU und FDP festgeschriebene Betreuungsgeld verzichten und das Ehegattensplitting für kinderlose Paare aufgeben. Alleine durch diese Maßnahmen stünden pro Jahr etwa 14 Milliarden Euro für Investitionen in Kinder und Bildung zur Verfügung.

Durch die demografische Rendite an den Schulen, den pädagogisch anspruchsvollen Umbau des Bildungssystems und die politisch herausfordernde Umwidmung von Transferleistungen würden also jährlich rund 35 Milliarden Euro frei. Dagegen nehmen sich die für die wichtigsten Bildungsreformen benötigten Ressourcen fast bescheiden aus.

Der flächendeckende Betrieb von gebundenen Ganztagsschulen kostet Schätzungen zufolge bis zu zehn Milliarden Euro zusätzlich pro Jahr.[21] Die Stärkung der Brennpunktschulen geschieht überwiegend durch räumliche Verlagerung bereits bestehender sozialer Angebote in die Schulen. Wenn wir außerdem 1000 Brennpunktschulen in Deutschland mit jährlich einer Million Euro zu Magnetschulen umbauen, summiert sich das auf eine weitere Milliarde Euro pro Jahr. Die systematische Inklusion von Förderschülern verursacht jährlich Kosten von ca. vier Milliarden Euro.[22] Aus den hier für den Umbau des Schulwesens veranschlagten Mitteln können auch Sozialarbeiter, Schulpsychologen, Bildungsberater und Assistenzlehrer – etwa Teilnehmer am Freiwilligen Pädagogischen Jahr – finanziert werden. Da deren Gehälter im Vergleich zu den Lehrern niedriger sind, könnten die Schulen sogar insgesamt mehr Mitarbeiter einstellen.

Knapp zweieinhalb Milliarden Euro pro Jahr kosten die zusätzlich benötigten Kita-Plätze.[23] Die bundesweite Qualifizierungsoffensive für Lehrkräfte schlägt für einen Übergangszeitraum mit maximal einer halben Milliarde Euro pro Jahr zu Buche.[24] Die Lehramtsstipendien für Migranten summieren sich jährlich auf nicht einmal 100 Millionen Euro. Die Ausbildungsgarantie schließlich trägt sich selbst: Sie lässt sich aus der Abschaffung des Übergangssystems und den dadurch frei werdenden vier Milliarden Euro finanzieren.

Zugegeben: Diese Berechnungen sind nur schematisch, sie zeigen aber die grundsätzliche finanzielle Machbarkeit der hier vorgeschlagenen Reformen. Selbst wenn diese Maßnahmen nicht zusätzlich 22, sondern 27 Milliarden Euro pro Jahr kosten würden, bliebe immer noch genug Spielraum für die nötigen baulichen Veränderungen in unseren Kitas und Schulen.

Abbildung 20
Reform der Bildungsfinanzierung

Umschichtungspotenzial (in Mrd. Euro)		Finanzierungsbedarf (in Mrd. Euro)	
Umbau Bildungssystem	**7,6**	– Ausbau Kita-Plätze für unter Dreijährige	2,3
– Verzicht Sitzenbleiben	1,0	– Ausbau Ganztagsschulen	10,0
– Abschaffung Förderschulen	2,6	– Magnetschulen in Brennpunkten	1,0
– Abschaffung Übergangssystem	4,0	– Inklusion Förderschüler	4,1
Umschichtungen Transferleistungen	**14,1**	– Lehrerfortbildung Individuelle Förderung	0,5
– Rücknahme Kindergelderhöhung 2010	4,0	– Stipendien Lehramts-studierende mit Migrationshintergrund	0,1
– Abschaffung Elterngeld Gutverdiener	1,5	– Ausbildungsgarantie	4,0
– Abschaffung Ehegattensplitting kinderlose Paare	7,2		
– Verzicht Betreuungsgeld	1,4		
Demografische Rendite (nur Schulsystem)	**13,0**		
Umschichtungspotenzial gesamt	**34,7**	**Finanzierungsbedarf gesamt**	**22,0**

Auch wenn diese Bildungsreformen kurzfristig angepackt und wie dargestellt finanziert werden könnten, bleibt noch ein grundlegendes Problem ungelöst. Die notwendigen Investitionen ins Bildungswesen und in dessen Umbau sind politisch anspruchsvoll: Sie rufen heute unbequeme Kontroversen hervor, die Früchte der Veränderungen hingegen können häufig erst übermorgen geerntet werden. Die langfristigen Wirkungen von Bildung und Bildungsreformen passen somit schwer zur Logik von vier- oder fünfjährigen Legislaturperioden. Das hemmt die Veränderungsbereitschaft der Politik. Nicht ohne Grund heißt es immer wieder, Wahlen seien mit dem Thema Bildung kaum zu gewinnen, sehr wohl aber zu verlieren.

Diese Argumente haben einiges für sich. Die Klimaschutzdebatte zeigt aber, dass Politik zu längerfristigem Denken und Handeln sehr wohl in der Lage ist. Denn auch im Klimaschutz werden weder die heutige Bevölkerung noch die Umweltpolitiker die Auswirkungen ihres Handelns erleben. Und doch richten wir uns zunehmend darauf ein, heute schwierige politische Entscheidungen durchzusetzen und unser Leben entsprechend zu verändern, um den nächsten Generationen eine vernünftige Lebensgrundlage zu hinterlassen. Zu dieser längerfristigen Orientierung haben viele beigetragen: die Wissenschaft mit drastischen Berechnungen zur Erhöhung der Meeresspiegel, die Medien mit emotionalen Bildern großer Dürren und Persönlichkeiten wie Al Gore mit seinem Film *Eine unbequeme Wahrheit.* Aber im Klimaschutz ist es eben auch gelungen, ein politisches Ziel zu setzen und unser Handeln daran auszurichten: Die globale Reduktion des Kohlendioxid-Ausstoßes ist ein leicht verständliches Maß für die zukünftigen Auswirkungen unseres heutigen Tuns. Jeder Kilometer, den wir nicht mit dem

Auto zurücklegen, jedes Haus, das wir wärmeeffizient dämmen, jede Glühbirne, die wir für eine Energiesparlampe auswechseln, bringt uns dem Ziel einer Kohlendioxid-Reduktion näher.

In der Bildungspolitik ist die Situation in Teilen durchaus vergleichbar. Auch hier kennen wir die katastrophalen Auswirkungen eines schlechten Bildungssystems für die Zukunft, viele davon wie steigende Sozialkosten, geringeres wirtschaftliches Wachstum oder höhere Kriminalität hat dieses Buch aufgezeigt. Auch hier müssen wir heute politisch handeln, um morgen als Gesellschaft noch überlebensfähig zu sein. Was aber in der Bildungspolitik fehlt, ist ein Maß, das die Bildungsanstrengungen von heute in Relation setzt zum Erfolg oder Misserfolg unserer Gesellschaft von morgen. Mit einem solchen einfachen politischen Ziel könnte auch in der Bildungsdebatte die nötige Nachhaltigkeit und Langfristigkeit Einzug halten. Wir brauchen eine Einigung auf unser künftig benötigtes Bildungskapital, oder, um einen neuen Begriff einzuführen, auf unser Bildungssozialprodukt. Es könnte das Maß an Bildung in unserer Gesellschaft für das Jahr 2030 festlegen, das uns angesichts des demografischen Wandels und der internationalen Konkurrenz überlebensfähig macht: Jeder Kita-Platz, jede Ganztagsschule, jeder Studienplatz, jede Weiterbildungsmaßnahme zahlt in unterschiedlichem Maße in dieses Bildungssozialprodukt ein.

Politik braucht Rechenschaft, die Bürger brauchen ein Maß für den Erfolg einer Regierung. Ein so definiertes Bildungssozialprodukt veranschaulicht die politische Anstrengung von heute, mit der wir unseren Kindern den Wohlstand von morgen sichern. Damit wird der Fortschritt auf dem Weg zu einer Bildungsrepublik, die diesen Namen auch verdient, nachvollziehbar und transparent.

Eine politische Gebrauchsanweisung

von Klaus von Dohnanyi

Bedenkt man, wie intensiv und kritisch seit Jahrzehnten die Lage unserer Schulen und Hochschulen diskutiert wird, dann ist es verwunderlich, warum so viele ernsthafte Mängel noch immer fortbestehen. Lesen die Politiker die Berichte nicht? Sind sie unfähig umzusetzen, was sie wissen und ändern sollten? Kümmern sich Lehrer zu wenig um die Ergebnisse ihrer Arbeit? Sind Eltern zu gleichgültig gegenüber den Schulerfolgen ihrer Kinder? Oder fehlt es nur und immer nur an Geld?

Das alles mögen auch Gründe sein. Aber ich bin überzeugt, dass diese Erklärungen am Kern der Probleme vorbeigehen: Weder Unfähigkeit noch Gleichgültigkeit der Verantwortlichen – ob Politiker, Lehrer oder Eltern – sind die tieferen Ursachen. Es fehlt aber aus meiner Sicht allzu oft an einer pragmatischen Sicht auf die Probleme vor Ort. Wie viel Erfahrung hat denn ein Hochschulprofessor für Erziehungswissenschaften in den pädagogischen Herausforderungen des Lehrers vor einer Klasse pubertierender, rauflustiger Jungen? Wie oft hat der ferne Bildungsminister im Land oder im Bund jemals selbst den Stundenausfall an einer Schule kurzfristig überbrücken müssen? Was, so fragen die Chinesen in einem schönen Sprichwort, weiß der Reiter schon von den Sorgen des Fußvolkes!

Das Buch von Jörg Dräger deckt die wichtigsten Mängel unseres heutigen Schulalltags auf und beschreibt Möglichkeiten ihrer Behebung: Aufgabe für Aufgabe. So sollten auch alle für Bildung verantwortlichen Politiker und Verwaltungsfachleute an die Probleme herangehen. Denn das deutsche Bildungssystem braucht keine Reform an Haupt und Gliedern, keinen Umsturz, keine Neugründung. Es bedarf allerdings, wie alle gesellschaftlichen Einrichtungen in Zeiten großen Wandels, der Erneuerung und der gezielten Reparaturen. Ebenso aber immer auch einer Vergewisserung seiner Stärken und Möglichkeiten.

Eine politische Wegstrecke für »gute Schulen« zu markieren und dafür mögliche politische Handgriffe zu beschreiben, dazu dient diese »Gebrauchsanweisung«. Sie konzentriert sich auf die Überwindung einiger besonders folgenschwerer Unzulänglichkeiten des deutschen Bildungssystems, fordert aber keine Bildungsrevolution. Sie will »machbare« Verbesserungen beschreiben, Mut zusprechen und nicht jammern. Denn Bildung muss in Deutschland kein endloses politisches Frustthema bleiben!

Ich weiß, dass auch ich keine Patentrezepte habe. Aber ich glaube zu wissen, mit welchen Grundsätzen man den Problemen am erfolgreichsten begegnen kann. Die habe ich hier versucht zu beschreiben.

Deutschlands Bildungserfolge sind widersprüchlich

Es ist vermutlich eine der Stärken Deutschlands, dass wir mit nichts zufrieden sind. Immer gibt es etwas zu beklagen; immer gibt es etwas zu kritisieren; immer ist unzulänglich, was wir erreicht haben, und unsicher, ob wir es dann auch bewahren können. Immer bleiben wir unzufrieden mit uns selbst. Das »halb leere Glas« ist offenbar ein Symbol, das uns gut voranträgt. Vielleicht sollte es unsere nationale Fahne schmücken.

Bildung ist unsere Zukunft – so tönt es von allen Seiten. Und: Von unseren Schulen und Hochschulen hängen die wirtschaftliche und die soziale Zukunft ab. Alldem muss man zustimmen.

Über unsere Schulen und Hochschulen erfahren wir dennoch meist nur Negatives.

Jörg Dräger zitiert gleich zu Beginn Warnungen, die bereits vor einem halben Jahrhundert in Georg Pichts *Die deutsche Bildungskatastrophe* (1964) laut wurden. Seither ist jedoch einiges passiert: Die Zahl der Studienberechtigten stieg von 6 Prozent eines Jahrgangs (1960) auf knapp 50 Prozent (2010) eines Jahrgangs. Zuletzt hat Deutschland auch im PISA-Test etwas aufgeholt, zum Beispiel beim Lesen, wo es unter 27 OECD-Ländern im Jahr 2000 auf Platz 20, im Jahr 2009 auf Platz 14 lag. Es gibt also Fortschritte. Doch in der Öffentlichkeit bleibt die Fundamentalkritik am deutschen Bildungssystem bestehen.

Wie, wenn man diese Katastrophenrufe mit der Wirklichkeit konfrontiert? Dieses Land mit diesem von Picht 1964 so desaströs beschriebenen und für Deutschlands Zukunft so völlig unzureichenden Bildungssystem hat nach verlorenem Krieg innerhalb eines halben Jahrhunderts zum Erstaunen der Welt den Aufbau des weitgehend zerstörten Westdeutschland mit einem beeindruckenden Wirtschaftswunder vollendet; sodann, 45 Jahre später, noch einmal die Kraft besessen, die andere Region Deutschlands mit ihren 17 Millionen Einwohnern, halb so groß wie die »alte« Republik (nämlich die ehemalige DDR), von Grund auf zu erneuern; Schulen und Universitäten dort auf- und auszubauen und so auch diesem wiedervereinigten Teil Deutschlands eine infrastrukturelle Basis zu geben, auf der heute ein langfristiger wirtschaftlicher Wiederaufbau erfolgreich gründen kann. Insgesamt hat uns der Aufbau Ost bis heute rund 1,5 Billionen (!) Euro gekostet. Das alles ohne finanzielles Chaos – und trotzdem sind wir heute die Stabilitätsbastion Europas!

Das Land, dessen wirtschaftliche Zukunft Picht schon vor 50 Jahren von einem »katastrophalen« Bildungssystem so elementar bedroht sah, ist nun, ein halbes Jahrhundert später und trotz der Lasten von Wiedervereinigung und wachsender solidarischer Inanspruchnahme durch Europa, die zweitstärkste Exportnation der Welt (na ja, 1,3 Milliarden Chinesen sind gegenüber uns 80 Millionen Deutschen etwas stärker). Das bildungsschwache Deutschland weist heute wie früher viele Schwerpunkte in wichtigen Hightech-Industrien auf. Und dieses Land der so schlechten internationalen Bildungsnoten, auch in naturwissenschaftlichen Fächern, produziert Jahr für Jahr mehr Patente pro Einwohner als Frankreich und Großbritannien zusammen! Offenbar holen wir seit Jahrzehnten trotz unserer »lahmen« Bildungsbeine immer wieder wirtschaftliches Olympia-Gold. Wie das? Ein merkwürdiges Paradox?

Die Erfolge Deutschlands beruhen offenkundig auf einem gespaltenen Bildungssystem. Für zu viele Kinder aus »bildungsfernen« Elternhäusern ist es ungerecht und insofern auch volkswirtschaftlich nachteilig. Die sogenannten bildungsnahen Schichten aber, also diejenigen, die entweder selbst eine höhere Bildung an Gymnasien und Hochschulen genossen haben oder aufgrund ihrer Fähigkeiten in die oberen Leistungsschichten der Gesellschaft aufgestiegen sind, können meist auch ihren Kindern eine gute Bildung und Ausbildung ermöglichen. Dies ist heute für bildungsferne Elternhäuser in Deutschland deutlich schwerer, schwerer auch als in anderen Ländern. Viele dieser Kinder verlassen heute die Schule sogar ohne einen Abschluss.

Vereinfacht ausgedrückt (Ausnahmen bestätigen allerdings auch hier vielfach diese Regel!), sind es die guten Schulen, Gymnasien, Fachschulen und Hochschulen, die Deutschland die oft vorausgesagte »Bildungskatastrophe« bisher erspart haben. Deren Leistungen und Qualitäten dürfen wir deswegen durch »Reformen« auch nicht gefährden. Die praktischen Aufgaben der Bildungspolitik bestehen heute in Deutschland vorrangig darin, die Barrieren im Schulsystem für bildungsferne Schichten (dabei insbesondere auch für Migrantenkinder) einzureißen, denn diese Hürden sind nicht nur ungerecht und unsozial, sie machen sich inzwischen zunehmend auch als wirtschaftliche Engpässe (Thema qualifizierter Nachwuchs) bemerkbar.

Gewiss gibt es heute in Deutschland Defizite an den Kindergärten, weiterführenden Schulen und Hochschulen: häufiger Unterrichtsausfall; Mangel an musischen Fächern und sportlicher Erziehung; ermüdete Lehrer und schulferne Elternhäuser; überfüllte Hörsäle und Seminare. Und insgesamt vielleicht einerseits eine allzu pragmatische Vernachlässigung wirklich »allgemein« bildender Perspektiven und andererseits zu wenig Forderung und Disziplin und deswegen möglicherweise auch zu wenige, freudige Erfolge. Stress statt Erfolgserlebnis (keine Seltenheit in unserem schönen Land!). Das alles gibt es, und auch das müssen wir, Schritt für Schritt, ändern. Dennoch werde ich mich hier auf das Kernproblem des deutschen Bildungssystems konzentrieren: auf die Herstellung eines Schulsystems, das jedem eine Bildungschance nach seinen, von der Natur gegebenen Fähigkeiten einräumt und damit die Möglichkeit für Arbeit und Erfolg in einem selbstbestimmten Leben.

In einer Welt des Wandels gibt es kein Bildungssystem ohne ständige Erneuerung

Bildungsfragen beschäftigen mich nun schon ein halbes Jahrhundert. Über 40 Jahre ist es her, seit ich Verantwortung für die Bildungspolitik in der Regierung Willy Brandt übernahm. Damals, im lautstarken Getöse der »68er«, war Bildung *das* innenpolitische Thema. Ich hatte im Herbst 1969, ganz im Geist der Zeit, für die erste Regierungserklärung Willy Brandts den programmatischen Satz formuliert: »Die Schule ist die Schule der Nation.« Er gilt für mich noch heute. Allerdings: Auch die

Schulen werden im Verlaufe gesellschaftlicher Veränderungen immer wieder andere werden müssen. Ihre Organisation, ihre Lehrpläne werden sich weiter wandeln müssen. Die Debatte um »bessere Schulen« wird deswegen niemals abreißen.

Noch vor zwei Generationen wusste ein Lehrer im Zweifel immer mehr als seine Schüler: Er konnte besser schreiben, lesen und rechnen als seine Klasse. Heute beherrschen die Schüler die »Schreibgeräte« unserer Zeit – den Laptop, das iPad, den Kindle und so weiter – vermutlich besser als ihre Lehrer. (Und während ich schreibe, gibt es sicher schon wieder neue Instrumente, die den Markt umwälzen werden.) Die Schüler können heute deswegen oft sogar schneller rechnen; angesichts einer Welt der sprechenden Bilder auf ihrem PC empfinden sie die Kunst des Lesens allerdings zunehmend als eine eher überflüssige Kulturtechnik. Und das Internet und seine vielen Wissensquellen erlauben den Schülern beides: Lernen oder ein »Lernen« vorzutäuschen; Wissen oder Schummeln. Eine für die Lehrer sehr schwierige Situation.

Einst konnte der Lehrer auch darauf vertrauen, dass die Schüler (wenigstens in ihrer großen Mehrzahl) mit dem Schulbrot im Ranzen in die Schule geschickt wurden, meist nach einem ermahnenden Wort beim Frühstück: »Hast du auch deine Schularbeiten gemacht?« Und für den Schulweg fehlte dann wohl auch selten das letzte Wort: »Pass gut auf in der Schule!«

Heute gibt es oft gar kein gemeinsames Frühstück mehr. Häufig arbeiten beide Eltern; viele Familien leben getrennt; für die Kinder, für eine Erziehung zur Disziplin, für ein nachdrückliches Beobachten der täglichen Schulleistungen oder gar für eine Aufsicht der Schularbeiten, bleibt nicht nur in bildungsfernen Familien oft wenig Zeit und Kraft. Und leider manchmal auch zu wenig Interesse. Und das alles soll die Schule aufholen?

Es gibt natürlich auch Familien, meist die finanziell besser gestellten, da wird viel Zeit und Geld auf frühe Bildung der Kinder verwendet. Man begreift die offenkundig härter werdende Welt und damit die zentrale Bedeutung von Bildung für die Zukunft der Kinder, die deswegen oft bestens vorbereitet werden für die Schule und für ihre Ausbildung danach.

Sicherlich, die Menschen haben unterschiedliche Begabungen, und keine Schule kann – und soll! – diese Unterschiede einebnen. Jeder soll seine Fähigkeiten ausschöpfen können. Aber heute spaltet die Verteilung der Bildungschancen die Gesellschaft schon in der kindlichen Welt. Die Schule, die Lehrer und die Kinder müssen dann oft in *ein und derselben* Kita-Gruppe oder Grundschulklasse mit dieser Chancenungleichheit fertigwerden. Und mit Eltern, die von der Schule etwas erwarten, was diese ohne oder gar gegen die Eltern heute kaum leisten kann: Ordnung, Disziplin, Lernerfolge und gute Noten.

Was heute deswegen meist als Unzulänglichkeiten von Kitas, Schulen und Hochschulen wahrgenommen wird, ist häufig weniger dem Versagen dieser Einrichtungen zuzuschreiben als der Tatsache, dass sich die Gesellschaft tief greifend verändert hat. Angesichts der verschiedenen sozialen Ausgangslagen der Kinder sind die heutigen Schulen aber für den sozialen Ausgleich oft nur unzulänglich gerüstet.

Das, allerdings, ist nicht nur ein deutsches Problem. Bildungsärger und Bildungsreformen sind heute in faktisch allen Ländern der Welt zur ständigen Begleitmusik der Politik geworden. Deutschland bildet da keine Ausnahme. Und das wird so bleiben: Keine »Bildungsreform« wird jemals wirklich befriedigen; Unruhe auf dem Bildungssektor bleibt zwangsläufig ein Dauerzustand, jedenfalls solange sich die Welt so tief greifend verändert, wie wir dies heute erleben und in den kommenden Jahrzehnten wohl weiter erleben werden. Die Antwort heißt daher: Aufmerksamkeit für die Veränderungen der Welt; Sachlichkeit und Geduld im Prozess der Anpassung an diese. Fort von aller Ideologie und hin zu einem pragmatischen Verständnis von Notwendigkeiten und Möglichkeiten, lautet deswegen meine Devise.

Wie sollte Bildungspolitik und Bildungsverantwortung in dieser neuen Welt politisch organisiert sein?

Wir alle wissen aus unserem persönlichen Alltag, wie wichtig es ist, dass wir uns richtig organisieren. Wer jeden Morgen in der ganzen Wohnung suchen müsste, wo er seine Siebensachen für den Arbeitstag hat, der käme kaum weit im Leben. Und wer nicht weiß, wann er was und wo tun sollte, der wäre in Familie und Beruf schnell verloren. Das gilt aber auch für das öffentliche Leben: Eine richtige Organisation ist in der Politik, und eben auch für das Bildungswesen, eine unerlässliche Voraussetzung.

Wie sollte diese Organisation aussehen? Es gibt heute mehr Freiheiten als früher in unserer Gesellschaft und in der Welt. Freiheit aber bewirkt immer auch Veränderungen, bewirkt Aufstieg und Abstieg. Um zu überleben, bedarf es dann der Anpassung an die neuen Gegebenheiten. Das ist ein unumstößliches Gesetz der Evolution. Für diese Anpassung müssen Menschen, Gesellschaften und Institutionen lernen können. Anpassung erfordert also Lernfähigkeit. Die zentrale Herausforderung unseres Bildungssystems im Wandel der Welt heißt also, seine »Lernfähigkeit« zu stärken. Ein anderes Wort dafür wäre: die notwendige »Flexibilität« zu gewinnen.

Was wir auf dem Hochschulsektor inzwischen begriffen haben – nämlich wie wichtig eine möglichst umfassende Autonomie und Eigenverantwortung der Universitäten im Rahmen überprüfter Zielvorgaben ist –, das muss jetzt für unser ganzes

Bildungssystem verstanden werden: Eigenverantwortung, verbunden mit Zielvorgaben und Transparenz der Ergebnisse, ist die Grundvoraussetzung eines lernfähigen und erfolgreichen Bildungssystems in einer sich schnell wandelnden, globalen Wettbewerbsgesellschaft.

Für die Schulpolitik bedeutet das: Wie kann ein für Eltern, Schüler und Lehrer berechenbares, das heißt ein auf Kontinuität ausgerichtetes Schulsystem aussehen, das dennoch lernoffen und flexibel ist für die wachsenden Unterschiede unter den Kindern und in der Gesellschaft? Welche Organisation des Bildungssystems passt am besten für die Vielfalt der Fähigkeiten seiner Schüler und Studenten und ihrer sozialen Herkünfte?

Die Antwort liegt auf der Hand: Ein zukunftsoffenes und effektives Bildungssystem muss sehr nahe bei den Menschen sein und sollte deswegen ein hohes Maß an Dezentralität aufweisen. Dezentralität bis hin zum »individualisierten« Lernen. Denn nur dann ist es flexibel und anpassungsfähig genug. Diese Dezentralität muss aber zugleich mit berechenbaren und überprüfbaren generellen Zielvorgaben verbunden sein. Beliebigkeiten dürfen nicht entstehen. Erfolge und Misserfolge müssen messbar und vergleichbar sein und das System leistungsstark. Schulen müssen immer wissen, wo sie stehen – und wo andere besser sind.

Dezentralität ist das Gegenteil von zentralistischer Lenkung. Mit anderen Worten: Die für seine Lernfähigkeit und Anpassungsbereitschaft notwendige Flexibilität unseres Bildungssystems kann es nur bei möglichst klar abgegrenzten, dezentral orientierten Verantwortungen von Bund, Ländern, Kommunen und ihren jeweiligen schulischen Institutionen geben.

Zentrale, allgemeine Bundeszuständigkeiten und Bundesvorgaben für Einzelheiten des Bildungswesens wären in einem großen Land wie Deutschland ein hemmender Fehler. Es ist wichtig zu erinnern, dass die zentralistischen Bildungssysteme in den großen Industriestaaten sich keinesfalls besser bewährt haben als das föderalistische deutsche. Ein Blick auf die aktuellen Debatten in Großbritannien, Frankreich, Italien oder Spanien macht dies deutlich. Und noch wichtiger: Wir haben doch selbst sehr schlechte Erfahrungen mit einer von Bund und Ländern gemeinsam »verantworteten« Bildungspolitik gemacht! Dazu ein Blick zurück in die Verfassungsgeschichte.

Der Föderalismus in Deutschland ist, wie die Grundrechte Artikel 1 bis 20 des Grundgesetzes, ein unaufhebbares Verfassungsgebot (Art. 79 III GG). Bildung und Kultur wiederum sind maßgebliche und unentbehrliche Bestandteile der Länderverantwortung. Eine – ohnehin nur theoretisch mögliche – umfassende Übertragung der Bildungszuständigkeiten an den Bund wäre daher möglicherweise sogar verfassungswidrig.

Eine nur begrenzte Beteiligung des Bundes an den Bildungszuständigkeiten ist aber möglich, und wir hatten dies 1969 mit einer Verfassungsreform eingeführt. Ein Schritt, der sich jedoch nachweislich nicht bewährt hat. Denn der heutige und so oft beklagte Zustand unseres Bildungssystems ist eben auch das Ergebnis der (1969 eingeführten) gemischten Zuständigkeiten von Bund und Ländern. Geteilte Verantwortungen sind in der Politik häufig Ursachen von politischen Fehlentwicklungen (siehe auch Europa und die Nationalstaaten heute!).

Auch die Verfassungsreform von 1969 war von Bildungsdebatten ausgelöst worden; von internationalen Vergleichsstudien und von Büchern wie Eddings *Ökonomie des Bildungswesens* (1963) und Pichts *Die deutsche Bildungskatastrophe* (1964). Aber anstatt zu verstehen, dass uns als föderalistisches Land nur Ergebnistransparenz und Wettbewerb voranbringen können, hatte sich damals die Überzeugung eingenistet, der Bund brauche starke Kompetenzen, um auf dem Bildungssektor zentralisiert mitzubestimmen. Dies führte unter anderem sowohl zur Einführung einer Kompetenz für eine Rahmengesetzgebung »allgemeine Grundsätze des Hochschulwesens« (Art. 75 I Ziffer 1a GG) und zu einer »Gemeinschaftsaufgabe« (Art. 91 b GG), wonach Bund und Länder bei der Bildungsplanung und bei der Förderung von Einrichtungen und Vorhaben der wissenschaftlichen Forschung von überregionaler Bedeutung aufgrund von Vereinbarungen »zusammenwirken« sollten. Es wurde dafür eine »Bund-Länder-Kommission für Bildungsplanung« etabliert; ich war zu Beginn ihr Vorsitzender.

Deren Ergebnisse sind heute zu besichtigen: Denn der heutige Zustand ist, wie auch Dräger ausführt, noch immer das Ergebnis dieser gemischten Verantwortungen, nicht das des erst seit 2006 geltenden freieren föderalen Wettbewerbs. Fortschritte gab es durch die Mitsprache des Bundes kaum. Der wichtigste Anstoß kam dann von außen: Er kam durch Wettbewerb! Die wettbewerbsfördernden PISA-Untersuchungen, nicht die Mitwirkung des Bundes im Bildungswesen, machten den Weg frei für einen erneuten Aufbruch und für die Fortschritte, die wir, trotz aller Kritik, in den letzten Jahren gemacht haben.

Die Föderalismusreform von 2006 beendete die enttäuschenden Mischverantwortungen. Sie war deswegen nicht irgendeine »neoliberale Idee«, wie ihre Gegner behaupten, sondern gründete auf den negativen Erfahrungen, die wir mit der Verflechtung der Zuständigkeiten von Bund und Ländern gemacht hatten. Diese hatten Reformen blockiert und Stillstand verursacht. Das langsamste Schiff unter den Ländern – oder auch die Bundesregierung selbst, aus wessen Sicht auch immer – bestimmte jeweils das Tempo des Geleitzuges.

Ein solches negatives Ergebnis hätte für kluge Verfassungspolitiker allerdings schon 1969 vorhersehbar sein müssen, denn es war entscheidungstheoretisch logisch: Gemeinsame Verantwortungen zweier Gebietskörperschaften, die meist von unterschiedlichen Parteien regiert werden, tendieren immer wieder zu faulen Kompromissen und verzögern zwangsläufig Reformen, schaffen Unklarheiten und enden schließlich in einem massiven Mangel an *accountability*, sprich: Verantwortung. Wer ist denn schuld am heutigen Zustand? Der Bund? Die Länder? Die SPD? Die CDU/CSU? Die FDP? Niemand kann das schlüssig beantworten. Schuld war das System gemischter Verantwortungen.

Gute Politik verlangt immer möglichst klare Zurechenbarkeiten. Das Konzept des Föderalismus ist nur dann kein Hemmnis, sondern ein Motor, wenn es als kreatives »Lern- und Wettbewerbssystem« verstanden und konstruiert wird. Wer Föderalismus will (oder diesen eben – wie wir – in der Verfassung unaufhebbar stehen hat) und dennoch Zentralität, gleiche Strukturen und gleiche Ergebnisse im ganzen Land wünscht, hat schlicht nicht nachgedacht!

In dieser Logik wurde 2006 der bisherige, 1969 eingeführte Art. 91 b GG (gemeinsame Bildungsplanung) gestrichen. Nun können nach Art. 91 b Ziffer 1 GG Bund und Länder zwar weiterhin unter anderem durch Vereinbarungen nach Art. 91 b Ziffer 2 GG bei der Feststellung der Leistungsfähigkeit des Bildungswesens in »internationalen« Vergleichen sowie bei diesbezüglichen Berichten und Empfehlungen zusammenwirken. Aber es gibt jetzt klare Zuständigkeiten. Das Konzept heißt heute: Verantwortlich für das gesamte Schul- und Hochschulwesen sind die Länder.

Aber dafür muss auch die, den Wettbewerb erst möglich machende, Transparenz der Ergebnisse möglich sein. Hier ist wiederum dann die Beschränkung des Bundes im Grundgesetz auf nur *internationale* Vergleiche ein Systemfehler. Denn die unterschiedlichen Leistungen der Länder auf dem Bildungsgebiet bedürfen der Transparenz, damit der Bildungsföderalismus seine Kraft als wettbewerbsorientiertes Lernsystem verwirklichen kann.

Und diese Transparenz könnte unabhängig wiederum nur der Bund, also keine Ländereinrichtung, herstellen. Als Messlatte sollte der Bund – mindestens zunächst – die Testinhalte der OECD einsetzen.

Dafür sollten wir dem Bund zukünftig Zuständigkeiten für vergleichende Untersuchungen (zur Transparenz der Länderergebnisse) auch im *nationalen* Rahmen einräumen. Entweder durch Vereinbarung mit der Kultusministerkonferenz (KMK) oder durch erneute Ergänzung des Grundgesetzes.

Worauf es jetzt allerdings in erster Linie ankommt, ist, die vergebliche Debatte über mehr Bundeszuständigkeiten in den Einzelheiten des Bildungswesens endgültig zu beenden. Dies sollte für alle Parteien sogar eine Aufgabe der politischen Aufklärung sein. Denn die noch immer verbreitete Hoffnung der Menschen, eine detaillierte Bundesbeteiligung könnte schnellere Fortschritte auf dem Bildungssektor erreichen, bleibt Irreführung der Bürger und verschwendete Zeit für die Politik.

Jetzt sollten wir die neu geschaffenen Möglichkeiten des Föderalismus energischer nutzen. Das gilt für Bund *und* Länder. Die Länder sollten ihr jeweiliges Bildungssystem im Wettbewerb innovativ ausbauen, der Bund aber sollte eine Initiative auch für nationale Vergleichs- und Erfolgsuntersuchungen in Gang bringen. Denn wer im Föderalismus lebt, darf den Wettbewerb nicht scheuen. Und wer im Wettbewerb lebt, darf dem Vergleich mit anderen nicht ausweichen. Die Länder müssen endlich den Mut aufbringen, sich solchen Vergleichen uneingeschränkt zu stellen: auf kommunaler Ebene (Krippen und Kitas) und auf Länderebene (Schulen und Hochschulen). So praktizieren auch andere Nationen ihre dezentrale Verantwortung im Bildungswesen. Dass es heute bundesweite Qualitätsvergleiche für Seniorenheime gibt, aber nicht für Schulen und Hochschulen, ist Zeichen eines mutlosen Föderalismus.

Der Bund hat auch heute große, aber andere Aufgaben auf dem Sektor von Schulen und Hochschulen wahrzunehmen: Er sollte zum Beispiel darauf drängen, dass im Rahmen föderalistisch gewollter (und kreativer!) Unterschiede zwischen den Ländern die Ländergemeinschaft über wichtige Strukturfragen (zum Beispiel Grundsätze der Lehrerbildung, Länge der Schulzeiten; Standards für allgemeine Bildungsziele; Standards in den Naturwissenschaften usw.) dauerhafte Einigungen erzielt. Allerdings immer nur über die Kultusministerkonferenz (KMK), denn diese wäre zuständig. Dem entspricht auch die Staatsvertragsinitiative einer Reihe von Ländern, die im Juli 2011 mit dem Ziel, vergleichbare Abschlüsse zum Abitur und zur Mittleren Reife herzustellen, vorgestellte wurde. Notfalls müssten eben immer wegen der dort praktizierten Einstimmigkeitsregel jeweils zunächst einige Länder gemeinsam vorangehen, wie dies im Fall der Entscheidungen für »G8« oder »G9« der Fall war. In vielen solchen Fragen kann es aber durchaus nachdrückliche Bundesvorschläge und -initiativen geben; doch keine Bundeszuständigkeiten.

Nichts hindert auch die Länder daran, sich miteinander überparteilich zusammenzutun, um die im Bildungsbereich begrenzten finanziellen Mittel zu vermehren und durch entsprechende Abkommen mit dem Bund eine für ein international wettbewerbsfähiges Bildungswesen angemessene Finanzausstattung zu sichern. Über die Verwendung dieser Mittel darf dann allerdings der Bund nicht mitbestimmen! Die Finanzmittel der Länder sind Finanzmittel der Länder. Durch einen transparenten Ergebnisvergleich kann der Bund ja erkennbar machen, wer wie gut mit dem Geld umgegangen ist. Der sogenannte goldene Zügel des Bundes, also eine Finanzierung einzelner vom Bund mit Geld ausgestatteter Ländervorhaben, sollte jedoch im Bereich von Kitas, Schulen und Hochschulen endgültig verschwinden. In diesem Zusammenhang wäre mit großer Vorsicht zu prüfen, ob das sogenannte Kooperationsverbot im Wissenschaftsbereich wirklich gelockert werden sollte.

Mehr Geld für die Länder im Hinblick auf den Finanzbedarf für die Bildung sollte es (wenn überhaupt möglich, siehe Seite 219ff.) nur gegen eine verfassungssichere Bund-Länder-Vereinbarung geben, mit der transparente Prüfungen der Bildungsergebnisse in den Ländern durch den Bund möglich gemacht werden. Hier sollte der Bund vor allen finanziellen Zugeständnissen hart bleiben, denn allein durch Transparenz kann der Föderalismus als Wettbewerbssystem funktionieren.

Nur am Rande: Im Prozess der Verhandlungen zur Föderalismusreform 2006 hatte ich unter anderem angeregt, die beiden Bundeswehruniversitäten (Hamburg und München) zu normalen Universitäten des Bundes (Modell der Schweizer Eidgenössischen Technischen Hochschulen Zürich und Lausanne) umzuwandeln, um die Konzentration auf neue Schwerpunkte, und vielleicht auch eine gewisse strukturelle Vorbildfunktion, zu ermöglichen. Dieser Vorschlag wurde jedoch damals leider nicht nachdrücklich verfolgt. Hier könnte jetzt im Zusammenhang mit der Bundeswehrreform ein erneuter Vorstoß des Bundes sinnvoll sein. Die föderal sehr konsequente, aber eben zugleich auch sehr pragmatische Schweiz wäre auch hier vielleicht ein nachahmenswertes Beispiel.

Alles in allem gilt jedoch: Eine weitere Kompetenz- und Föderalismusdebatte über die Bildung würde angesichts der unveränderbaren Verfassungsstrukturen und der stets unterschiedlichen Koalitionsregierungen in Bund und Ländern zwangsläufig erneut ins tatenlose Abseits führt. Ein lebendiger, eigenverantwortlicher und transparenter Bildungsföderalismus ist das Beste, was wir uns für Deutschland wünschen können. »Gute Schulen« müssen Länder und Kommunen »machen«. Nur sie können es!

Das dezentrale Lernsystem auch auf Landesebene zu Ende denken

Angesichts der sich wissenschaftlich und wirtschaftlich immer schneller verändernden globalen Rahmenbedingungen sollte es für Deutschland ein erheblicher Vorteil sein, dass unsere föderalen Strukturen flexibler und lernfähiger sind als zentralistische Systeme. Die Größe des deutschsprachigen Raumes (unser Vorteil für die Zusammenarbeit mit unseren Nachbarn Österreich und Schweiz) hilft uns übrigens, auch die vielfachen, regionalen Erfahrungen dieser Staaten immer wieder zu prüfen, sie eventuell regional zu erproben, zu verwerfen oder auch zu übernehmen.

Was macht Deutschlands Besonderheiten aus? Woher kommt denn heute unser Erfolg? Woher unsere breite und vielfältige Kulturlandschaft (Theater, Museen, Opernhäuser und Akademien)? Natürlich aus der ehemaligen viel gescholtenen »Kleinstaaterei«! Wir sollten auch nie vergessen, dass wir das, was wir heute als unsere wirtschaftliche Stärke erleben, nämlich die Wettbewerbskraft der mittelständischen (und oft familiengeführten) Unternehmen, historisch ebenfalls in erster Linie dieser »Kleinstaaterei« und den dortigen Kommunen verdanken. Handwerk wurde zur Industrie; Akademien zu Universitäten; und so weiter. Diese Stärke dürfen wir nicht gefährden. Deutschlands hervorragende Regionalität bedarf ständiger Erneuerung.

Diese Erfahrungen sollten wir auch für unser Bildungssystem wieder erinnern und es noch konsequenter entsprechend organisieren. Erfahrungen zeigen uns doch, dass es heute erhebliche Unterschiede zwischen Kitas und Schulen selbst dort gibt, wo dieselben Landesgesetze gelten. Solche Unterschiede finden sich nicht nur zwischen Regionen oder Stadtteilen, in denen eventuell soziale Umfelder große Differenzen erklären könnten: Derartige Unterschiede gibt es immer auch innerhalb vergleichbarer sozialer Umfelder, also innerhalb von Brennpunkten oder auch besser gestellten Regionen. Immer wieder klaffen dort schulische Leistungen und das Ansehen einzelner Schulen oder Hochschulen erheblich auseinander. Diese Unterschiede können dann in erster Linie wohl nur durch die Führung der Einrichtungen, ihre Organisation, das Engagement der Lehrer oder der Eltern erklärt werden.

Mit anderen Worten: Die für alle geltenden Landesgesetze sind offenbar für schulische Ergebnisse oft weniger wichtig als die Führung der einzelnen Bildungseinrichtung. Ein guter Lehrer ist eben meist wichtiger als manche behördliche Anordnung. Allerdings: Man muss den Lehrer auch dann *machen* lassen! Gute Schulen sind »machbar« – aber weniger durch Gesetze und behördliche Vorgaben als durch die Menschen vor Ort. Dies sollte uns erkennen lassen, dass eben oft auch Kitas, Schulen wie Hochschulen mehr Freiheiten in ihrer Gestaltung brauchen. Nur so gewinnen wir die Beteiligten – und nichts ist wichtiger für ein produktives Bildungswesen als das Engagement der Lehrer, der Eltern, der Schulleitungen, der Schüler und Studenten.

Aber wie kann man Engagement von ihnen erwarten, ohne ihnen zunächst auch Handlungsspielräume und Verantwortung einzuräumen? Der viel zitierte Satz des bedeutenden US-amerikanischen Kongresspräsidenten Tip O'Neill »All politics is local« (frei übersetzt: Die Wurzel aller Politik ist Lokalpolitik) ist ein Lehrsatz, den gerade Bildungspolitiker nie vergessen sollten. Je weiter nämlich Bildungsverantwortung an den Ort des Geschehens delegiert wird und dann dort durch Messlatten *(benchmarks)* zentral überwacht und eventuell positiv prämiert oder auch negativ sanktioniert wird, desto besser wird das Bildungssystem im Ganzen funktionieren. Eigenverantwortung ist in einer freien Welt auch im Bereich der Bildung der Schlüssel zum Erfolg.

Selbstverständlich müssen sich die Schulen hierfür organisieren können, und zwar freier, als dies heute häufig der Fall ist: kollegialer mit vom Kollektiv selbst klar verteilten Verantwortungen. Hierfür gibt es national und international zahlreiche Beispiele und Beweise. Jörg Dräger hat auf sie verwiesen. Aber die Anwendung solcher Erfahrungen muss eben auch den Schulen ermöglicht und gestattet werden! Die Beratung durch die zentralen Schulbehörden sollte sich deswegen nicht auf kleinliche Regelkontrolle, sondern auf die Fähigkeit zu erfolgreicher Eigenverantwortung konzentrieren.

Dazu gehören dann natürlich vorgegebene Budgets, vereinbarte Zielwerte und ein (allerdings sehr einfaches!) diese Zielwerte widerspiegelndes Berichtsystem. Mag sein, dass es dann im Einzelfall auch Fehlentwicklungen geben wird, doch Bildungsminister sollten davor keine Angst haben. Sie sollten dennoch das Prinzip größerer Eigenverantwortung der Institutionen (Krippen, Kitas, Schulen und Hochschulen) als ein der Lebenswirklichkeit gemäßes Konzept mutig verteidigen und durch Personalpolitik ermöglichen. Denn die Fehlentwicklungen eines obrigkeitlichen, detaillierten Anordnungssystems von zwangsläufig oft sehr praxisfernen Schulbehörden haben wir lange genug erfahren.

Nur eine in diesem Sinne »autonome« Schule wird in der Lage sein, Lehrer und Eltern kooperativ zusammenzuführen, sie gemeinsam zu engagieren. Nur so werden alle Beteiligten auch die notwendige Freude an ihrer »Schularbeit« haben, werden stärkende Erfolgserlebnisse, weniger Frust und eine Lust auf Weiterarbeit erfahren.

Bildungspolitik ist auch lokale Standortpolitik

Das Prinzip einer konsequenten dezentralen Verlagerung bildungspolitischer Einzelentscheidungen an die Verantwortlichen vor Ort war nicht nur richtig zwischen Bund und Ländern (Föderalismusreform 2006), sondern ist auch richtig – und wichtig! – zwischen Ländern und ihren Kommunen. Denn gerade angesichts der demografischen Entwicklung und des immer vielfältiger werdenden nationalen und internationalen Wirtschaftswettbewerbs werden Kitas, Schulen und Hochschulen zunehmend auch zu bedeutenden Standortfaktoren. Und hier gilt wieder: »All politics is local.« Nicht nur Unternehmen gehen gerne dorthin oder bleiben gerne dort, wo es fachlich gut ausgebildeten Nachwuchs für ihre Unternehmen gibt. Auch Eltern wohnen lieber dort, wo für die Betreuung und Ausbildung ihrer Kinder gut gesorgt wird; wo Familie und Arbeit sich miteinander praktisch vereinbaren lassen und wo bei einem Wechsel des Wohnortes den betroffenen Jugendlichen Hilfestellung zur Eingliederung in die jeweils etwas anderen schulischen Anforderungen angeboten wird.

Letzteres ist ein an dieser Stelle vielleicht nebensächlich erscheinender Gesichtspunkt: Immer wieder wird der beruflich bedingte Familienumzug innerhalb Deutschlands als eine schwere Belastung für Eltern und Kinder angeführt und dann mit diesem Argument für ein zentralistisches Bildungssystem geworben. Aber: Erstens ist die Zahl der im Laufe ihres Schullebens betroffenen Kinder gering. Die Statistiken variieren zwar, aber selbst die größeren Zahlen umfassen nur einen kleinen Bevölkerungsanteil. Schwerer wiegt ein anderes Argument: Während man früher vielleicht davon ausgehen konnte, dass sich die aufnehmenden Schulen wenig Gedanken um die Probleme der umgezogenen Kinder machen würden, sollte das angesichts der demografischen Veränderungen in Zukunft ganz anders werden: Städte (und auch ihre Schulen) werden nämlich ein zunehmendes Interesse daran haben müssen, mehr Schüler (für den Bestand ihrer Schulen) und mehr Bürger (für ihren Arbeitsmarkt, für die Konsumnachfrage und für die Steuereinnahmen) zu gewinnen. Und da gibt es viele Möglichkeiten: kostenlose Nachhilfe für ein Jahr, nicht zählende Noten im ersten Schuljahr des Zuzugs usw. Den Standort für Zuzüge attraktiv zu machen ist besser, als sich einem zentralistischen Bundeskorsett anzuvertrauen.

Es ist im »Kampf um die Köpfe« zwischen den Städten und Regionen der Bundesrepublik auch eine wirtschaftspolitische Aufgabe, bildungspolitisch wichtige Einrichtungen (Kitas, Schulen und Hochschulen) so zu organisieren, dass diese den neuen und mobilen Ansprüchen und Notwendigkeiten der Bevölkerung entgegenkommen. Bildungspolitik muss heute immer auch als Standortpolitik verstanden werden. Es ist deswegen nicht einzusehen, warum Länder und Kommunen zwar immer ehrgeizigere Wirtschaftsförderungsgesellschaften betreiben, aber in Zusammenarbeit mit der Wirtschaft nicht über vergleichbare »Bildungsförderungsgesellschaften« verfügen, obwohl Bildung doch – wie wir immer wiederholen – über die Zukunft der Nation, aber dann doch noch konkreter und direkter auch über die Zukunft von Ländern, Städten und Gemeinden entscheidet! Was wären heute Münster, Aachen oder Konstanz ohne ihre Universitäten?

Wenn Länder und Kommunen sich zur Gründung von »Bildungsförderungsgesellschaften« entschließen könnten und diese eng mit lokalen Stiftungen und Wirtschaftsförderungsgesellschaften koordinieren – oder sogar integrieren – würden, dann wären wir in Deutschland einen großen Schritt weiter. Denn dann würden die Wirtschaftsleute endlich nicht mehr nur über zu wenig qualifizierten Nachwuchs lamentieren können, sondern müssten selbst mit dafür sorgen, dass es eine ausreichende Versorgung mit Krippen, Kitas und guten Schulen am Wirtschaftsstandort gibt. Wenn zum Beispiel die Politiker Hamburgs gelegentlich mal einen Blick auf die einst so bedeutende Hafenstadt Boston (heute lebt sie von den Universitäten Harvard, MIT, Brandeis usw.) werfen würden und endlich verstünden, dass Qualität und Ausstrahlung von Universitäten auf längere Sicht vielleicht mindestens so bedeutend sein werden wie ein Hafen oder wie die Luftfahrtindustrie, dann wäre die Zukunft meiner Heimatstadt sehr viel sicherer!

Gewiss: Bildungspolitik ist mehr als *nur* Standortpolitik; aber sie ist eben *auch* ein bedeutender, vielleicht auf lange Sicht sogar der bedeutendste Standortfaktor überhaupt. Länder, Städte und Gemeinden sollten sich dementsprechend organisieren. Und das heißt immer auch: Bund und Länder sollten Städten und Kommunen die Finanzausstattungen zumessen, die für eine umfassende Standortpolitik notwendig sind (über eine Gemeindefinanzreform später, Seite 219ff.). Dort, in den Städten und Kommunen, spielt nämlich bildungspolitisch die Musik. Wie dort geführt wird, das entscheidet oft eher über die Zukunft eines Landes als manche ministerielle Anweisung.

Und wieder ein Blick über die Grenzen. Die *Neue Zürcher Zeitung* berichtete im Juli 2011, dass das Schweizer Bundesparlament entschieden habe, Bildung, Forschung *und* Wirtschaft zukünftig in *einem* Ministerium zusammenzuführen. Bitte keinen moralischen Aufschrei: Die Schweiz ist nämlich auf allen diesen Gebieten – auch auf dem Arbeitsmarkt – heute vermutlich das erfolgreichste Land Europas.

Mein Rat als Gebrauchsanweisung für die Drägerschen Analysen lautet deswegen an dieser Stelle: Bundesländer und Kommunen, die einen bildungspolitischen Vorsprung gewinnen wollen, würden durch eine engere Zusammenarbeit von Wirtschaft und Bildung vor Ort auch erfolgreicher mit der Arbeitslosigkeit, den schwerwiegenden Folgen des demografischen Wandels und der Migration umgehen können.

Praxis erfordert immer, die Aufgaben sinnvoll zu sortieren

Dezentrale Strukturen, klare Verantwortungen, transparente Ergebnisse und Messlatten *(benchmarks)* für diese Ergebnisse sind die unerlässlichen organisatorischen Voraussetzungen für das Ziel »Gute Schulen sind machbar«. Doch wo in der Sache dann beginnen?

Die vielen Mängel des Bildungssystems müssen ernst genommen und beseitigt werden. Doch in welcher Reihenfolge? Mit welchen Mitteln?

Auch Bildungspolitiker neigen gelegentlich dazu, große Problemkomplexe zu bündeln und dann alle gleichzeitig und in ihrer Gesamtheit anzugehen: die »große bildungspolitische Reform«. Noch immer glauben viele Leute, die eine »große Wende« ganz oben auf ihrer Aufgabenliste stehen zu haben: Bundeszuständigkeiten für das Bildungssystem; »Zentralabitur« auf Bundesebene; »gleiche Schulstrukturen« in allen Ländern (eventuell sogar als Gesamt- oder Einheitsschulen). Dann am besten noch »weniger Bundesländer« und so fort. Alles wirklichkeitsferne und irreführende Illusionen.

Wer als Unternehmer Erfahrung hat, weiß, dass »Großreformen« meist keine nützliche Strategie sind. Der kluge Unternehmer rät in der Regel: Die Stärken, die es gibt, stärken; die gröbsten Schwächen ausbügeln; der Rest muss zunächst aus eigener Kraft vorangehen. Kein erfahrener Landwirt würde alle Pflugscharen gleichzeitig über den ganzen Acker spreizen – kein Pferdegeschirr und kein Traktor könnten einen solchen Pflug ziehen! Und kein erfahrener Chirurg würde sich anschicken, Knie und Magengeschwür gleichzeitig zu operieren; die Belastung könnte den Patienten überfordern. »Eines nach dem anderen« heißt der kluge Rat des Praktikers; oder »first things first«, wie die Amerikaner sagen. Diesen Rat sollten auch die Bildungspolitiker befolgen.

Das aber heißt: Probleme gewichten und Prioritäten bilden. Dies wiederum bedeutet, die schwerwiegenden Mängel von den weniger bedeutenden zu unterscheiden und methodisch die nur langfristig wirkenden Maßnahmen von den schnell umsetzbaren zu trennen.

Mängel, die schwerwiegend sind, sollten sofort angegangen werden, auch wenn deren Behebung nur langfristig wirksam werden kann. Dies gilt in erster Linie für die Krippen- und Kita-Ausstattung, um einen gerechteren und auch volkswirtschaftlich notwendigen Ausgleich der Bildungschancen zu erreichen. Dafür könnte, obwohl kurzfristig politisch umsetzbar, das Ziel etwas kleinerer Klassen aufgeschoben werden, weil (wie Jörg Dräger zeigt) dies wenig bringt. Oder die Frage der Hamburger Initiative: Schreibschrift oder Druckschrift? Es mag ja sein, dass Druckschrift auf längere Sicht für die Kinder leichter zu erlernen und auch besser zu lesen ist. Aber ganz unabhängig von der Frage, ob Erleichterungen in Erziehung und Bildung immer wünschenswert sind – ich denke, eher nein –, meine ich, der Hamburger Schulsenator und seine Schulen hätten 2011 wichtigere Aufgaben als diese bildungspolitische Schnörkelei!

Jörg Drägers Analyse zeigt eine Vielzahl offenkundiger Probleme der deutschen Schulen und des Bildungssystems. Und er belässt es nicht bei einer Beschreibung dieser Probleme, er zeigt auch, wie Verbesserungen »machbar« sein können. In meiner »Politischen Gebrauchsanweisung« kann ich nicht auf alle diese Mängel und Änderungsvorschläge eingehen. Da sollte der interessierte Leser die Hinweise von Jörg Dräger sorgfältig studieren. Ich beschränke mich hier auf diejenige Frage, die aus meiner Sicht der zentrale Schlüssel für den bildungspolitischen Fortschritt in Deutschland ist.

Überwindung der sozialen Kluft

Das wichtigste Problem des deutschen Bildungswesens, bei allen internationalen Vergleichsstudien stets zu Recht besonders kritisch kommentiert, ist die bemerkenswerte soziale Abhängigkeit der Bildungschancen in Deutschland. Dieses Problem ist nicht nur sozialpolitisch kritisch. Es geht hier auch um eine volkswirtschaftlich unvertretbare Verschwendung von vernachlässigten Begabungen in einer ohnehin demografisch von Alterung herausgeforderten Gesellschaft.

Allerdings möchte ich auch hier mit einer gewissen Korrektur des öffentlichen Meinungsstroms beginnen. Eine weit verbreitete These lautet nämlich, bei uns sei sozialer Aufstieg heute besonders schwierig. Diese Behauptung hält nach meiner Meinung einer sorgfältigen Prüfung nicht ohne weiteres stand. Im für diese Fragen wichtigen Standardwerk von Rainer Geißler *Die Sozialstruktur Deutschlands* heißt es nämlich:

»Die höhere Dienstleistungsschicht eröffnet insbesondere den mittleren Schichten gute Aufstiegschancen. Etwa einem Drittel der Söhne von mittleren Dienstleistern und Selbstständigen und überraschenderweise sogar einem guten Drittel (36 %) der Söhne aus der ausführenden Dienstleistungsschicht gelingt der Aufstieg ›nach oben‹.

Die kleine ausführende Dienstleistungsschicht und die ebenfalls kleine Arbeiterelite (Schlosser, Poliere) sind typische aufstiegsorientierte ›Durchgangsschichten‹; Söhne der Arbeiterelite steigen dabei hauptsächlich (59 %) in die benachbarte mittlere Dienstleistungsschicht auf.

Wie im oberen Viertel so werden auch im unteren Drittel gewisse Reproduktionstendenzen sichtbar. Die Hälfte der Söhne von Facharbeitern und Un- und Angelernten verbleibt in einer dieser Schichten. Allerdings gibt es zwischen den beiden Gruppen einen erheblichen Austausch: ein Viertel der Arbeitersöhne steigt in die unterste Schicht ab. Und 29 % der Söhne von Un- und Angelernten steigen zu Facharbeitern auf, nur 18 % von denen – ein bemerkenswert kleiner Teil – verrichten wieder um- und angelernte Tätigkeiten. Bemerkenswert ist auch die Aufstiegsmobilität von unten ins obere Viertel. Während Facharbeitersöhne mit 13 % die schlechtesten Aufstiegschancen nach ›oben‹ haben, gelingt überraschenderweise jedem fünften Sohn von Un- und Angelernten der Aufstieg über diese große Distanz.«

Ich kann hier leider keine Aufstiegsstatistiken anderer Staaten zitieren. Die von Geißler verwendeten Formulierungen »bemerkenswert« und »überraschend«, zeigen aber, dass er die Aufstiegschancen in Deutschland vielleicht so schlecht doch nicht beurteilt.

Allerdings, und darum geht es hier, diese Chancen werden durch unser Bildungssystem nicht unterstützt, wie Jörg Dräger eindrücklich schildert, sondern behindert. Die von Dräger ermittelten und im internationalen Vergleich von der OECD festgestellten Daten zeigen für Deutschland eine ungewöhnlich hohe Abhängigkeit von Schulerfolg und Herkunft und damit auch von Herkunft und Berufschancen.

Es mag sein, dass dies auch mit dem hohen Anteil von Migranten in Deutschland zu tun hat: Diese Kinder haben es oft schon aufgrund ihrer begrenzten Kenntnis der deutschen Sprache schwer, den schulischen Anforderungen zu folgen. Allerdings gibt es innerhalb des Migrantenbereichs auch deutliche Unterschiede der sozialen Herkunft oder kultureller Prägungen. Zugewanderte türkische Bauernfamilien aus Anatolien zum Beispiel haben es in der Regel deutlich schwerer als die Kinder gebildeter Zuwanderer aus dem türkischen Istanbul. Asylflüchtlinge aus Iran, Afghanistan oder Vietnam erfahren oft größere häusliche Bildungsunterstützung als rumänische Roma. Niemand, der die lokale Problematik solcher Herkünfte und Unterschiede kennt, wird sie unterschätzen.

Aufwachsen in bildungsfernen Milieus gibt es aber nicht nur bei Migranten, sondern auch bei Teilen der deutschstämmigen Bevölkerung. Wenn hier Jugendliche die Schule ohne einen Schulabschluss und gar ohne ausreichende Lese- und Rechenkenntnisse verlassen, dann ist auch für sie der Weg in die Arbeitslosigkeit faktisch vorprogrammiert.

Wir alle kennen die Vorschläge: Krippenplätze für alle, die es wollen, und für alle, die es nach festem Druck auf versagende Eltern sollten; erschwingliche oder gar kostenlose Kita-Plätze für alle Drei- bis Fünfjährigen; eine sechsjährige statt der nur vierjährigen Grundschule; statt der dreigliedrigen nur zweigliedrig weiterführende Schulen (»Gemeinschaftsschule« und Gymnasium); genug Ausbildungsplätze im dualen System; und ein offener Zugang auch für alle mit Berufsbildung zum Hochschulstudium nach entsprechender Prüfung.

So weit, so gut. Aber wir dürfen nicht nur wünschen, nicht nur hoffen: Wir müssen heute etwas tun. Hier und jetzt. Und nach dem Prinzip machbarer Prioritäten (kein Pflug für den ganzen Acker!) kommt man schnell zu dem Ergebnis, dass es nicht ausreicht, einen großen Plan zu haben, sondern dass wir *heute* gezielt ansetzen müssen, um die *jetzt* möglichen Lösungen umzusetzen.

Diese Aufgaben lassen sich zunächst kurz so beschreiben:

(1) Für die ganz Kleinen sind Krippen und Kitas vordringlich. Ohne ein ausreichendes Angebot *jetzt* würden wir die heutigen Probleme in Schulen und Ausbildung weiterschleppen und die Sprachprobleme in den Anfangsklassen der Schulen fortbestehen lassen. Damit beschweren wir den gesamten schulischen Weg dieser Schüler.

(2) Für die Kinder, die in Grundschule und Schule heute noch immer mit solchen Hindernissen ringen (weil sie Krippen und Kitas nicht besuchten), müssen wir *jetzt* zusätzliche Hilfen in den Schulen organisieren und reparieren, was noch zu reparieren ist. Wir dürfen diese Kinder nicht einfach mit ihren Nachteilen allein lassen und nur auf die Kita-erzogene, nächste Schulgeneration hoffen. Denn unzureichendes Deutsch, schlechtes Rechnen und fehlende Bildungsmotivation sind für Kinder in der Schule *heute* nahezu unüberwindbare Hindernisse für eine Berufsbildung *später.*

(3) Und schließlich: Wir müssen die Jugendlichen, die sich heute aufgrund ihrer unzulänglichen Schulbildung arbeitslos oder in oft ineffektiven Übergangssystemen befinden, so nachqualifizieren, dass möglichst viele von ihnen durch entsprechende Ausbildung doch noch den Eingang in ein Arbeitsleben finden können.

Das sind die drei, allseits bekannten Aufgaben, die wir vor jeder generellen Debatte über dieses oder jenes »perfekte« Bildungssystem aufgreifen müssen.

Zum Thema frühkindliche Erziehung

Der wichtigste Lösungsansatz liegt hier sicher in einem breiten Ausbau von Krippen für die unter Dreijährigen und von Kitas für alle Kinder bis zum Eintritt in die Schule. Diese Aufgabe liegt in der Verantwortung der Kommunen. Unter allen langfristigen

Bildungsaufgaben ist sie die wichtigste. Denn Dräger belegt, dass die Chance, eine weiterführende Schule erfolgreich zu besuchen, für diejenigen Kinder, die vor dem dritten Lebensjahr in einer Krippe waren, signifikant größer ist. Das genügt schon, um zu erkennen, dass hier der entscheidende Schlüssel zur Verringerung der Ungleichheiten in den Bildungs- und Lebenschancen liegt. Nur durch frühere Bildung können die späteren Lebenschancen erfolgreich von der sozialen Herkunft abgekoppelt werden.

Dies alles ist bekannt und auch politisch weitgehend akzeptiert. Die Probleme der Verwirklichung dieses Zieles sind es allerdings auch: Werden gerade die Migranteneltern und die bildungsfernen Einheimischen ihre Kleinkinder in die Krippen und Kitas geben? Und, werden die Migranteneltern und bildungsfernen Eltern deutscher Herkunft dann zuhause das Lernen der deutschen Landessprache (die sie selbst ja oft nicht wirklich beherrschen) bei ihren Kindern auch fördern und Fortschritte nicht eher durch Widerstand oder Gleichgültigkeit blockieren? Und selbst wenn wir das alles erreichen: Werden Kommunen und Länder die hierfür notwendigen Finanzmittel aufbringen können? Über die hier schon heute bestehenden Möglichkeiten, mehr Personal kostengünstiger zu gewinnen, siehe unten, Seite 219ff.

Am Anfang muss natürlich das Angebot an Plätzen stehen, und diese müssen finanziell für alle erreichbar sein. Aber unsere Erfahrung ist, selbst wenn dieses Angebot besteht, werden die Plätze oft gerade von denen nicht genutzt, die es besonders nötig hätten. Hier gibt es vielfache Erfahrungen und Bemühungen. Selbst ein Kita-Zwang wird erwogen. Aber dieser ist vermutlich kaum durchsetzbar. Helfen könnten auch nachdrückliche, betreuende Bemühungen bei den Eltern, um diesen die Bedeutung früher Bildungschancen für ihre Kinder zu verdeutlichen. Das alles wird schon praktiziert.

Vielleicht gibt es weitere, erfolgreiche Ansätze. Migrantendialoge auf Bundesebene, Integrationsgipfel und Islamkonferenzen sind wichtig. Aber auch hier gilt: Es sind am Ende die Länder und dort in allererster Linie die Kommunen, die ein nachhaltiges Engagement der Migranteneltern und der bildungsfernen Deutschen für deutsche Sprachkenntnisse und für eine kulturelle Einfügung ihrer Kinder in die deutsche Gesellschaft organisieren könnten. Integration in Schule und Gesellschaft ist eine kommunale Aufgabe. Nur die Kommunen können in enger Zusammenarbeit zwischen Jugendämtern, Kinderärzten, Sozialarbeitern, Lehrern, Glaubensgemeinschaften und Familien diesen Integrationsprozess voranbringen. Die Bildungschancen der Kinder bleiben natürlich Aufgabe ihrer Eltern. Aber diese werden ihrerseits nur vorankommen, wenn die Kommunen ihnen Hilfe zur Selbsthilfe ermöglichen. Der kleine und überschaubare Raum macht hier den Unterschied.

Es gibt zum Beispiel in allen ethnischen Gruppen viele sehr erfolgreiche Migrantenfamilien. Könnte man sie stärker einbeziehen, indem die Kommune die Migranten bewegt, sich in Kreisen »Bessere Bildung ist machbar« zu sammeln? Oder wäre es möglich, die positiven Projekte und Erfahrungen zu diesem Thema pragmatisch und lesbar für Migranten zu dokumentieren und sie darüber in ihrer Sprache unter anderem über das lokale Radio zu informieren? Auch um interessierten Kommunen Anhaltspunkte für erfolgreichere Schritte zu vermitteln. Und könnte man Ähnliches für bildungsferne Einheimische tun?

Das sind nur einige Überlegungen, und vielleicht werden sie hier und da schon lokal realisiert. Ich weiß durchaus, wie viel Mühe sich Kommunalpolitiker in dieser Frage geben und wie viele Enttäuschungen auf diese Bemühungen immer wieder folgen. Wie viele unterschiedliche Ansätze bereits erprobt wurden und wie unterschiedlich sie zwischen Ballungsräumen und den kleinen Gemeinden sein müssen. Aber ich hoffe, es ist klar geworden: Auch wenn es Krippen und Kitas für alle gibt, habe ich kein Patentrezept dafür, wie man gerade die Eltern besonders bedürftiger Kinder dazu bringt, ihre Kinder von diesem Angebot auch intensiv Gebrauch machen zu lassen. Die Bildungs-Chipkarte ist sicher ein lohnender Versuch, und man sollte ihn nicht nach wenigen Wochen kaputtreden. Stuttgart zeigt ja, dass der Chip organisatorisch besser funktionieren kann. Bundespolitik ist hier wichtig, aber wiederum nur Kommunalpolitik kann die Lösungen realisieren. Dafür müssen die Kommunen gestärkt werden.

Ein praktisches Beispiel kommunaler Fantasie und Initiative ist die Stadt Westerstede im niedersächsischen Ammerland, die mit Hilfe von Unternehmen und einem Bundeswehrstandort Kita-Plätze schafft, indem sie mit diesen Förderern feste Buchungen für eine bestimmte Zahl von Plätzen vereinbart. »Wie ein Opernabonnement?«, war meine Frage. »Ja«, lautete die Antwort. Hier wird beides hochintelligent verbunden: regionale wirtschaftliche Standortpolitik mit bildungspolitischen Erfolgen. Könnte man so auch einen ethnisch organisierten Migrantenverein einbeziehen? Es sind jedenfalls derartige Möglichkeiten, die nur eine dezentrale Bildungspolitik wirklich ausschöpfen kann. Es sind diese kommunalen Aufgaben, die unter anderem eine Gemeindefinanzreform vordringlich machen. Darüber unten, Seite 219 ff.

Bildungsferne und Migrantenkinder im Schulsystem

Es ist unbestritten, dass sprachschwache und in ihrer Erziehung vernachlässigte Kinder häufig schon beim Eintritt in die Grundschule schwer einholbare Nachteile mitbringen. Auch hier gibt es viele Reformvorschläge. So glaube ich zum Beispiel – und internationale Bildungsstudien zeigen das auch –, dass ein längeres, gemeinsames Lernen – also eine Grundschule von mindestens sechs Jahren – in dieser Beziehung ein nützliches Instrument sein kann. Ich weiß allerdings auch, dass es Studien, wissenschaftliche Meinungen und Erfahrungen gibt, die diese These nicht stützen. Und ich habe erlebt, wie der in Hamburg einstimmig gefasste Parlamentsbeschluss für eine sechsjährige Grundschule am Widerstand eines Volksentscheides gescheitert ist.

Ich rechne deswegen diesen Weg gegenwärtig nicht zu den praktischen Möglichkeiten einer »Politischen Gebrauchsanweisung«. Allerdings entfaltet die Demografie vermutlich gerade hier eine eigene Dynamik: Wenn Eltern nämlich die Wahl haben werden zwischen einem weiteren Schulweg, der ihr Kind in ein früh gegliedertes Schulsystem führt, und dem Erhalt einer sechsjährigen Grundschule in der Nähe, werden sie vielleicht schon bald anders votieren.

Die wichtigste Hilfe für Kinder mit schwierigen Startbedingungen ist allerdings die Ganztagsschule, und zwar vom ersten Grundschuljahr an. Sie wird offenbar von einer breiten Mehrheit getragen und stößt weniger auf den Widerstand der Eltern als auf finanzielle Begrenzungen in den Ländern. Finanzprobleme werden sowohl hinsichtlich des Ausbaus der Infrastruktur (Gebäude) als auch für das dann notwendige zusätzliche Personal geltend gemacht. Auch hier gäbe es schon heute ungenutzte Personalreserven; darüber wiederum dann unten, Seite 219 ff.

Abgewiesen an der Ausbildungsschwelle

Der Ausbau von Krippen und Kitas muss jetzt beginnen, wenn weitere soziale Spaltungen nicht entstehen sollen. In den Schulen, wo heute die Kinder mit sozial bedingten Nachteilen zu kämpfen haben, weil sie den Vorteil sorgfältiger frühkindlicher Fürsorge noch nicht hatten, müssen wir reparieren, was noch zu reparieren ist. Und dann müssen wir uns intensiv um diejenigen kümmern, die heute aufgrund solcher Nachteile vor verschlossenen Ausbildungstüren stehen.

Denn selbst wenn es uns bald gelungen sein sollte, die Herkunftsbarriere im frühkindlichen Vorschulalter wirksam abzubauen; auch wenn wir jetzt in den Schulen durch Ganztagsangebote, individuelles Lernen und Nachlernen die frühen Versäumnisse der Elternhäuser und Schulen teilweise wieder ausgleichen können: Viel zu viele Jugendliche bleiben heute wegen unzureichender Schulbildung in sogenannten Warteschleifen hängen und erfahren, wie Dräger belegt, dort oft nicht genug realistische Chancen für einen späteren beruflichen Einstieg.

Dabei ist es heute zunehmend nicht mehr so, dass die Betriebe den fachlich qualifizierten Nachwuchs leicht finden können. Es ist auch nicht mehr so, dass die Betriebe nicht genug Ausbildungsplätze bereitstellen. Angebot und Nachfrage werden sich aus demografischen Gründen weiter wandeln. Aber den Jugendlichen, die heute von den Betrieben abgewiesen werden, fehlen fast immer die Grundvoraussetzungen für eine erfolgreiche berufliche (duale) Ausbildung. Es sind die Beherrschung der sogenannten Kulturtechniken (Lesen, Schreiben, Rechnen) und eine notwendige Disziplin zum Lernen, die hier von den Betrieben – leider meist gut begründet – vermisst werden.

Jörg Dräger macht deutlich, wie viel Geld heute in die »Warteschleifen« gepumpt wird, in denen diese Jugendlichen sich aufhalten – oft genug erfolglos. Man könnte diese Mittel besser einsetzen, wie Dräger anregt. Der von ihm diskutierte Vorschlag, vom Staat oder von den Kommunen öffentliche Ausbildungswerkstätten einrichten zu lassen, scheint auf den ersten Blick vieles für sich zu haben. Er ist ja auch nicht neu. Die betroffenen Jugendlichen könnten dort eine volle Berufsbildung erfahren und müssten nicht immer neue Bildungskurse durchlaufen, ohne ein klares Berufsziel zu haben. Doch wie soll das gehen? Für welche Berufe sollen diese Ausbildungswerkstätten in einer sich so schnell wandelnden hoch spezialisierten Arbeitswelt eingerichtet werden? Wer soll die Inhalte bestimmen? Darf der Jugendliche dann das Angebot einer solchen Ausbildungswerkstätte ablehnen, weil er Friseur nicht lernen will, Automechaniker aber nicht angeboten wird? Man sollte diesen Weg vielleicht regional ausprobieren, für zielführend halte ich ihn letztlich nicht.

Erfolg versprechender scheint mir zu sein, die nachholende Ausbildung dieser Jugendlichen der Wirtschaft selbst anzuvertrauen. Jugendliche unter 30, die mehrfach als Auszubildende abgelehnt wurden und arbeitslos oder in einer Warteschleife sind, sollten besondere betriebliche Ausbildungsplätze in der Wirtschaft angeboten bekommen. Hier wäre eine Teilfinanzierung durch den Staat Erfolg versprechender.

Ein Modell für diesen Weg – allerdings allein von der Wirtschaft finanziert – haben die Chemie-Sozialpartner vorgezeichnet und seit zehn Jahren praktiziert. »Start in den Beruf« heißt das Projekt. Mit dieser Initiative werden Jugendliche gefördert, die bisher keine Lehrstelle gefunden haben und denen die Voraussetzungen für die Aufnahme einer Berufsbildung fehlen. In einem sechs- bis zwölfmonatigen Förderprogramm sollen sie durch ein Zusammenspiel von betrieblicher Praxis, theoretischer Unterweisung und sozialpädagogischer Betreuung zur Aufnahme einer qualifizierten Berufsausbildung befähigt werden. Die Anforderungen sind hart und pädagogisch konsequent. Im Zehn-Jahres-Durchschnitt haben die Chemie-Partner auf diesem Wege aber bisher etwa 80 Prozent der Teilnehmer eine Ausbildung, einen Arbeitsplatz oder sogar eine Weiterqualifizierung beschaffen können.

Wiederum lässt sich ein solches Programm nicht sofort auf breiter Bundes- oder Landesebene verwirklichen. Doch Länder und Kommunen könnten gemeinsam mit den jeweils örtlichen Betrieben vergleichbare Programme auch für andere Branchen anregen. So wäre sowohl dem Facharbeiternachwuchs vor Ort als auch den Berufs- und Arbeitschancen bisher unzureichend qualifizierter Jugendlicher geholfen. Länder und Kommunen sollten sich das Chemie-Projekt »Start in den Beruf« einmal sorgfältig ansehen. Denn alles, was mit örtlichen Betrieben erfolgt, hat dann am Ort auch viel eher die Chance für einen Arbeitsplatz. Die Praxis verweist also auch hier auf dezentrale Verantwortung. Auf Betriebe und Kommunen. Diese sollten standortorientiert zusammenwirken, um allen Jugendlichen, die überhaupt geeignet sind, ein produktives Arbeitsleben zu ermöglichen.

Diese Überlegungen zeigen im Übrigen auch, welche Vorteile mit kommunaler Zuständigkeit für die Bekämpfung von Arbeitslosigkeit, insbesondere der Jugendarbeitslosigkeit, verbunden sein können. Eine solche Möglichkeit (das sogenannte Optionsmodell) scheint mir überwiegend positive Ergebnisse zu haben. Eine (leise) Nebenbemerkung: Würde man generell den Kommunen die öffentlichen Mittel zur Bekämpfung der Arbeitslosigkeit mit der Maßgabe an die Hand geben, dass diese Mittel für eine gewisse Frist auch nach dem Abbau der örtlichen Arbeitslosigkeit weitergezahlt werden, dann würde eine Kommune sich hier vielleicht besonders anstrengen, um das frei gewordene Geld dann für andere Zwecke, zum Beispiel für den Ausbau von Krippen und Kitas oder eben auch für ein Modell »Chemie-Sozialpartner – Start in den Beruf«, zu nutzen.

Ein gutes Beispiel für die Vorteile einer engen Zusammenarbeit von Wirtschaft und Bildung liefert erneut die Stadt Westerstede. Die Stadt hatte auf der breiten Basis von sechs Landkreisen das Optionsmodell (also Zuständigkeit für Arbeitsvermittlung etc.) gewählt. In der Erfahrung dieser Verantwortung erkannte die

Stadt die Bedeutung einer frühen Begegnung der Kinder und Jugendlichen mit dem Gebiet der Technik. Eine (alle Schularten) übergreifende Technikschule wird jetzt den Kindern und Jugendlichen beiden Geschlechts angeboten. Die Erfahrung der Jugendlichen, dass Technik ohne Rechnen nicht geht, lehrt die Jugendlichen zu rechnen, um Technik zu können!

Abschließend lautet meine Gebrauchsanweisung an dieser Stelle also: Wo Kommunen die Fähigkeit entwickeln, Bildung und Ausbildung, Arbeitslosigkeit und wirtschaftliche Aktivität konzeptionell zu verbinden, dort bestehen die größten Chancen für eine Stärkung des fachlich qualifizierten Nachwuchses. Betriebe sind »lokal«, Arbeitslosigkeit ist »lokal«, also können Erfolge auch nur »lokal« errungen werden.

Sparsamere Bildung hätte mehr Mittel

Viele Menschen, die mit unseren Schulen und Hochschulen unzufrieden sind, haben meist zwei einfache politische Forderungen: mehr Geld und eine Zuständigkeit für die Bildung beim Bund. Zum Letzten habe ich mich hier bereits eingehend geäußert. Nun zum Geld.

Das deutsche Bildungswesen ist in der Tat unterfinanziert. Genaue internationale Vergleichszahlen gibt es zwar nicht, weil auch die OECD gelegentlich Äpfel mit Birnen vergleicht (wo zum Beispiel und wie vollständig werden die Mittel der Berufsbildung veranschlagt?). Dennoch fehlt es im Bildungsbereich ganz gewiss an Geld, und hier sollte eindeutig eine finanzpolitische Priorität gebildet werden.

Im Rahmen der heutigen Finanzausstattung von Bund, Ländern und Gemeinden wird es aber sehr schwer sein, zukünftig mehr Geld für das Bildungswesen bereitzustellen. Die Grenzen sind mehrfach und erkennbar gezogen: Die Bundesrepublik ist heute bereits überschuldet; 60 Prozent Schulden gemessen am Bruttoinlandsprodukt (BIP) sind geltende »Maastricht«-Regeln; rund 80 Prozent erreichen wir heute. Schuldenabbau muss also schon aus diesem Grund Vorrang haben. Da hilft dann auch nicht das Argument, dass mehr Schulden heute (zum Beispiel für den Ausbau des Bildungswesens) sich »morgen« rentieren würden: Das Geld fehlt heute, und heute fordern Maastrichtregeln und Schuldenbremse konsequentes Sparen. Verfassungsrechtlich kann der Zwang der Schuldenbremse ohnehin nicht aufgehoben werden.

Nicht nur der Bund, auch Bundesländer und Kommunen tragen heute zu hohe Schulden. Das gilt nicht nur für die sogenannten Nehmer-Länder im Finanzausgleich (insbesondere Berlin, Bremen und das Saarland). Es gilt sogar für die Geber-Länder, wenn man die eigentlich notwendigen Rückstellungen für Pensionen und Renten berücksichtigen würde. Und es gilt dort auch für die notwendigen Instandsetzungen der Infrastruktur. Wir leben schon lange auf »zu großem Fuß«! Die Energiewende und die wachsenden europäischen und internationale Verpflichtungen müssen jetzt zusätzlich berücksichtigt werden.

Es gibt inzwischen genug Beispiele für die gefährlichen Folgen hoher öffentlicher Schulden. Noch könnten wir zukünftige Wirtschafts- und Finanzkrisen (die es immer wieder geben wird!) überstehen. Aber die Spielräume sind bereits heute sehr eng.

Die Antwort auf den Finanzbedarf des Bildungswesens wird also zunächst nur in einer konsequenten Setzung von Prioritäten innerhalb des Bildungssektors selbst zu finden sein; in Einsparungen hier, um weitere Ausgaben dort zu finanzieren. So wichtig die Aufgabe Bildung ist: Erst wenn die Bildungspolitiker selbst vorbildliche Sparer sind, werden sie größere Anteile an den öffentlichen Haushalten glaubwürdig verlangen können – und dürfen. Jörg Dräger macht in dieser Beziehung zahlreiche Vorschläge.

Man mag mir vorhalten: Der hat leicht reden (oder schreiben), er muss ja nicht sparen. Da zitiere ich dann ausnahmsweise Sätze von mir aus früheren Zeiten: 1971, also auf dem Höhepunkt der damaligen Bildungsdebatte, schrieb ich in der Wochenzeitung *Die Zeit* unter dem Titel »Wo die Reform weh tut« als zuständiger parlamentarischer Staatssekretär (ab 1972 Bundesminister) Folgendes:

»Ein gesellschaftlicher Bereich, der Mittel dieser Größenordnung beansprucht, muss ständig den Beweis sorgfältiger Planung und spartanischer Sparsamkeit erbringen. Planung heißt: die Bildungsausgaben müssen gesellschaftlich sinnvoll sein. Und Sparsamkeit bedeutet, dass man für jede notwendige Ausgabe die zweckmäßigste und billigste Form suchen muss.

Ich meine, die Bildungspolitiker müssen selbst den Mut aufbringen, klar zu sagen, wo und warum sie das ›Angebot Bildung‹ aus Überlegungen gesellschaftlichen Bedarfs quantitativ und qualitativ abgrenzen wollen: Sie dürfen nicht den Eindruck erwecken, als wollten sie sich hierbei hinter dem Finanzminister verstecken.«

Sätze wie die zitierten haben mir natürlich nicht nur Freunde gemacht. Aber sie haben uns damals am Ende doch ermöglicht, die Finanzmittel für Bildung und Wissenschaft erheblich zu steigern. Ich hatte damals allerdings auch versucht, A 11 als eine niedrigere Erstbesoldung für alle Lehrer aller Schultypen durchzusetzen – wurde aber von den Vertretern der Beamtenschaft (!) in meiner Fraktion gestoppt.

Auch heute gibt es viele Felder, auf denen Bildungspolitiker Sparsamkeit praktizieren könnten. Einige finden sich in Drägers Vorschlägen, einige habe ich auch erwähnt, zum Beispiel praktischere und kürzere Ausbildungen.

Allerdings gerät die Bildungspolitik in Deutschland hier, wie so oft, in ihre eigenen perfektionistischen Fesseln: Zu hohe Ausbildungsansprüche und zu vollkommene Vorstellungen von »notwendigen« baulichen Voraussetzungen hindern uns heute immer wieder an den notwendigen Schritten.

Personalreserven für Krippen und Kitas

Erinnern wir uns: Der weitaus größte Teil unserer heutigen Bevölkerung wurde zwischen Geburt und Schulbeginn von Müttern oder Vätern erzogen, die niemals einen »Schein« in Erziehungswissenschaften gemacht hatten. Und so schlecht waren die Ergebnisse dieser häuslichen Erziehung dann ja auch nicht. Sind demgegenüber unsere Ausbildungsansprüche an Kita-Erzieherinnen nicht manchmal etwas übertrieben und kostspielig?

Vor Kurzem traf ich eine literarisch gebildete Frau, zweite Hälfte 40. Sie hatte zwei Söhne erfolgreich großgezogen und suchte nun einen neuen beruflichen Einstieg: Sie wollte Erzieherin in einer (hessischen) Kita werden. Man verlangte von ihr: zwei Jahre Ausbildung, Kurse und schriftliche Hausaufgaben (auch theoretische, sozialwissenschaftliche Kenntnisse waren gefordert!), und das alles zunächst ohne jede reale Begegnung mit einer Kita-*Praxis*. In den Notzeiten nach 1945 hätten vermutlich sechs Wochen Praxis für einen erfolgreichen Eignungstest genügt.

Angesichts knapper Kassen plädiere ich für praktische und billigere Wege. Erfahrene und zuverlässige Mütter, die in eine berufliche Tätigkeit zurückwollen, könnten sehr viel kürzer, aber dafür mit einem deutlichen pädagogischen Schwerpunkt ausgebildet werden. Erziehungswissenschaft – ich weiß, das bringt einen Aufschrei in den Universitäten – ist für unser Bildungswesen ganz allgemein weitaus weniger bedeutsam, als viele heute meinen; pädagogischer Praxis sollte dagegen in jeder Berufswahl und Ausbildung erheblich mehr Platz gegeben werden.

Unsere Ausbildungen im gesamten Bereich der Krippen und Kitas sind sehr kopflastig, oft allzu theorieorientiert und praxisfern; langwierig und damit auch teuer. Da die Länder seit 2006 (Föderalismusreform) für das öffentliche Dienstrecht weitgehend allein zuständig sind, wäre es ratsam, sie würden gemeinsam mit den Kommunen überdenken, welche Qualifikationen für Krippen und Kitas wirklich wichtig sind. Der internationale Vergleich (siehe Finnland) könnte auch hier hilfreich sein. Dabei sollte immer die Frage im Vordergrund stehen: Was kann heute getan werden, um jetzt schneller und weniger kostspielig zu kurzfristig wirksamen Ergebnissen zu kommen? Denn Geld wird knapp bleiben – auch wenn die Aufgaben zunehmen. (Vorsicht: Berufsverbände und Gewerkschaften bringen manchmal auch sehr eigennützige Ausbildungs- und Besoldungswünsche ein!) Und eine Kommune wird sich sehr viel besser zu helfen wissen, wenn nicht Land und Berufsverbände allzu teure Ansprüche an die Ausbildung stellen. Praxis, Pädagogik, Erfahrung sollten besser genutzt werden.

Personalreserven im Schulbereich

An dieser Stelle muss auch ein Wort zur Lehrerausbildung gesagt werden. Denn obwohl es sich hier um nur relativ langfristig wirksame Reformschritte handelt, die Fachleute sind sich einig: Am Ende kommt es immer auf den Lehrer (oder die Lehrerin) an! Es gibt viele engagierte und erfolgreiche Lehrer und Lehrerinnen. Aber es gibt eben auch manche, die der Aufgabe nur unzureichend gewachsen sind. Dräger schreibt eingehend darüber. Auch hier sollten wir erst über die Auswahl und dann über die Ausbildung künftiger Lehrer nachdenken.

Wenn Jörg Dräger recht hat, ist nämlich schon die Auswahl zu Beginn des Lehrerstudiums ein Problem: Arbeitsplatzsicherheit, Urlaubschancen und Familienverträglichkeit spielen bei der Berufswahl »Lehrer« offenbar eine übergroße Rolle; pädagogisches Interesse und Eignung für den Umgang mit Kindern dann eine geringere. Eine Reform der Lehrerausbildung sollte deswegen grundsätzlich neue Wege gehen: Fachwahl und Fachabschluss sollte zum Studienbeginn ohne Bezug auf den Lehrerberuf erfolgen. Dann sollte in den studierten und erfolgreich absolvierten Fächern ein Praktikum als Assistenzlehrer oder dergleichen stattfinden. Daran anschließend eine Zulassung zum pädagogischen Master. Und dann erst die Einstellung als Lehrer.

Andere Nationen arbeiten schon lange mit kürzer, aber praktisch-pädagogisch viel intensiver ausgebildeten Erzieherinnen (und Erziehern!) für Krippen und Kitas und an den Schulen mit Schulassistenten, auch da, wo bei uns immer die teureren Lehrer eingesetzt werden müssen. Pädagogisches Engagement, erzieherische Praxis und die Liebe zu Kindern sind aus meiner Sicht mindestens so wichtig wie erziehungswissenschaftliche Seminare! Wenn wir das ganze Bildungssystem weniger kopflastig, aber dafür intensiver pädagogisch ausrichten würden, wäre die Ausbildung in den Ergebnissen vermutlich auch effektiver. Es kann ja kein Zufall sein, dass wir unsere Lehrer (im Durchschnitt) zwar um etwa ein Fünftel besser bezahlen als der Rest der EU, und dann auch noch im Gymnasium am höchsten, wo ohnehin die erfolgreicheren Schüler sind. Bessere Ergebnisse erzielen wir aber nicht.

Um die falsche Struktur und auch die Höhe der Lehrerbesoldung zu ändern, wäre vermutlich eine einheitliche Regelung aller Länder erforderlich, weil sonst jeweils die für die Lehrer »persönlich« günstigeren Regelungen ein Qualitätsgefälle zugunsten der finanziell stärkeren Bundesländer entstehen lassen könnten. Hier sollte wiederum der Bund ein auch an internationalen Vergleichen und Erfahrungen orientiertes Konzept der Kultusministerkonferenz zuleiten. Dort, und nicht durch Bundesgesetze, sollten die Entscheidungen getroffen werden. Ich weiß – das brächte dem Bund vermutlich Ärger und verlangt daher Mut.

Mein Rat in dieser »Gebrauchsanweisung« lautet also: Die Bundesländer sollten im Rahmen ihrer heutigen Zuständigkeiten für das öffentliche Dienstrecht (und mit Hilfe des Bundes) einen finanzpolitisch effektiveren und bildungspolitisch sinnvolleren Weg suchen, um sich im Lehrerberuf aus der Zwangsjacke der heutigen Strukturvorgaben »gehobener Dienst« und »höherer Dienst« zu befreien. Sie sollten eine je nach Schwierigkeitsgrad der pädagogischen Aufgaben sinnvolle Umschichtung zwischen und innerhalb der Schultypen schaffen; das heißt dann unterschiedliche Stellenkegel für die einzelnen Schulen (zum Beispiel Brennpunkte gegenüber privilegierten Stadtteilen). Es kann doch nicht sinnvoll sein, dass der Sportlehrer für das zwölfte Schuljahr am Gymnasium besser bezahlt wird als diejenigen, die siebenjährigen Kindern aus bildungsfernen Schichten die deutsche Sprache beibringen und ihnen dabei auch noch Freude am Rechnen, Lesen und Schreiben vermitteln sollen!

Änderungen dieser Art anzustoßen – das sei erneut hinzugefügt – ist politisch äußerst schwierig. Lehrergewerkschaften und leicht mobilisierbare Eltern werden solchen Eingriffen zunächst heftig widersprechen. Dennoch sind Änderungen dringend notwendig. Bei der Korrektur einer teuren Lehrerbesoldung kann es ja ohnehin immer nur um die Neueinstellungen gehen, nicht um eine Beschneidung bestehender Lehrerrechte. Warum aber ein Lehrer, je älter er wird, unbedingt mehr verdienen muss als sein jüngerer Kollege, der gerade eine

Familie gegründet hat, bleibt unverständlich. In der gymnasialen Oberstufe verdiente 2007 ein deutscher Lehrer laut OECD (2009) kaufkraftbereinigt nach 15 Berufsjahren und Mindestausbildung rund 24 500 Euro mehr im Jahr als sein französischer und rund 24 000 Euro mehr als sein schwedischer Kollege. Wie kann man das rechtfertigen? Doch nicht mit besseren Schulerfolgen!

Es gibt weitere Möglichkeiten, um personelle Kapazitätsengpässe eventuell kostengünstiger zu lösen. Niemand wird zwar bestreiten, dass der Lehrerberuf ein besonders anstrengender ist und viele Lehrer gerade wegen der oft unzulänglichen Erziehungsarbeit der Elternhäuser immer wieder mit Jugendlichen zu tun haben, die ihnen den Berufsalltag sehr schwer und frustrierend machen können. Und trotzdem besteht aus meiner Sicht nicht die Notwendigkeit, diese Lehrkräfte als »ausgebrannt« vorzeitig in den Ruhestand zu versetzen. Auch ein für den Unterricht »ausgebrannter« Lehrer kann in der Regel durchaus noch an einer Ganztagsschule am Nachmittag in kleinen Gruppen Nachhilfeunterricht geben oder die Aufsicht bei Schularbeiten führen. Genauso gut könnten sie Migrantenkindern Einzelunterricht in Deutsch erteilen (selbst als ehemalige Sportlehrer!), und sie wären sicher auch für Schulverwaltungsaufgaben oder Tätigkeiten in den Bildungsministerien einsetzbar. Der Fantasie sind hier keine Grenzen gesetzt. Jedenfalls handelt es sich in der Regel um öffentliche Angestellte oder Beamte, deren Pensionen für den Staat teuer sind und deren Arbeitskraft (außer in schweren Krankheitsfällen) mindestens bis zum 65. Lebensjahr eingesetzt werden sollte.

Hier, wie ganz allgemein, zeigt sich eine bedeutsame Schwäche Deutschlands. Wir suchen in perfektionistischer Betriebsamkeit gerne allumfassende Lösungen, anstatt Problem für Problem, und das von Ort zu Ort, anzugehen. Ich bin auch ganz sicher, dass für eine zusätzliche Ausstattung der Schulen für den Ganztagsbetrieb relativ leicht benachbarte Unternehmen und Handwerksbetriebe gewonnen werden könnten, die etwa Kücheneinrichtungen für das Mittagessen zur Verfügung stellen oder auch Ruheräume für die Mittagszeit oder zusätzliche Einrichtungen für Sport, Spiel und musische Fächer finanzieren. Ein »Landesprogramm« mit »Bundesmitteln« wird es nicht wuppen, ein guter Bürgermeister mit einer Stiftung schon eher!

Einen weiteren, allerdings eher fast symbolischen Bereich will ich hinzufügen: Ich halte die Streichung der ohnehin meist sehr niedrigen Studiengebühren für unsozial und finanzpolitisch unvertretbar. Unsozial, weil heute die Kassiererin bei Aldi den Studienplatz des Millionärs mitfinanziert, obwohl statistisch beweisbar ist, dass jeder Akademiker später nicht nur mit einem im Durchschnitt vielfach höheren Einkommen rechnen kann, sondern auch mit einer deutlich geringeren Gefahr späterer Arbeitslosigkeit. Wenn man die Studiengebühren dann sogar so einrichtet, dass sie zunächst auf Kredit geleistet werden können und die spätere Rückzahlung ratenweise und abhängig von der dann gegebenen Höhe des Einkommens erfolgen muss, verstehe ich nicht, wie ein Bildungsminister heute noch der Streichung von Studiengebühren zustimmen kann. Als Finanzminister würde ich jedenfalls diesem Bildungsminister keinen zusätzlichen Cent für die Universität bewilligen!

Mein Rat an die für Bildung verantwortlichen Politiker lautet also, mit dem ständigen Finanzgejammer aufzuhören und stattdessen ein Paket von sinnvollen möglichen, oft allerdings politisch auch unpopulären Sparvorschlägen zu unterbreiten. Und erst wenn diese in den Kabinetten und Parlamenten (dann meist aus kurzfristigen und vermutlich opportunistischen Gründen) nicht akzeptiert werden, erst dann würde ich wieder in die finanzpolitische Offensive für die Bildung gehen.

Im Übrigen führen meine Überlegungen, Städten und Gemeinden mehr bildungspolitische Verantwortung zuzutrauen, auch zu der Schlussfolgerung, dass wir der Gemeindefinanzreform einen hohen politischen Stellenwert einräumen müssen. Ich glaube wohl zu übersehen, wie schwierig dieses Vorhaben ist. Insbesondere wirft das Problem der örtlichen Steuerzuweisung (»Zerlegung«) nahezu unüberwindliche Mehrheitsfragen auf. Aber so knapp und so wechselhaft dürfen wir die Gemeindefinanzen nicht lassen, wenn wir die umfassende Bedeutung der Kommunen wirklich für Wirtschaft, Arbeit und Bildung begriffen haben.

Zusammenfassung meiner politischen Gebrauchsanweisung

Um die Linien meiner Überlegungen und Erfahrungen noch einmal zu verdeutlichen, fasse ich zusammen:

(1) Unser Bildungssystem ist oft besser als sein Ruf, sonst wären wir nicht so erfolgreich in der Welt. Es hat allerdings auch gravierende Schwächen. Die auch international am schärfsten kritisierte ist die hohe Abhängigkeit des Bildungserfolges von der familiären Herkunft.

(2) Um diese Aufgabe anzugehen, bedürfen wir nicht vermehrter Bundeszuständigkeiten, sondern vielmehr einer konsequenten Konzentration der Zuständigkeiten und Verantwortungen in den Ländern und Kommunen. Dezentralisation ist eine wichtige Antwort auf die Mängel des Bildungswesens. Die Bildungseinrichtungen vor Ort – Krippen, Kitas, Schulen, Hochschulen usw. – haben einen allgemeinen Bildungsauftrag, sind aber, wo dies zweckmäßig ist, auch eng mit den Betrieben vor Ort zu verbinden.

(3) In diesem Sinne sollten Länder, Städte und Kommunen ihre Verantwortung für die Bildung auch als Standortpolitik ver-

stehen. Denn die »Köpfe«, auf die es ja immer mehr ankommt, sind auch die Träger regionaler Wirtschaftsentwicklungen. Betriebe und Bildungseinrichtungen müssen deswegen noch viel enger zusammenarbeiten.

(4) Das Bildungssystem braucht in vielen Bereichen mehr personelle und finanzielle Mittel. Aber diese gilt es, zunächst aus dem Bildungssystem selbst zu heben. Einen glaubhaften Anspruch auf mehr Geld für die Bildungspolitik können wir erst dann mit Aussicht auf Erfolg stellen, wenn das Bildungssystem selbst seine Sparsamkeit bewiesen hat. Und da ist noch viel Raum!

(5) Alles in allem sollten wir die Probleme im System eher Schritt für Schritt als mit großen Plänen angehen. Praxisbezug, Verantwortung vor Ort und seine transparente Leistungskontrolle sind im Kern einfache, aber auch wirkungsvolle Antworten auf die Klagen der Menschen.

Dank

Dieses Buch ist die Leistung eines Teams. Mein Dank gilt Michael Maillinger, der dafür gesorgt hat, dass es trotz der komplexen Materie verständlich und anschaulich formuliert ist; Ralph Müller-Eiselt, der mit großer Ausdauer und kritischem Geist geholfen hat, die Argumente zu schärfen; Sarah Pennings für ihre akribische Recherchearbeit; unserer Lektorin Christiane Naumann für den Feinschliff des Textes; und Carina Schnirch, die durch ihren urteilssicheren Blick die Struktur des Buches mit geprägt hat.

Ein besonderer Dank gilt auch den Mitarbeitern der Bertelsmann Stiftung, allen voran Ulrich Kober, Anette Stein, Frank Frick, Antje Funcke und Clemens Wieland, die dieses Buch durch ihre Arbeit und Studien der vergangenen Jahre überhaupt erst ermöglicht und mich dann bei der Entstehung sehr engagiert unterstützt haben. Es ist ein Glück, dass es Institutionen wie die Bertelsmann Stiftung gibt, die einen für das Denken bezahlen und seine Gedanken aufschreiben lassen.

Viele Lehrer, Schulleiter und Wissenschaftler haben sich Zeit für mich genommen, mir Einblicke in ihren Arbeitsalltag gewährt und ihre Erkenntnisse mit mir geteilt. Ihren Einsatz für ein besseres Bildungswesen bewundere ich sehr; wir brauchen ihn auch in Zukunft. Deswegen werden wir das Autorenhonorar dazu verwenden, die Bildung in Deutschland weiter zu verbessern.

Jörg Dräger

Anmerkungen

Einleitung

1 Picht, Georg (1964): *Die deutsche Bildungskatastrophe,* Olten/Freiburg: Walter Verlag, S. 17, 26, 31, 33f. Aus Gründen der besseren Lesbarkeit ist der hier aufgeführte Text gekürzt bzw. zusammengefasst.
2 In diesem Buch wird darauf verzichtet, bei der Bezeichnung von Personen jeweils die weibliche und die männliche Form zu verwenden. Die Verwendung der männlichen Form schließt ebenfalls die Gruppe der weiblichen Personen mit ein und umgekehrt.
3 Vgl. Herz, Otto (2009): »Die deutsche Bildungskatastrophe«, in: *vorwaerts.de*, Artikel vom 24.03.2009, http://www.vorwärts.de/artikel/die-deutsche-bildungskatastrophe.
4 Die schwarz-grüne Regierung unter Bürgermeister Ole von Beust wollte ab 2008 die Schulen der Hansestadt umfassend reformieren. Hauptschulen, Realschulen, Aufbaugymnasien und Gesamtschulen wurden zu Stadtteilschulen zusammengeführt, die neben dem Haupt- und Realschulabschluss auch das Abitur nach dreizehn Jahren anbieten. Ein zweiter Teil der Reform sah vor, die Grundschulzeit auf sechs Jahre zu verlängern und den Eltern weniger Einflussmöglichkeiten auf die Wahl der weiterführenden Schule zu geben. Dieser Teil der Reform fand zwar die Zustimmung aller in der Hamburger Bürgerschaft vertretenen Parteien (CDU, SPD, GAL, Die Linke), wurde jedoch im Juli 2010 per Volksentscheid gestoppt.
5 55,2 Prozent der Nettoausgaben der öffentlichen Haushalte wurden 2007 für die soziale Sicherung bereitgestellt, lediglich 9,0 Prozent für Bildung (Abb. 19). Vgl. Autorengruppe Bildungsberichterstattung (Hrsg.) (2010): *Bildung in Deutschland 2010,* Bielefeld: W. Bertelsmann Verlag, S. 21.
6 Vgl. OECD (Hrsg.) (2010 b): *PISA 2009 Results: Overcoming Social Background,* Paris: OECD Publishing, S. 62f.
7 Vgl. Bundesministerium für Bildung und Forschung (Hrsg.) (2010): *Die wirtschaftliche und soziale Lage der Studierenden in der Bundesrepublik Deutschland 2009,* Bonn/Berlin: BMBF, S. 103.

8 Sehr kleine Klassen befördern den Lernerfolg, sehr große Klassen behindern ihn. Veränderungen der Schülerzahl bei den in Deutschland üblichen Klassengrößen (z. B. die Verkleinerung von durchschnittlich 26 auf 24 Schüler in einer Klasse) haben hingegen keinen signifikanten Einfluss auf die Lernleistungen. Vgl. Bos, Wilfried, et al. (Hrsg.) (2007): *IGLU 2006. Lesekompetenzen von Grundschulkindern in Deutschland im internationalen Vergleich,* Münster/New York: Waxmann, S. 52 f. Siehe auch Hanushek, Eric (2010): »The Difference is Great Teachers«, in: Weber, Karl: *Waiting for Superman. How We Can Save America's Failing Public Schools,* New York: Public Affairs, S. 81–100, hier: S. 93 f.

9 Der Einfachheit halber wird in diesem Buch meistens von Kindertagesstätten (Kitas), Kita-Besuch und Kita-Plätzen gesprochen. Dies schließt aber auch andere Formen der frühkindlichen Bildung und Betreuung in Kindergärten, Krippen und der Kindertagespflege ein.

10 Vgl. Fritschi, Tobias/Oesch, Tom (2008): *Volkswirtschaftlicher Nutzen von frühkindlicher Bildung in Deutschland,* Gütersloh: Bertelsmann Stiftung, S. 7.

11 Vgl. Bock-Famulla, Kathrin/Lange, Jens (2011): *Länderreport Frühkindliche Bildungssysteme 2011,* Gütersloh: Bertelsmann Stiftung, in Druck.

12 Vgl. Naz, Ghazala (2006): *Effect of Cash-Benefit Reform on Immigrants' Labour Supply and Earnings, Working Papers in Economics,* Nr. 13/06, Bergen: University of Bergen; Dehmer, Dagmar (2007): »In Norwegen ist das Betreuungsgeld umstritten«, in: *Tagesspiegel Online,* Artikel vom 29.10.2007, http://www.tagesspiegel.de/politik/in-norwegen-ist-das-betreuungsgeld-umstritten/1080912.html.

13 Vgl. Hanushek (2010): S. 90.

14 Vgl. Rauin, Udo (2007): »Im Studium wenig engagiert – im Beruf schnell überfordert«, in: *Forschung Frankfurt,* Heft 3/2007, S. 60–64, hier: S. 62.

15 Vgl. Schaarschmidt, Uwe/Kieschke, Ulf (2007): »Beanspruchungsmuster im Lehrerberuf. Ergebnisse und Schlussfolgerungen aus der Potsdamer Lehrerstudie«, in: Rothland, Martin (Hrsg.): *Belastung und Beanspruchung im Lehrerberuf. Modelle – Befunde – Interventionen,* Wiesbaden: VS Verlag für Sozialwissenschaften, S. 81–98, hier: S. 90.

16 Vgl. Statistisches Bundesamt (Hrsg.) (2010 c): *Finanzen und Steuern, Versorgungsempfänger des öffentlichen Dienstes,* Fachserie 14, Reihe 6.1, S. 98.

17 Vgl. Klemm, Klaus (2009 a): *Klassenwiederholungen – teuer und unwirksam,* Gütersloh: Bertelsmann Stiftung.

18 Vgl. Klemm, Klaus/Klemm, Annemarie (2010): *Ausgaben für Nachhilfe – teurer und unfairer Ausgleich für fehlende individuelle Förderung,* Gütersloh: Bertelsmann Stiftung, S. 7.

19 Vgl. ebenda: S. 16.
20 Vgl. Hurrelmann, Klaus / Andresen, Sabine, et al. (2010): *Kinder in Deutschland 2010 – 2. World Vision Kinderstudie,* Frankfurt am Main: S. Fischer Verlag, S. 26.
21 Vgl. OECD (Hrsg.) (2010 c): *PISA 2009 Results: What Students Know and Can Do,* Paris: OECD Publishing, S. 194f.
22 Vgl. Klemm, Klaus (2010 b): *Jugendliche ohne Hauptschulabschluss,* Gütersloh: Bertelsmann Stiftung.
23 Vgl. Klemm, Klaus (2009 b): *Sonderweg Förderschulen: Hoher Einsatz, wenig Perspektiven,* Gütersloh: Bertelsmann Stiftung.
24 Vgl. Kultusministerkonferenz (Hrsg.) (2010): *Sonderpädagogische Förderung in Schulen 1999-2008,* Statistische Veröffentlichungen der KMK: Dokumentation Nr. 189, Berlin: KMK, S. XVI.
25 Vgl. Funcke, Antje / Oberschachtsiek, Dirk / Giesecke, Johannes (2010): *Keine Perspektive ohne Ausbildung,* Gütersloh: Bertelsmann Stiftung.
26 Vgl. Bundesinstitut für Berufsbildung (Hrsg.) (2010 a): *Datenreport zum Berufsbildungsbericht in Deutschland 2010,* Bonn: BIBB, S. 90ff.
27 Vgl. Statistisches Bundesamt (Hrsg.) (2011 b): *Bildung und Kultur. Schnellmeldung Integrierte Ausbildungsberichterstattung,* Wiesbaden: Destatis, S. 5.
28 Vgl. Beicht, Ursula (2009): *Verbesserung der Ausbildungschancen ohne sinnlose Warteschleife,* BIBB-Report 11/2009, Bonn: BIBB, S. 9f.
29 Vgl. Autorengruppe Bildungsberichterstattung (2010): S. 317.
30 Diese Angaben beziehen sich auf die Gruppe der 25- bis 34-jährigen Männer in Westdeutschland, vgl. Funcke / Oberschachtsiek / Giesecke (2010): S. 17. Allgemeinere Aussagen zur qualifikationsspezifischen Arbeitslosigkeit finden sich bei: OECD (Hrsg.) (2010 a): *Bildung auf einen Blick 2010,* Bielefeld: W. Bertelsmann Verlag, S. 129.
31 Vgl. OECD (2010 b): S. 94. Nach konservativen Schätzungen entsprechen 40 PISA-Punkte etwa dem üblichen Kompetenzzuwachs eines Schuljahres.
32 Vgl. Allmendinger, Jutta / Giesecke, Johannes / Oberschachtsiek, Dirk (2011): *Unzureichende Bildung: Folgekosten für die öffentlichen Haushalte,* Gütersloh: Bertelsmann Stiftung.
33 Vgl. Wößmann, Ludger (2009): *Was unzureichende Bildung kostet – Eine Berechnung der Folgekosten,* Gütersloh: Bertelsmann Stiftung.
34 Vgl. Entorf, Horst / Sieger, Philip (2010): *Unzureichende Bildung – Folgekosten durch Kriminalität,* Gütersloh: Bertelsmann Stiftung.
35 Vgl. ebenda.
36 Vgl. Autorengruppe Bildungsberichterstattung (2010): S. 16 ff; Bertelsmann Stiftung: *Wegweiser Kommune,* http://www.wegweiser-kommune.de.
37 Vgl. Autorengruppe Bildungsberichterstattung (2010): S. 214.

38 Vgl. Statistisches Bundesamt (Hrsg.) (2011 a): *Bevölkerung und Erwerbstätigkeit. Wanderungen 2009,* Fachserie 1, Reihe 1.2, Wiesbaden: Destatis. Im Jahr 2009 kehrten beispielsweise 788 000 Menschen Deutschland den Rücken, während nur rund 765 000 Menschen zuzogen. Für 2010 gab es wieder einen leicht positiven Zuwanderungssaldo.
39 Vgl. Sauer, Lenore/Ette, Andreas (2010): *Abschied vom Einwanderungsland Deutschland?,* Gütersloh: Bertelsmann Stiftung.
40 Vgl. OECD (2010 a): S. 27.

1 Früher, mehr und länger lernen

1 Hier und im Folgenden bezieht sich diese Formulierung auf das Lernen in Bildungseinrichtungen wie Kitas und Schulen.
2 Vgl. Fritschi/Oesch (2008).
3 Vgl. Hurrelmann, Klaus (2002): »Jahrzehntelang verdrängt?«, in: *Süddeutsche Zeitung,* Artikel vom 02.04.2002; Czerny, Sabine (2010): *Was wir unseren Kindern in der Schule antun. Und wie wir das ändern können,* München: Südwest Verlag, S. 27.
4 Vgl. Bertelsmann Stiftung (Hrsg.) (2010): *Eltern halten Schulen für ungerecht,* Repräsentative Umfrage, Pressemitteilung vom 09.07.2010.
5 In Deutschland wird üblicherweise zwischen offenen und gebundenen Ganztagsschulen unterschieden. In einer offenen Ganztagsschule findet der Unterricht am Vormittag statt, nachmittags schließt sich – häufig ohne Teilnahmepflicht – Hausaufgabenbetreuung und Freizeitgestaltung an. In der gebundenen Ganztagsschule wechseln sich hingegen während des ganzen Tages Unterrichts-, Selbstlern- und Erholungsphasen ab. Die Teilnahme ist verbindlich.
6 Vgl. Konsortium der Studie zur Entwicklung von Ganztagsschulen (Hrsg.) (2010): *Ganztagsschule – Entwicklungen und Wirkung (StEG),* Frankfurt am Main: StEG-Konsortium.
7 Vgl. Euler, Dieter (2010): *Einfluss der demographischen Entwicklung auf das Übergangssystem und den Berufsausbildungsmarkt,* Gütersloh: Bertelsmann Stiftung, S. 10.
8 Vgl. Autorengruppe Bildungsberichterstattung (2010): S. 159.
9 Vgl. ebenda: S. 161.
10 Vgl. Funcke/Giesecke/Oberschachtsiek (2010): S. 17.
11 Vgl. Bock-Famulla/Lange (2011).
12 Vgl. Autorengruppe Bildungsberichterstattung (2010): S. 73 ff.
13 Das sogenannte Übergangssystem bietet Jugendlichen, die keinen Ausbildungsplatz gefunden haben, Qualifizierungsmaßnahmen an, die deren Ausbildungsreife fördern und dadurch den Übergang in die duale Ausbildung erleichtern sollen. In Maßnahmen des Über-

gangssystems treten sowohl Jugendliche ein, die die Schule ohne Abschluss verlassen haben, als auch solche, die trotz eines Abschlusses keine Lehrstelle bekommen haben.

14 Vgl. Allmendinger/Giesecke/Oberschachtsiek (2011): S. 8.

15 Vgl. Bundesinstitut für Berufsbildung (2010 a): S. 180.

16 Vgl. Autorengruppe Bildungsberichterstattung (2010): S. 313; Allmendinger/Giesecke/Oberschachtsiek (2011).

17 Ab Ende 2013 haben Eltern in Deutschland einen Rechtsanspruch auf einen Kita-Platz für ihre Kinder ab dem zweiten Lebensjahr. Daraus wird das sogenannte 35 Prozent-Ziel abgeleitet. Experten gehen jedoch davon aus, dass bereits heute ein Bedarf für 39 Prozent aller unter Dreijährigen im Westen existiert (vgl. Bundesministerium für Familie, Senioren, Frauen und Jugend (Hrsg.) (2011): *Zweiter Zwischenbericht zur Evaluation des Kinderförderungsgesetzes,* Berlin: BMFSFJ, S. 15) und dieser in den nächsten Jahren auf 50 Prozent ansteigen wird.

18 Wissenschaftliche Studien zeigen, dass Kinder mindestens drei Jahre miteinander in der Kita verbringen sollten, denn für Beziehung, Bindung und das erfolgreiche frühkindliche Lernen ist Kontinuität ein entscheidender Faktor. Gerade ein mehrjähriger Kita-Besuch bewirkt einen dauerhaften Entwicklungsvorsprung bis zum Ende der Grundschulzeit. Vgl. Dollase, Rainer (2006): »Die Fünfjährigen einschulen – Oder: Die Wiederbelebung einer gescheiterten Reform der 70er Jahre des vorigen Jahrhunderts«, in: *KITA aktuell,* Ausgabe Nordrhein-Westfalen, Heft 1/2006, S. 11 f. Ein vorgezogener Schulbeginn führt laut jüngsten Studien hingegen eher zu schlechteren Schulleistungen. Vgl. Hagemeister, Volker (2009): »Statistische Ergebnisse zum Einschulungsalter und zu Teilaspekten des Schulerfolgs, hergeleitet aus PISA-Daten«, in: *Bildungsforschung,* Heft 2/2009, S. 111–136.

19 Vgl. Bertelsmann Stiftung: *Ländermonitor Frühkindliche Bildungssysteme 2011,* http://www.laendermonitor.de.

20 Mit diesem Begriff sind hier die in der üblichen Bildungsstatistik erfassten Neuzugänge in die drei Sektoren des beruflichen Ausbildungssystems gemeint. Vgl. Autorengruppe Bildungsberichterstattung (2010): S. 96.

21 Berufe wie Erzieher, Altenpfleger und Informatiker werden traditionell nicht in einer dualen, sondern in einer schulischen Ausbildung erlernt. Dies geschieht, ergänzt durch Betriebspraktika, an sogenannten Berufsfachschulen.

22 Vgl. Troltsch, Klaus/Walden, Günter (2010): »Beschäftigungsentwicklung und Dynamik des betrieblichen Ausbildungsangebotes – eine Analyse für den Zeitraum 1999 bis 2008«, in: *Zeitschrift für ArbeitsmarktForschung,* Heft 2/2010, S. 107–124, hier: S. 116 ff.

23 Der 2008 eingeführte Ausbildungsbonus sollte Anreize für Betriebe schaffen, zusätzliche Ausbildungsplätze für Ausbildungssuchende mit Förderbedarfen bereitzustellen. Vgl. Deutscher Bundestag (Hrsg.) (2010 a): *Bericht der Bundesregierung 2010 über die Auswirkungen des Ausbildungsbonus auf den Ausbildungsmarkt und die öffentlichen Haushalte,* Drs. 17/2690.
24 Vgl. Autorengruppe Bildungsberichterstattung (2010): Tabelle B1-5web; Statistisches Bundesamt (Hrsg.) (2010 b): *Bildungsfinanzbericht,* Wiesbaden: Destatis, S. 102.
25 Deutscher Bundestag (Hrsg.) (2008): *Gesetzentwurf der Fraktionen der CDU/CSU und SPD: Entwurf eines Gesetzes zur Förderung von Kindern unter drei Jahren in Tageseinrichtungen und in der Kindertagespflege (Kinderförderungsgesetz – KiföG),* Drs. 16/9299, S. 4.
26 Für den Ausbau der Ganztagsschulen in Deutschland gibt es eine große Bandbreite verschiedener Modelle: von offenen bis gebundene Ganztagsschulen, von einer Abdeckung von 35 bis nahezu 100 Prozent der Schüler. Entsprechend schwanken die Kostenschätzungen zwischen 2,5 Milliarden und gut 10 Milliarden Euro an zusätzlichen Betriebskosten pro Jahr. Siehe auch Kapitel 8.

2 Mehr Können, weniger Wissen

1 Vgl. Statistisches Bundesamt (Hrsg.) (verschiedene Jahrgänge): *Bildung und Kultur. Allgemeinbildende Schulen /Nichtmonetäre hochschulstatistische Kernzahlen,* Fachserie 11, Reihen 1 und 4.3. Der Anteil der Studienberechtigten für das Jahr 1965 ist mangels verlässlicher Zahlen geschätzt und deswegen schraffiert dargestellt.
2 Vgl. OECD (2010 a): S. 129.
3 Vgl. Hall, Anja (2010): »Wechsel des erlernten Berufs: theoretische Relevanz, Messprobleme und Einkommenseffekte«, in: *Zeitschrift für Berufs- und Wirtschaftspädagogik,* Sonderheft 24, S. 157–173, hier: S. 165 f.
4 Vgl. Autor, David H./Levy, Fran/Murnane, Richard J. (2001): *The skill content of recent technological change: An empirical exploration,* NBER Working Paper Series, Cambridge: National Bureau of Economic Research, S. 46.
5 Die PISA-Testergebnisse sind ein guter Indikator für die spätere Bildungskarriere, besser noch als die von der Schule selber vergebenen Noten. Denn ein Kind im Alter von 15 Jahren mit der Schulnote Vier (die kanadische Notenskala ist hier zum besseren Verständnis in die in Deutschland übliche übersetzt) hat im Vergleich zu einem Kind mit einer Fünf zwar eine 1,6-fach höhere Wahrscheinlichkeit, im Alter von 21 auf der Universität zu sein. Und hat das Kind eine Eins, steigt diese Chance sogar auf das 4,8-Fache. Die bei PISA

getestete Lesefähigkeit ist jedoch im Vergleich um einiges aussagekräftiger: Ein 15-jähriges Kind mit dem zweitniedrigsten PISA-Kompetenzniveau (Level 2) hat gegen-über einem Kind auf dem niedrigsten Kompetenzniveau (Level 1) bereits die 3,8-fache, ein Kind auf dem höchsten Kompetenzniveau (Level 5) sogar die 20-fache Chance auf einen Hochschulbesuch. Vgl. Schleicher, Andreas (2010): *Is the sky the limit to educational improvement?,* Toronto: Präsentation vom 13.09.2010, S. 23.

6 Dies sollte jenen Kritikern zu denken geben, die der PISA-Studie vorhalten, sie unterwerfe Bildung dem Diktat der Messbarkeit und ersetze humanistische Bildung durch simples (Fach-)Wissen.

7 Zum Zusammenhang zwischen wirtschaftlichem Erfolg einer Region und deren Toleranz vgl. Florida, Richard (2002): *The Rise of the Creative Class: And How It's Transforming Work, Leisure, Community and Everyday Life,* New York: Basic Books.

8 Vgl. Bertelsmann Stiftung: *European Lifelong Learning Index,* http://www.elli.org/. Zu weiteren Korrelationen der wirtschaftlichen und sozialen Entwicklung vgl. Hoskins, Bryony / Cartwright, Fernando / Schoof, Ulrich (2011): *ELLI Index Europa 2010. Wo steht Deutschland beim lebenslangen Lernen?,* Gütersloh: Bertelsmann Stiftung, S. 60f.

9 Vgl. Bundesinstitut für Berufsbildung (2010 b): *Anzahl der Ausbildungsberufe,* http://www.bibb.de/de/wlk26560.htm.

10 Vgl. Bundesinstitut für Berufsbildung (2010 c): *Rangliste der Ausbildungsberufe nach Anzahl der Neuabschlüsse* (Tabelle 67-2010), http://www.bibb.de/de/56557.htm.

11 Vgl. Ebner, Christian (2009): *Neue Wege für die duale Berufsausbildung – Ein Blick auf Österreich, die Schweiz und Dänemark,* WZ Brief Arbeit 04/2009, Berlin: Wissenschaftszentrum für Sozialforschung; Bundesministerium für Unterricht, Kunst und Kultur (Hrsg.) (2010): *Bildungswege in Österreich,* Wien: BMUKK.

12 Vgl. Bundesinstitut für Berufsbildung (2010 c); eigene Berechnungen.

3 Es gibt keine Mittelköpfe

1 Vgl. Schulze, Alexander / Unger, Rainer / Hradil, Stefan (2008): *Bildungschancen und Lernbedingungen an Wiesbadener Grundschulen am Übergang zur Sekundarstufe I,* Wiesbaden: Stadt Wiesbaden, S. 41.

2 Vgl. PISA-Konsortium Deutschland (Hrsg.) (2008): *PISA 2006 in Deutschland. Die Kompetenzen der Jugendlichen im dritten Ländervergleich,* Münster / New York: Waxmann, S. 88, 121, 141.

3 Vgl. Bayerischer Rundfunk (2010): *Schulrebellen: Bayerische Gemeinden wollen Gemeinschaftsschule,* Sendung vom 02.12.2010,

http://blog.br-online.de/quer/tag/denkendorf; Bleher, Christian (2011): »Schulaufstand im Altmühltal«, in: *SPIEGEL Online,* Artikel vom 31.01.2011, http://www.spiegel.de/schulspiegel/wissen/0,1518,741236,00.html; Hübner, Bernhard (2010): »Denkendorf will Geschichte schreiben – Weißblaue Schule für alle«, in: *taz.de,* Artikel vom 01.12.2010, http://www.taz.de/1/zukunft/bildung/artikel/1/weissblaue-schule-fuer-alle.

4 Vgl. Autorengruppe Bildungsberichterstattung (2010): S. 214.
5 Vgl. Klemm (2009 a).
6 Vgl. Klemm (2009 b); Kultusministerkonferenz (Hrsg.) (2010): S. XVI.
7 Vgl. Klemm / Klemm (2010).
8 Spitzer, Manfred (2010): *Medizin für die Bildung – Ein Weg aus der Krise,* Heidelberg: Spektrum Akademischer Verlag, S. 50.
9 Vgl. ebenda: S. 50 ff.
10 Vgl. Spitzer, Manfred (2007): *Lernen. Gehirnforschung und die Schule des Lebens,* Heidelberg: Spektrum Akademischer Verlag, S. 175–195.
11 Kahl, Reinhard (2004): *Treibhäuser der Zukunft. Wie in Deutschland Schulen gelingen,* Archiv der Zukunft, S. 37.
12 Zur Ausbildung der Lehrer siehe insbesondere Kapitel 5.
13 Im Weiteren wird der Einfachheit halber nur der Begriff Oberschule verwendet.
14 Vgl. Klemm, Klaus (2010 a): *Gemeinsam lernen. Inklusion leben,* Gütersloh: Bertelsmann Stiftung.
15 Schüler mit besonderem Förderbedarf im Bereich geistiger Entwicklung sind hier ausgenommen. Vgl. Klemm (2010 a): S. 4.
16 Vgl. repräsentative Umfrage der Bertelsmann Stiftung (2011), bisher unveröffentlicht.
17 Vgl. Ebel, Christian/Hollenbach, Nicole/Münchner, Angela (2011): »Inklusion hat viele Gesichter: Schulen auf dem Weg zum Gemeinsamen Unterricht«, in: Bertelsmann Stiftung / Beauftragter der Bundesregierung für die Belange behinderter Menschen / Deutsche UNESCO-Kommission (Hrsg.): *Gemeinsam lernen – Auf dem Weg zur inklusiven Schule,* Gütersloh: Bertelsmann Stiftung, in Druck.
18 Zitiert nach ebenda.
19 Vgl. Klemm (2010 a).

4 Bildungschance für Chancenlose

1 Tagesspiegel Online (2006): *Der Hilferuf der Rütli-Schule,* Dokumentation vom 30.03.2006, http://www.tagesspiegel.de/berlin/der-hilfruf-der-ruetli-schule/698394.html. Zur besseren Lesbarkeit sind hier nur Auszüge wiedergegeben.

2 Vgl. OECD (2010 b): S. 94.
3 Vgl. Füller, Christian (2008): *Schlaue Kinder, schlechte Schulen. Wie unfähige Politiker unser Bildungssystem ruinieren – und warum es trotzdem gute Schulen gibt,* München: Droemer, S. 167 f. Basis der Berechnungen sind ca. 4000 Hauptschulen und 2500 Realschulen in Deutschland, vgl. Statistisches Bundesamt (2010): *Bildung und Kultur. Allgemeinbildende Schulen,* Fachserie 11, Reihe 1, Wiesbaden: Destatis, S. 17.
4 Vgl. Huber, Stephan / Muijs, Daniel (2007): »Mission failed? Was die englische Schulforschung über schlechte Schulen herausgefunden hat«, in: *Friedrich Jahresheft 2007: Den Rahmen klären und gestalten,* S. 99–101, hier: S. 99.
5 Ebenda: S. 100.
6 Vgl. Butterwege, Christoph (2010): »Kinderarmut und Bildung«, in: Quenzel, Gudrun / Hurrelmann, Klaus (Hrsg.): *Bildungsverlierer – Neue Ungleichheiten,* Wiesbaden: VS Verlag für Sozialwissenschaften, S. 536–556, hier S. 551; Luft, Stefan (2006): *Abschied von Multikulti – Wege aus der Integrationskrise,* München: Resch, S. 419.
7 Vgl. Magnet Schools of America (2007): *FACT Sheet – Magnet Schools and Funding,* http://www.magnet.edu; National Center of Education Statistics: *Fast Facts,* http://nces.ed.gov/fastfacts/.
8 Vgl. U.S. Department of Education / Office of Innovation and Improvement (2004): *Creating Successful Magnet Schools Programs,* S. 1ff.
9 Vgl. Public School Review (2007): *What is a Magnet School?,* http://www.publicschoolreview.com/articles/2.
10 Vgl. Entorf / Sieger (2010).
11 Vgl. Bertelsmann Stiftung (Hrsg.) (2011): *Übergänge mit System. Rahmenkonzept für die Neuordnung des Übergangs von der Schule in den Beruf,* Gütersloh: Bertelsmann Stiftung.
12 Vgl. Wößmann (2009).

5 Auf die Pädagogen kommt es an

1 Vgl. Hanushek, Eric / Rivkin, Steven (2006): »Teacher Quality«, in: Hanushek, Eric / Welch, Finis (Hrsg.): *Handbook of Economics in Education,* Amsterdam: North Holland, S. 1051–1078.
2 Vgl. McKinsey&Company (Hrsg.) (2007): *How the world's best performing school systems come out on top,* S. 12.
3 Vgl. Hanushek (2010): S. 98.
4 Siehe dazu die ausführlichere Beschreibung in Kapitel 3.
5 Vgl. Heymann, Karin (2010): »Unterricht organisiere ich heute anders. Wie ein Schüler aktivierender Unterricht Lehrer entlasten kann«, in: *Pädagogik,* Heft 10/2010, S. 16–19.

6 Vgl. Autorengruppe Bildungsberichterstattung (2010): S. 41.
7 Der Anteil von Lehrkräften mit Migrationshintergrund wird in Deutschland noch nicht systematisch erhoben. An weiterführenden Schulen beträgt ihr Anteil 4,7 Prozent. Vgl. Autorengruppe Bildungsberichterstattung (2010): Tab. B4-10web.
8 Vgl. Statistisches Bundesamt (2010 a): S. 98.
9 Vgl. Schaarschmidt/Kieschke (2007): 89f.
10 Vgl. Rauin (2007): S. 62.
11 Vgl. Klemm, Klaus (2009 c): *Zur Entwicklung des Lehrerinnen- und Lehrerbedarfs in Deutschland.* Klemms Berechnungen zum Lehrerbedarf beziehen sich auf den Zeitraum 2007 bis 2020, Esssen.
12 Vgl. Hanushek (2010): S. 93.
13 Vgl. Schaarschmidt/Kieschke (2007): S. 90.
14 Vgl. McKinsey&Company (2007): S. 17ff.
15 Vgl. Georgi, Viola (2010): *Lehrende mit Migrationshintergrund in Deutschland: Eine empirische Untersuchung zu Bildungsbiographien, professionellem Selbstverständnis und schulischer Integration,* Berlin: Freie Universität, http://www.boell.de/presse/presse-pressemitteilung-studie-zum-professionellen-selbstverstaendnis-10183.html.
16 Vgl. Senatsverwaltung für Bildung, Wissenschaft und Forschung (Hrsg.) (2011): *Wissenschaft in Berlin. Leistungsbasierte Hochschulfinanzierung,* Berlin: Senatsverwaltung, S. 12.
17 Zum Horizonte-Programm der gemeinnützigen Hertie-Stiftung vgl. http://www.horizonte.ghst.de.
18 Vgl. Klemm (2009 c).
19 Vgl. Döbrich, Peter, et al. (2003): *Ausbildung, Einstellung und Förderung von Lehrerinnen und Lehrern (OECD-Lehrerstudie) – Ergänzende Hinweise zu dem Nationalen Hintergrundbericht (CBR) für die Bundesrepublik Deutschland,* S. 25.
20 Vgl. Wissenschaftsrat (Hrsg.) (2001): *Empfehlungen zur künftigen Struktur der Lehrerbildung,* Drs. 5065/01, S. 22f. In einer solchen konsekutiven Studienstruktur folgt auf einen ausschließlich fachorientierten Bachelor ein nur auf das Lehramt ausgerichteter Masterstudiengang. Die Aussagen hier beziehen sich der Einfachheit halber vornehmlich auf den Sekundarbereich. Für die Ausbildung der Grundschullehrer sind andere Studienformen sinnvoll – und auch international üblich.
21 Diese Aussage bezieht sich auf kaufkraftbereinigte Gehälter nach 15 Jahren Berufserfahrung, bei den Einstiegsgehältern sind die Unterschiede sogar noch größer. Vgl. OECD (2010 a): S. 460.
22 Vgl. Statistisches Bundesamt (2010 a): S. 98.
23 Vgl. http://www.teachforamerica.org/newsroom/press_kit.htm; http://www.thecrimson.harvard.edu/article/2010/4/23/tfa-harvard-baichorova-year/.

24 Vgl. Dollase, Rainer (2011): *Evaluation des Einsatzes der Teach First Deutschland Fellows,* Bielefeld: Universität Bielefeld.
25 Vgl. http://www.teachfirst.de/.
26 Vgl. Bundesministerium für Familie, Senioren, Frauen und Jugend (Hrsg.) (2011): *Staatssekretär Josef Hecken: »Bundesfreiwilligendienst wird ein Erfolg!«,* Pressemitteilung vom 09.06.2011.
27 Schätzungen zufolge leben in Deutschland knapp drei Millionen Zuwanderer, die ihren beruflichen Abschluss im Ausland erworben haben. Viele dieser Berufsabschlüsse werden hierzulande aber noch nicht anerkannt, geschätzt 300000 Abschlüsse wären anerkennungsfähig. Vgl. Bundesministerium für Bildung und Forschung (Hrsg.) (2011): *Anerkennung ausländischer Berufsabschlüsse,* http://www.bmbf.de/de/15644.php. Nur gut jeder dritte Hartz IV beziehende Akademiker mit Migrationshintergrund bekommt seinen Abschluss in Deutschland anerkannt. Vgl. Brussig, Martin/Dittmar, Vera/Knuth, Matthias (2009): *Verschenkte Potenziale. Fehlende Anerkennung von Qualifikationsabschlüssen erschwert die Erwerbsintegration von ALG II-Bezieher/innen mit Migrationshintergrund,* IAQ-Report 2009–08, Duisberg: Universität Duisburg-Essen, S. 7.
28 In den USA unterstützen sogenannte Paraprofessionals die Lehrer an den Schulen, gerade auch in den Brennpunkten. Viele der Paraprofessionals haben zwar eine im Ausland erworbene akademische Ausbildung, die aber in den USA nicht anerkannt ist.
29 Vgl. Dollase (2006): S. 11f.
30 Vgl. Bos et al. (2007).
31 Geht man wie inzwischen viele Experten von einem Ausbaubedarf für 39% statt nur für 35% der Kinder unter drei Jahren aus, fehlen kurzfristig sogar knapp 25000 Erzieherinnen und mehr als 36000 Tagesmütter. Vgl. Rauschenbach, Thomas/Schilling, Matthias (2010): *Der U3-Ausbau und seine personellen Folgen: Empirische Analysen und Modellrechnungen,* München: Deutsches Jugendinstitut; Aktualisierung dieser Expertise für ein Fachgespräch mit der AG-Kita zur Vorbereitung der Jugendministerkonferenz, Berlin: Präsentation vom 28.01.2011, S. 19.
32 Vgl. Bertelsmann Stiftung: *Wegweiser Kommune,* http://www.wegweiser-kommune.de; Autorengruppe Bildungsberichterstattung (2010): S. 167ff.
33 Vgl. Bock-Famulla, Kathrin/Große-Wöhrmann, Kerstin (2010): *Länderreport Frühkindliche Bildungssysteme 2009,* Gütersloh: Bertelsmann Stiftung, S. 19.
34 Vgl. Bock-Famulla/Lange (2011).

6 Eine schwierige Dreiecksbeziehung

1 Vgl. Chua, Amy (2011): *Die Mutter des Erfolgs: Wie ich meinen Kindern das Siegen beibrachte,* München: Nagel & Kimche.

2 Vgl. Ravens-Sieberer, Ulrike, et al. (2007): »Psychische Gesundheit von Kindern und Jugendlichen in Deutschland. Ergebnisse aus der BELLA-Studie im Kinder- und Jugendgesundheitssurvey (KiGGS)«, in: *Bundesgesundheitsbl – Gesundheitsforsch – Gesundheitsschutz,* Heft 5–6/2007, S. 871–877, hier: S. 873.

3 Gekürzter Auszug aus dem nordrhein-westfälischen Schulgesetz, Erster Teil, Allgemeine Grundlagen, Artikel 1–3.

4 Vgl. Institut für Demoskopie Allensbach (2011): *Umfrage 6211.*

5 Bueb, Bernhard (1998): »Die gemeinsame erzieherische Verantwortung von Eltern und Schule«, in: Kroker, Eduard/Dechamps, Bruno: *Erziehung und Bildung: Verspielen wir unsere Zukunftschancen?,* Frankfurt am Main: Frankfurter Allgemeine Buch, S. 35–45, hier: S. 38.

6 Vgl. Institut für Demoskopie Allensbach (2011): *Umfrage 6211.*

7 Vgl. Schultebraucks-Burgkart, Gisela (Hrsg.) (2008): *Die Grundschule Kleine Kielstraße Dortmund – Systematische Schulentwicklung durch Kooperation.* Seelze-Velber: Kallmeyer/Klett, S. 101.

8 Die Anzahl der im Bereich »Hilfen zur Erziehung« tätigen Personen ist zwischen 1998 und 2007 um nahezu 25% gesunken. Vgl. dazu und zu weiteren Personaleinsparungen in der Kinder- und Jugendhilfe im Einzelnen: Fendrich, Sandra/Lange, Jens/Pothmann, Jens (2011): »Vom Wandel des Wandels. Anfragen an den Stand von Expansions-, Differenzierungs- und Professionalisierungsprozessen in der Kinder- und Jugendhilfe«, in: Aktionskreis Jugendhilfe im Wandel (Hrsg.): *Jugendhilfeforschung,* Wiesbaden: VS Verlag für Sozialwissenschaften, S. 47–68, hier: S. 52ff.

9 Im sogenannten Perry Preschool Project hat man Anfang der sechziger Jahre mit sozial benachteiligten Kindern verschiedene frühkindliche Bildungsansätze erprobt, u. a. auch eine sehr aktive Elternarbeit. Die Entwicklung dieser Kinder wurde dann bis zum Alter von 27 Jahren beobachtet. Vgl. z.B. Schweinhart, Larry (2010): *Lessons of Highly Effective Programs. How to Best Get Children Ready for School and Life,* Ypsilanti/Michigan: HighScope Educational Research Foundation, www.highscope.org.

10 Vgl. Böll, Sven, et al. (2011): »Von der Leyens Prestigeobjekt floppt«, in: *SPIEGEL Online,* Artikel vom 15.04.2011, http://www.spiegel.de/wirtschaft/soziales/0,1518,757284,00.html.

11 Vgl. Deutscher Bundestag (Hrsg.) (2010 b): *Entwurf eines Gesetzes zur Ermittlung von Regelbedarfen und zur Änderung des Zweiten und Zwölften Buches Sozialgesetzbuch,* Drs. 17/3404, S. 3.

12 Vgl. Borchert, Jürgen (2011): *Kinder und Familen – Opfer der Familien- und Sozialpolitik?*, Berlin: Präsentation vom 12.04.2011, S. 49.
13 Vgl. Deckstein, Dagmar / Stawski, Dominik (2010): »Auf Staatskosten in den Zoo«, in: *sueddeutsche.de,* Artikel vom 12.08.2010, http://www.sueddeutsche.de/politik/hartz-iv-chipkarte-fuer-kinder-auf-staatskosten-in-den-zoo-1.987543.

7 Bildungschaos in der Bildungsrepublik

1 Vgl. vor allem Kultusministerkonferenz (Hrsg.) (2008): *Definitionenkatalog zur Schulstatistik 2008 (2),* Anlagen 1/2.
2 Vgl. repräsentative Umfrage der Bertelsmann Stiftung (2011), bisher unveröffentlicht.
3 Vgl. Statistisches Bundesamt (2011 a): S. 12, 20.
4 Vgl. Expertenkommission Forschung und Innovation (Hrsg.) (2011): *Gutachten zu Forschung, Innovation und technologischer Leistungsfähigkeit Deutschlands,* Berlin: EFI, S. 48.
5 Vgl. ebenda: S. 47.
6 Der damalige Vizepräsident des Deutschen Städtetages, Münchens Oberbürgermeister Christian Ude, sagte dazu 2010: »Die Annahme, dass der Rechtsanspruch 2013 problemlos realisiert werden könne, entbehrt jeder Grundlage.« Vgl. Öchsner, Thomas: »Kita-Rechtsanspruch ab 2013. Annahme entbehrt jeder Grundlage«, in: *sueddeutsche.de,* Artikel vom 22.07.2010, http://www.sueddeutsche.de/politik/kita-rechtsanspruch-ab-schroeders-annahme-entbehrt-jeglicher-grundlage-1.978113.
7 Vgl. Kultusministerkonferenz (Hrsg.) (2011): *Allgemein bildende Schulen in Ganztagsform in den Ländern der Bundesrepublik Deutschland 2005–2009*, Berlin: KMK, S. 8.
8 Vgl. Allmendinger / Giesecke / Oberschachtsiek (2011): S. 11.
9 Vgl. Schleicher, Andreas (2010): *Is the sky the limit to educational improvement?*, Toronto: Präsentation vom 13.09.2010, S. 38. Ähnliche Befunde gelten auch für andere PISA-Kompetenzbereiche oder Vergleichsstudien wie z.B. TIMSS; vgl. Wößmann, Ludger (2007): *Letzte Chance für gute Schulen,* München: Zabert Sandmann, S. 112 ff.
10 Vgl. Vereinigung der Bayerischen Wirtschaft e.V. (Hrsg.) (2011): *Bildungsreform 2000 – 2010 – 2020,* Aktionsrat Bildung: Jahresgutachten 2011, Wiesbaden: VS Verlag für Sozialwissenschaften, S. 33.
11 Vgl. Australian Curriculum, Assessment and Reporting Authority*: National Assessment Program – Literacy and Numeracy (NAPLAN),* http://www.naplan.edu.au/.
12 Kritiker von zentral überprüften Bildungsstandards befürchten zudem, dass in den Schulen der Unterricht zu stark an den zu beste-

henden Tests ausgerichtet wird (»teaching to the test«). Solange sich solche Tests jedoch nicht auf das mechanische Abarbeiten bestimmter Arbeitstechniken konzentrieren, sondern konsequent kompetenzorientiert gestaltet sind, läuft eine solche Kritik ins Leere.

13 Vgl. Simons, Roland, et al. (2008): *Student Mobility, Attendance, and Student Achievement: The Power of Implementing a Unique Student Identifier (USI),* Konferenzbeitrag zur International Education Research Conference (sim07568), Fremantle 2007, Victoria: Australian Association for Research in Education (AARE).

14 Vgl. Deutscher Bildungsrat (Hrsg.) (1970): *Strukturplan für das Bildungswesen. Empfehlungen der Bildungskommission,* Bonn: Deutscher Bildungsrat.

15 Vgl. Hansestadt Lübeck (Hrsg.) (2010): *Lübecker Bildungsfonds – So unterstützen wir Kinder in Kitas und Schulen,* Lübeck: Hansestadt Lübeck.

8 Leere Kassen gibt es nicht

1 Dies berücksichtigt sowohl den heute erreichten Ausbaustand der Ganztagsschulen (2009: 26,9 Prozent der Schüler im Ganztagsschulbetrieb, vgl. Kultusministerkonferenz (2011): S. 8) als auch den demografisch bedingten Rückgang der Schülerzahlen (2025: Rückgang je nach Altersstufe auf ca. 80 bis 85 Prozent des heutigen Niveaus; vgl. Autorengruppe Bildungsberichterstattung (2010): S. 154).

2 Vgl. Autorengruppe Bildungsberichterstattung (2010): S. 21.

3 Vgl. OECD (Hrsg.) (2011): *Doing Better for Families,* Paris: OECD Publishing, S. 61.

4 Vgl. Bundesministerium für Familie, Senioren, Frauen und Jugend (Hrsg.) (2008): *Kindergeld in Deutschland – Familien wirksam fördern,* Berlin: BMFSFJ, S. 21.

5 Vgl. Bundesministerium für Familie, Senioren, Frauen und Jugend (Hrsg.) (2010): *Familienreport 2010,* Berlin: BMFSFJ, S. 124.

6 Vgl. ebenda: S. 122.

7 Vgl. Zentrum für Europäische Wirtschaftsforschung (Hrsg.) (2009): *Fiskalische Auswirkungen sowie arbeitsmarkt- und verteilungspolitische Effekte einer Einführung eines Betreuungsgeldes für Kinder unter 3 Jahren,* Mannheim: ZEW, S. 77f.

8 Die staatlichen Ausgaben für das Ehegattensplitting betrugen im Jahr 2008 ca. 20,6 Milliarden Euro (vgl. Bundesministerium für Familie, Senioren, Frauen und Jugend (2010): S. 120); davon entfallen erfahrungsgemäß ca. 35 Prozent auf kinderlose Paare, vgl. Bach, Stefan, et al. (2003): Untersuchung zu den Wirkungen der gegenwärtigen Ehegattenbesteuerung, Berlin: DIW, S. 19.

9 Vgl. Autorengruppe Bildungsberichterstattung (2010): S. 33.
10 Vgl. ebenda.
11 Unsere geringen Bildungsausgaben erklären sich auch aus der Überalterung Deutschlands und der dadurch geringen Zahl der Bildungsteilnehmer im Vergleich zu kinderreicheren Ländern.
12 Vgl. OECD (2010 a): S. 265f.
13 Vgl. ebenda: S. 137ff.
14 Vgl. Autorengruppe Bildungsberichterstattung (2010): S. 154.
15 Die übrigen 6 Mrd. Euro verteilen sich auf die Hochschulen (ca. 1,5 Mrd. Euro) und den Bereich der Sonstigen Bildungsausgaben (z. B. Bildungsförderung, Weiterbildung, Hort). Vgl. Autorengruppe Bildungsberichterstattung (2010): S. 157f.
16 Zur Entwicklung der Schülerzahlen siehe auch Kapitel 3.
17 Vgl. Klemm (2009 a).
18 Vgl. Klemm (2009 b).
19 Siehe dazu auch Kapitel 1.
20 Vgl. Bundesministerium für Familie, Senioren, Frauen und Jugend (2010): S. 119.
21 Schätzungen für die zukünftigen Kosten flächendeckender Ganztagsangebote beruhen auf Annahmen hinsichtlich der konkreten Ausgestaltung des Schulbetriebs. Die hier aufgeführten Schätzungen der Bertelsmann Stiftung basieren auf adaptierten Berechnungen von Dohmen, Dieter, et al. (2006): »Kosten von Ganztagsschulen«, in: *Recht der Jugend und des Bildungswesens,* Heft 1/2006, S. 64–78. Vgl. aber auch die Berechnungen von Klemm (2009 c).
22 Die Kosten lägen also ca. 1,5 Milliarden Euro höher als die des heutigen Förderschulsystems. Vgl. Dohmen, Dieter / Fuchs, Kathrin (2009): *Kosten und Erträge ausgewählter Reformmaßnahmen: Teilhabe durch qualitativ hochwertige und gut ausgebaute Bildungs- und Betreuungsinfrastruktur sichern,* FiBS-Forum Nr. 44, Berlin: Forschungsinstitut für Bildungs- und Sozialökonomie, S. 24ff.
23 Die Berechnung geht davon aus, dass 35 Prozent der Kinder unter drei Jahren einen Kita-Platz in Anspruch nehmen, vgl. z. B. Deutscher Bundestag (2008): S. 4.
24 Vgl. interne Abschätzungen der Bertelsmann Stiftung.

Abkürzungsverzeichnis zu den Abbildungen 1 und 10

ARG	Argentinien
AUS	Australien
AUT	Österreich
BEL	Belgien
BGR	Bulgarien
BRA	Brasilien
CAN	Kanada
CHE	Schweiz
CHL	Chile
CHN	China
COL	Kolumbien
CYP	Zypern
CZE	Tschechien
DEU	Deutschland
DNK	Dänemark
EGY	Ägypten
ESP	Spanien
EST	Estland
FIN	Finnland
FRA	Frankreich
GBR	Groß-britannien
GHA	Ghana
GRC	Griechenland
HKG	Hongkong
HUN	Ungarn
IDN	Indonesien
IND	Indien
IRL	Irland
IRN	Iran
ISL	Island
ISR	Israel
ITA	Italien
JOR	Jordanien
JPN	Japan
KOR	Südkorea
LTU	Litauen
LUX	Luxemburg
LVA	Lettland
MAR	Marokko
MEX	Mexiko
MLT	Malta
MYS	Malaysia
NLD	Niederlande
NOR	Norwegen
NZL	Neuseeland
PER	Peru
PHL	Philippinen
POL	Polen
PRT	Portugal
ROM	Rumänien
SGP	Singapur
SVK	Slowakei
SVN	Slowenien
SWE	Schweden
THA	Thailand
TUN	Tunesien
TUR	Türkei
TWN	Taiwan
URY	Uruguay
USA	Vereinigte Staaten von Amerika
ZAF	Südafrika
ZWE	Simbabwe

Literaturverzeichnis

Allmendinger, Jutta / Giesecke, Johannes / Oberschachtsiek, Dirk (2011): *Unzureichende Bildung: Folgekosten für die öffentlichen Haushalte,* Gütersloh: Bertelsmann Stiftung.

Australian Curriculum, Assessment and Reporting Authority: *National Assessment Program – Literacy and Numeracy (NAPLAN),* http://www.naplan.edu.au.

Autor, David H. / Levy, Fran / Murnane, Richard J. (2001): *The skill content of recent technological change: An empirical exploration,* NBER Working Paper Series, Cambridge: National Bureau of Economic Research.

Autorengruppe Bildungsberichterstattung (Hrsg.) (2010): *Bildung in Deutschland 2010,* Bielefeld: W. Bertelsmann Verlag.

Bach, Stefan, et al. (2003): *Untersuchung zu den Wirkungen der gegenwärtigen Ehegattenbesteuerung,* Berlin: DIW.

Bayerischer Rundfunk (2010): *Schulrebellen: Bayerische Gemeinden wollen Gemeinschaftsschule,* Sendung vom 02.12.2010, http://blog.br-online.de/quer/tag/denkendorf.

Beicht, Ursula (2009): *Verbesserung der Ausbildungschancen ohne sinnlose Warteschleife,* BIBB-Report 11/2009, Bonn: BIBB.

Bertelsmann Stiftung: *European Lifelong Learning Index,* http://www.elli.org.

Bertelsmann Stiftung: *Ländermonitor Frühkindliche Bildungssysteme,* http://www.laendermonitor.de.

Bertelsmann Stiftung: *Wegweiser Kommune,* http://www.wegweiser-kommune.de.

Bertelsmann Stiftung (Hrsg.) (2010): *Eltern halten Schulen für ungerecht,* Repräsentative Umfrage, Pressemitteilung vom 09.07.2010.

Bertelsmann Stiftung (Hrsg.) (2011): *Übergänge mit System. Rahmenkonzept für die Neuordnung des Übergangs von der Schule in den Beruf,* Gütersloh: Bertelsmann Stiftung.

Bleher, Christian (2011): »Schulaufstand im Altmühltal«, in: *SPIEGEL Online,* Artikel vom 31.01.2011, http://www.spiegel.de/schulspiegel/wissen/0,1518,741236,00.html.

Bock-Famulla, Kathrin / Große-Wöhrmann, Kerstin (2010): *Länderreport Frühkindliche Bildungssysteme 2009,* Gütersloh: Bertelsmann Stiftung.

Bock-Famulla, Kathrin / Lange, Jens (2011): *Länderreport Frühkindliche Bildungssysteme 2011,* Gütersloh: Bertelsmann Stiftung, in Druck.

Böll, Sven, et al. (2011): »Von der Leyens Prestigeobjekt floppt«, in: *SPIEGEL Online,* Artikel vom 15.04.2011, http://www.spiegel.de/wirtschaft/soziales/0,1518,757284,00.html.

Borchert, Jürgen (2011): *Kinder und Familien – Opfer der Familien- und Sozialpolitik?,* Berlin: Präsentation vom 12.04.2011.

Bos, Wilfried, et al. (Hrsg.) (2007): *IGLU 2006. Lesekompetenzen von Grundschulkindern in Deutschland im internationalen Vergleich,* Münster / New York: Waxmann.

Brussig, Martin / Dittmar, Vera / Knuth, Matthias (2009): *Verschenkte Potenziale. Fehlende Anerkennung von Qualifikationsabschlüssen erschwert die Erwerbsintegration von ALG II-Bezieher/innen mit Migrationshintergrund,* IAQ-Report 2009–08, Duisburg: Universität Duisburg-Essen.

Bueb, Bernhard (1998): »Die gemeinsame erzieherische Verantwortung von Eltern und Schule« , in: Kroker, Eduard / Dechamps, Bruno (Hrsg.): *Erziehung und Bildung: Verspielen wir unsere Zukunftschancen?,* Frankfurt am Main: Frankfurter Allgemeine Buch, S. 35–45.

Bundesinstitut für Berufsbildung (Hrsg.) (2010 a): *Datenreport zum Berufsbildungsbericht in Deutschland 2010,* Bonn: BIBB.

Bundesinstitut für Berufsbildung (Hrsg.) (2010 b): *Anzahl der Ausbildungsberufe,* http://www.bibb.de/de/wlk26560.htm.

Bundesinstitut für Berufsbildung (Hrsg.) (2010 c): *Rangliste der Ausbildungsberufe nach Anzahl der Neuabschlüsse* (Tabelle 67–2010), http://www.bibb.de/de/56557.htm.

Bundesministerium für Bildung und Forschung (Hrsg.) (2010): *Die wirtschaftliche und soziale Lage der Studierenden in der Bundesrepublik Deutschland 2009,* Bonn / Berlin: BMBF.

Bundesministerium für Bildung und Forschung (Hrsg.) (2011): *Anerkennung ausländischer Berufsabschlüsse,* http://www.bmbf.de/de/15644.php.

Bundesministerium für Familie, Senioren, Frauen und Jugend (Hrsg.) (2008): *Kindergeld in Deutschland – Familien wirksam fördern,* Berlin: BMFSFJ.

Bundesministerium für Familie, Senioren, Frauen und Jugend (Hrsg.) (2010): *Familienreport 2010,* Berlin: BMFSFJ.

Bundesministerium für Familie, Senioren, Frauen und Jugend (Hrsg.) (2011): *Staatssekretär Josef Hecken: »Bundesfreiwilligendienst wird ein Erfolg!«,* Pressemitteilung vom 09.06.2011.

Bundesministerium für Unterricht, Kunst und Kultur (Hrsg.) (2010): *Bildungswege in Österreich,* Wien: BMUKK.

Butterwege, Christoph (2010): »Kinderarmut und Bildung«, in: Quenzel, Gudrun / Hurrelmann, Klaus (Hrsg.): *Bildungsverlierer – Neue Ungleichheiten,* Wiesbaden: VS Verlag für Sozialwissenschaften, S. 537–556.

Chua, Amy (2011): *Die Mutter des Erfolgs: Wie ich meinen Kindern das Siegen beibrachte,* München: Nagel & Kimche.
Czerny, Sabine (2010): *Was wir unseren Kindern in der Schule antun. Und wie wir das ändern können,* München: Südwest Verlag.
Deckstein, Dagmar / Stawski, Dominik (2010): »Auf Staatskosten in den Zoo«, in: *sueddeutsche.de,* Artikel vom 12.08.2010, http://www.sueddeutsche.de/politik/hartz-iv-chipkarte-fuer-kinder-auf-staatskosten-in-den-zoo-1.987543.
Dehmer, Dagmar (2007): »In Norwegen ist das Betreuungsgeld umstritten«, in: *Tagesspiegel Online,* Artikel vom 29.10.2007, http://www.tagesspiegel.de/politik/in-norwegen-ist-das-betreuungsgeld-umstritten/1080912.html.
Deutscher Bildungsrat (Hrsg.) (1970): *Strukturplan für das Bildungswesen. Empfehlungen der Bildungskommission,* Bonn: Deutscher Bildungsrat.
Deutscher Bundestag (Hrsg.) (2008): *Gesetzentwurf der Fraktionen der CDU/CSU und SPD: Entwurf eines Gesetzes zur Förderung von Kindern unter drei Jahren in Tageseinrichtungen und in der Kindertagespflege (Kinderförderungsgesetz – KiföG),* Drs. 16/9299.
Deutscher Bundestag (Hrsg.) (2010 a): *Bericht der Bundesregierung 2010 über die Auswirkungen des Ausbildungsbonus auf den Ausbildungsmarkt und die öffentlichen Haushalte,* Drs. 17/2690.
Deutscher Bundestag (Hrsg.) (2010 b): *Entwurf eines Gesetzes zur Ermittlung von Regelbedarfen und zur Änderung des Zweiten und Zwölften Buches Sozialgesetzbuch,* Drs. 17/3404.
Döbrich, Peter, et al. (2003): *Ausbildung, Einstellung und Förderung von Lehrerinnen und Lehrern (OECD-Lehrerstudie) – Ergänzende Hinweise zu dem Nationalen Hintergrundbericht (CBR) für die Bundesrepublik Deutschland,* http://www.oecd.org/dataoecd/55/61/31076280.pdf.
Dohmen, Dieter / Fuchs, Kathrin (2009): *Kosten und Erträge ausgewählter Reformmaßnahmen: Teilhabe durch qualitativ hochwertige und gut ausgebaute Bildungs- und Betreuungsinfrastruktur sichern,* FiBS-Forum Nr. 44, Berlin: Forschungsinstitut für Bildungs- und Sozialökonomie.
Dohmen, Dieter, et al. (2006): »Kosten von Ganztagsschulen«, in: *Recht der Jugend und des Bildungswesens,* Heft 1/2006, S. 64–78.
Dohnanyi, Klaus von: »Wo die Reform weh tut«, in: *Die Zeit,* Artikel vom 20.08.1971.
Dollase, Rainer (2006): »Die Fünfjährigen einschulen – Oder: Die Wiederbelebung einer gescheiterten Reform der 70er Jahre des vorigen Jahrhunderts«, in: *KITA aktuell,* Ausgabe Nordrhein-Westfalen, Heft 1/2006, S. 11–12.
Dollase, Rainer (2011): *Evaluation des Einsatzes der Teach First Deutschland Fellows,* Bielefeld: Universität Bielefeld.
Ebel, Christian / Hollenbach, Nicole / Müncher, Angela (2011): »Inklusion hat viele Gesichter: Schulen auf dem Weg zum Gemeinsamen Unter-

richt«, in: Bertelsmann Stiftung / Beauftragter der Bundesregierung für die Belange behinderter Menschen / Deutsche UNESCO-Kommission (Hrsg.): *Gemeinsam lernen – Auf dem Weg zur inklusiven Schule,* Gütersloh: Bertelsmann Stiftung, in Druck.

Ebner, Christian (2009): *Neue Wege für die duale Berufsausbildung – Ein Blick auf Österreich, die Schweiz und Dänemark,* WZ Brief Arbeit 04/2009, Berlin: Wissenschaftszentrum für Sozialforschung.

Edding, Friedrich (1963): *Ökonomie des Bildungswesens,* Freiburg: Rombach.

Entorf, Horst / Sieger, Philip (2010): *Unzureichende Bildung – Folgekosten durch Kriminalität,* Gütersloh: Bertelsmann Stiftung.

Euler, Dieter (2010): *Einfluss der demographischen Entwicklung auf das Übergangssystem und den Berufsausbildungsmarkt,* Gütersloh: Bertelsmann Stiftung.

Expertenkommission Forschung und Innovation (Hrsg.) (2011): *Gutachten zu Forschung, Innovation und technologischer Leistungsfähigkeit Deutschlands,* Berlin: EFI.

Fendrich, Sandra / Lange, Jens / Pothmann, Jens (2011): »Vom Wandel des Wandels. Anfragen an den Stand von Expansions-, Differenzierungs- und Professionalisierungsprozessen in der Kinder- und Jugendhilfe«, in: Aktionskreis Jugendhilfe im Wandel (Hrsg.): *Jugendhilfeforschung,* Wiesbaden: VS Verlag für Sozialwissenschaften, S. 47–68.

Florida, Richard (2002): *The Rise of the Creative Class: And How It's Transforming Work, Leisure, Communication and Everyday Life,* New York: Basic Books.

Fritschi, Tobias / Oesch, Tom (2008): *Volkswirtschaftlicher Nutzen von frühkindlicher Bildung in Deutschland,* Gütersloh: Bertelsmann Stiftung.

Füller, Christian (2008): *Schlaue Kinder, schlechte Schulen. Wie unfähige Politiker unser Bildungssystem ruinieren – und warum es trotzdem gute Schulen gibt,* München: Droemer

Funcke, Antje / Oberschachtsiek, Dirk / Giesecke, Johannes (2010): *Keine Perspektive ohne Ausbildung,* Gütersloh: Bertelsmann Stiftung.

Geißler, Rainer (2006): *Die Sozialstruktur Deutschlands,* Wiesbaden: VS Verlag für Sozialwissenschaften.

Georgi, Viola (2010): *Lehrende mit Migrationshintergrund in Deutschland: Eine empirische Untersuchung zu Bildungsbiographien, professionellem Selbstverständnis und schulischer Integration,* Berlin: Freie Universität, http://www.boell.de/presse/presse-pressemitteilung-studie-zum-professionellen-selbstverstaendnis-10183.html.

Hagemeister, Volker (2009): »Statistische Ergebnisse zum Einschulungsalter und zu Teilaspekten des Schulerfolgs, hergeleitet aus PISA-Daten«, in: *Bildungsforschung,* Heft 2/2009, S. 111–136.

Hall, Anja (2010): »Wechsel des erlernten Berufs: theoretische Relevanz, Messprobleme und Einkommenseffekte«, in: *Zeitschrift für Berufs- und Wirtschaftspädagogik,* Sonderheft 24, S. 157–173.

Hansestadt Lübeck (Hrsg.) (2010): *Lübecker Bildungsfonds – So unterstützen wir Kinder in Kitas und Schulen,* Lübeck: Hansestadt Lübeck.
Hanushek, Eric (2010): »The Difference is Great Teachers«, in: Weber, Karl (Hrsg.): *Waiting for Superman. How We Can Save America's Failing Public Schools,* New York: Public Affairs, S. 81–100.
Hanushek, Eric/Rivkin, Steven (2006): «Teacher Quality«, in: Hanushek, Eric/Welch, Finis (Hrsg.): *Handbook of Economics in Education,* Amsterdam: North Holland, S. 1051–1078.
Herz, Otto (2009): »Die deutsche Bildungskatastrophe«, in: *vorwaerts.de,* Artikel vom 24.03.2009, http://www.vorwaerts.de/artikel/die-deutsche-bildungskatastrophe.
Heymann, Karin (2010): »Unterricht organisiere ich heute anders. Wie ein Schüler aktivierender Unterricht Lehrer entlasten kann«, in: *Pädagogik,* Heft 10/2010, S. 16–19.
Hoskins, Bryony/Cartwright, Fernando/Schoof, Ulrich (2011): *ELLI Index Europa 2010. Wo steht Deutschland beim lebenslangen Lernen?,* Gütersloh: Bertelsmann Stiftung.
Huber, Stephan/Muijs, Daniel (2007): «Mission failed? Was die englische Schulforschung über schlechte Schulen herausgefunden hat«, in: *Friedrich Jahresheft 2007: Den Rahmen klären und gestalten,* S. 99–101.
Hübner, Bernhard (2010): »Denkendorf will Geschichte schreiben – Weißblaue Schule für alle«, in: *taz.de,* Artikel vom 01.12.2010, http://www.taz.de/1/zukunft/bildung/artikel/1/weissblaue-schule-fuer-alle.
Hurrelmann, Klaus (2002): »Jahrzehntelang verdrängt?«, in: *Süddeutsche Zeitung,* Artikel vom 02.04.2002.
Hurrelmann, Klaus/Andresen, Sabine, et al. (2010): *Kinder in Deutschland 2010 – 2. World Vision Kinderstudie,* Frankfurt am Main: S. Fischer Verlag.
Institut für Demoskopie Allensbach (2011): *Umfrage 6211.*
Kahl, Reinhard (2004): *Treibhäuser der Zukunft. Wie in Deutschland Schulen gelingen,* Archiv der Zukunft.
Klemm, Klaus (2009 a): *Klassenwiederholungen – teuer und unwirksam,* Gütersloh: Bertelsmann Stiftung.
Klemm, Klaus (2009 b): *Sonderweg Förderschulen: Hoher Einsatz, wenig Perspektiven,* Gütersloh: Bertelsmann Stiftung.
Klemm, Klaus (2009 c): *Zur Entwicklung des Lehrerinnen- und Lehrerbedarfs in Deutschland,* Essen, http://www.uni-due.de/isa/lehrer-bedarf_2009.pdf.
Klemm, Klaus (2010 a): *Gemeinsam lernen. Inklusion leben,* Gütersloh: Bertelsmann Stiftung.
Klemm, Klaus (2010 b): *Jugendliche ohne Hauptschulabschluss,* Gütersloh: Bertelsmann Stiftung.
Klemm, Klaus/Klemm, Annemarie (2010): *Ausgaben für Nachhilfe – teurer und unfairer Ausgleich für fehlende individuelle Förderung,* Gütersloh: Bertelsmann Stiftung.

Konsortium der Studie zur Entwicklung von Ganztagsschulen (Hrsg.) (2010): *Ganztagsschule – Entwicklungen und Wirkung (StEG),* Frankfurt am Main: StEG-Konsortium.
Kultusministerkonferenz (Hrsg.) (2008): *Definitionenkatalog zur Schulstatistik 2008 (2),* Anlagen 1/2.
Kultusministerkonferenz (Hrsg.) (2010): *Sonderpädagogische Förderung in Schulen 1999–2008,* Statistische Veröffentlichungen der KMK: Dokumentation Nr. 189, Berlin: KMK.
Kultusministerkonferenz (Hrsg.) (2011): *Allgemein bildende Schulen in Ganztagsform in den Ländern der Bundesrepublik Deutschland 2005–2009,* Berlin: KMK.
Luft, Stefan (2006): *Abschied von Multikulti – Wege aus der Integrationskrise,* München: Resch.
Magnet Schools of America (2007): *FACT Sheet – Magnet Schools and Funding,* http://www.magnet.edu.
McKinsey&Company (Hrsg.) (2007): *How the world's best performing school systems come out on top,* http://www.mckinsey.com/App_Media/Reports/SSO/Worlds_School_Systems_Final.pdf.
National Center of Education Statistics: *Fast Facts,* http://nces.ed.gov/fastfacts.
Naz, Ghazala (2006): *Effect of Cash-Benefit Reform on Immigrants' Labour Supply and Earnings,* Working Papers in Economics, Nr. 13/06, Bergen: University of Bergen.
Niedersächsisches Kultusministerium (Hrsg.) (2010): *Die niedersächsischen allgemein bildenden Schulen in Zahlen,* Hannover: Nds. MK.
Öchsner, Thomas (2010): »Kita-Rechtsanspruch ab 2013. Annahme entbehrt jeder Grundlage«, in: *sueddeutsche.de,* Artikel vom 22.07.2010, http://www.sueddeutsche.de/politik/kita-rechtsanspruch-ab-schroeders-annahme-entbehrt-jeglicher-grundlage-1.978113.
OECD (Hrsg.) (2010 a): *Bildung auf einen Blick 2010,* Bielefeld: W. Bertelsmann Verlag.
OECD (Hrsg.) (2010 b): *PISA 2009 Results: Overcoming Social Background,* Paris: OECD Publishing.
OECD (Hrsg.) (2010 c): *PISA 2009 Results: What Students Know and Can Do,* Paris: OECD Publishing.
OECD (Hrsg.) (2011): *Doing Better for Families,* Paris: OECD Publishing.
Picht, Georg (1964): *Die deutsche Bildungskatastrophe,* Olten/Freiburg: Walter Verlag.
PISA-Konsortium Deutschland (Hrsg.) (2008): *PISA 2006 in Deutschland. Die Kompetenzen der Jugendlichen im dritten Ländervergleich,* Münster/New York: Waxmann.
Public School Review (2007): *What is a Magnet School?,* http://www.publicschoolreview.com/articles/2.

Rauin, Udo (2007): »Im Studium wenig engagiert – im Beruf schnell überfordert«, in: *Forschung Frankfurt,* Heft 3/2007, S. 60–64.

Rauschenbach, Thomas/Schilling, Matthias (2010): *Der U3-Ausbau und seine personellen Folgen: Empirische Analysen und Modellrechnungen,* München: Deutsches Jugendinstitut; Aktualisierung dieser Expertise für ein Fachgespräch mit der AG-Kita zur Vorbereitung der Jugendministerkonferenz, Berlin: Präsentation vom 28.01.2011.

Ravens-Sieberer, Ulrike, et al. (2007): »Psychische Gesundheit von Kindern und Jugendlichen in Deutschland. Ergebnisse aus der BELLA-Studie im Kinder- und Jugendgesundheitssurvey (KiGGS)«, in: *Bundesgesundheitsbl – Gesundheitsforsch – Gesundheitsschutz,* Heft 5–6/2007, S. 871–877.

Sauer, Lenore/Ette, Andreas (2010): *Abschied vom Einwanderungsland Deutschland?,* Gütersloh: Bertelsmann Stiftung.

Schaarschmidt, Uwe/Kieschke, Ulf (2007): »Beanspruchungsmuster im Lehrerberuf. Ergebnisse und Schlussfolgerungen aus der Potsdamer Lehrerstudie«, in: Rothland, Martin (Hrsg.): *Belastung und Beanspruchung im Lehrerberuf. Modelle – Befunde – Interventionen,* Wiesbaden: VS Verlag für Sozialwissenschaften, S. 81–98.

Schleicher, Andreas (2010): *Is the sky the limit to educational improvement?,* Toronto: Präsentation vom 13.09.2010.

Schultebraucks-Burgkart, Gisela (Hrsg.) (2008): *Die Grundschule Kleine Kielstraße Dortmund – Systematische Schulentwicklung durch Kooperation,* Seelze-Velber: Kallmeyer/Klett.

Schulze, Alexander/Unger, Rainer/Hradil, Stefan (2008): *Bildungschancen und Lernbedingungen an Wiesbadener Grundschulen am Übergang zur Sekundarstufe I,* Wiesbaden: Stadt Wiesbaden.

Schweinhart, Larry (2010): *Lessons of Highly Effective Programs. How to Best Get Children Ready for School and Life,* Ypsilanti/Michigan: HighScope Educational Research Foundation, www.highscope.org.

Senatsverwaltung für Bildung, Wissenschaft und Forschung (Hrsg.) (2011): *Wissenschaft in Berlin. Leistungsbasierte Hochschulfinanzierung,* Berlin: Senatsverwaltung.

Simons, Roland, et al. (2008): *Student Mobility, Attendance, and Student Achievement: The Power of Implementing a Unique Student Identifier (USI),* Konferenzbeitrag zur International Education Research Conference (sim07568), Fremantle 2007, Victoria: Australian Association for Research in Education (AARE).

Spitzer, Manfred (2007): *Lernen. Gehirnforschung und die Schule des Lebens,* Heidelberg: Spektrum Akademischer Verlag.

Spitzer, Manfred (2010): *Medizin für die Bildung – Ein Weg aus der Krise,* Heidelberg: Spektrum Akademischer Verlag.

Statistisches Bundesamt (Hrsg.) (2010 a): *Bevölkerung und Erwerbstätigkeit. Bevölkerung mit Migrationshintergrund, Ergebnisse des Mikrozensus 2009,* Fachserie 1, Reihe 2.2, Wiesbaden: Destatis.

Statistisches Bundesamt (Hrsg.) (2010 b): *Bildungsfinanzbericht 2010,* Wiesbaden: Destatis.

Statistisches Bundesamt (Hrsg.) (2010 c): *Finanzen und Steuern. Versorgungsempfänger des öffentlichen Dienstes,* Fachserie 14, Reihe 6.1, Wiesbaden: Destatis.

Statistisches Bundesamt (Hrsg.) (2011 a): *Bevölkerung und Erwerbstätigkeit. Wanderungen 2009,* Fachserie 1, Reihe 1.2, Wiesbaden: Destatis.

Statistisches Bundesamt (Hrsg.) (2011 b): *Bildung und Kultur. Schnellmeldung Integrierte Ausbildungsberichterstattung,* Wiesbaden: Destatis.

Statistisches Bundesamt (Hrsg.) (verschiedene Jahrgänge): *Bildung und Kultur. Allgemeinbildende Schulen / Nichtmonetäre hochschulstatistische Kennzahlen,* Fachserie 11, Reihen 1 und 4.3, Wiesbaden: Destatis.

Tagesspiegel Online (2006): *Der Hilferuf der Rütli-Schule,* Dokumentation vom 30.03.2006, http://www.tagesspiegel.de/berlin/der-hilferuf-der-ruetli-schule/698398.html.

Troltsch, Klaus / Walden, Günter (2010): »Beschäftigungsentwicklung und Dynamik des betrieblichen Ausbildungsangebotes - eine Analyse für den Zeitraum 1999 bis 2008«, in: *Zeitschrift für ArbeitsmarktForschung,* Heft 2/2010, S. 107–124.

U.S. Department of Education / Office of Innovation and Improvement (2004): *Creating Successful Magnet Schools Programs.*

Vereinigung der Bayerischen Wirtschaft e.V. (Hrsg.) (2011): *Bildungsreform 2000 – 2010 – 2020,* Aktionsrat Bildung: Jahresgutachten 2011, Wiesbaden: VS Verlag für Sozialwissenschaften.

Wissenschaftsrat (Hrsg.) (2001): *Empfehlungen zur künftigen Struktur der Lehrerbildung,* Drs. 5065/01.

Wößmann, Ludger (2007): *Letzte Chance für gute Schulen,* München: Zabert Sandmann.

Wößmann, Ludger (2009): *Was unzureichende Bildung kostet – Eine Berechnung der Folgekosten,* Gütersloh: Bertelsmann Stiftung.

Zentrum für Europäische Wirtschaftsforschung (Hrsg.) (2009): *Fiskalische Auswirkungen sowie arbeitsmarkt- und verteilungspolitische Effekte einer Einführung eines Betreuungsgeldes für Kinder unter 3 Jahren,* Mannheim: ZEW.

Alle Web-Adressen: Stand Juli 2011.